U0902839

杨立新 著

简明侵权责任法

JIANMING QINQUAN ZERENFA

中国法制出版社
CHINA LEGAL PUBLISHING HOUSE

自　　序

在《中华人民共和国侵权责任法》通过实施以后，我就想写一本简明的中国侵权责任法的小书，书中没有深入的理论分析说明，不讨论争论的不同学术见解，就是按照自己的理解，把《侵权责任法》的基本精神和要点写出来，便于学习、研究、应用《侵权责任法》的读者，用最短的时间就能够阅读完，掌握《侵权责任法》的基本规则。不过，由于教学、科研的压力较大，一直没有完成这个心愿。今年暑假之前，终于抽出了一个月的时间，完成了这个心愿，使各位读者看到了这本小书。

我国《侵权责任法》，既有大陆法系侵权法的传统，又有英美法系侵权法的风格，还有中国侵权责任法立法、司法实践的丰富经验，因而形成了独具中国特色的、世界上第一部以侵权责任法命名的、单行的侵权法成文法，在世界侵权法的发展史上具有重要地位和意义。当然，随着这部法律的实施，也发现了其中存在的缺点和不足，将来在对其进行修订编入中国民法典中时，将会使其更加完善和丰满。

我研究侵权责任法的理论和实践已经有 35 年了，亲眼看到她的不断发展壮大、亲手参与她的立法过程，因而具有极为深厚的感情。我热爱这部保护人民权利的法律，并且愿意让她能够在为保护人民权利的过程中发挥更大的作用。

今天是我从事民事司法和民法理论研究工作40周年的日子，我特别珍视40年来为侵权责任法以及民法的发展作出的不懈努力。

我盼望亲爱的读者跟我一样热爱《侵权责任法》，也盼望读者喜欢我的这本《简明侵权责任法》。

中国人民大学民商事法律科学研究中心　杨立新

2015年6月26日于人大明德法学楼1024

目　录

绪论

中国侵权责任法的现状、历史和未来

本书力图用最为简洁的文字，说明中国侵权责任法的体系、架构和基本规则。在作这样的介绍之前，我要先用比较简单的文字，把中国侵权责任法的现状、历史和未来说给读者听，以便能够帮助读者更好地理解中国侵权责任法。

0.1　中国侵权责任法的现状

0.1.1　中国侵权责任法的概念界定

中国当代侵权法认为，侵权责任法是指有关侵权行为的定义和种类以及对侵权行为如何制裁、对侵权损害后果如何补救的民事法律规范的总称。[①] 并且把侵权责任法分为广义和狭义的概念。

狭义的侵权责任法，是指以《侵权责任法》命名的法律，即《中华人民共和国侵权责任法》(以下简称《侵权责任法》)，这是在世界范围内第一部以侵权法命名的侵权法成文法。广义的侵权责任法，是指《侵权责任法》以及侵权特别法，以及侵

① 王利明、杨立新:《侵权行为法》，法律出版社1996年版，第11页。

权法的法规、司法解释等。

0.1.2 中国侵权责任法的表现形式

从法律的表现形式上，中国侵权责任法主要由以下内容构成：

（1）《侵权责任法》。该法于2009年12月26日通过，2010年7月1日实施，是侵权责任法的狭义表现形式。

（2）《民法通则》。该法于1986年4月12日通过，1987年1月1日实施。其中关于诉讼时效和民事责任承担方法等规定，仍然属于侵权责任法的组成部分。

（3）最高人民法院的有关司法解释。自从《民法通则》实施以来，就侵权责任承担的法律适用，最高人民法院制定了大量的司法解释，不仅对如何适用侵权责任法具有指导意义，而且对于补充制定法的立法不足，解决现实生活中的侵权责任纠纷，具有重要价值。特别是在《侵权责任法》公布之后，最高人民法院相继公布实施了《关于适用〈中华人民共和国侵权责任法〉若干问题的通知》（2010年6月30日）、《最高人民法院关于审理道路交通事故损害赔偿案件适用法律若干问题的解释》（2012年12月21日）和《关于审理环境侵权责任纠纷案件适用法律若干问题的解释》（2015年6月3日），对《侵权责任法》适用中的具体问题进行解释。如果说《侵权责任法》和《民法通则》的有关规定是中国侵权法的制定法，那么这些司法解释就是中国侵权法的“法官法”。

0.1.3　中国侵权责任法的突出特点

（1）中国侵权责任法的性质是权利保护法。中国侵权责任法以保护民事主体的民事权利为主要调整目标，其主要功能不在于对民事权利的确认，而是在于对民事权利的保护。中国侵权责任法改变了各国成文法民法典中侵权责任法的地位，不是将侵权责任法规定在债法之中，而是作为民法分则的独立部分，规定在民法分则的最后一部分，作为所有民事权利受到侵害的保护法，救济权利损害，恢复权利原状。这样，就使民法典从“总－分”结构，实际变成了“总－分－总”的结构，使侵权责任法在民法典中具有更为重要的地位。

（2）中国侵权责任法借鉴大陆法系和英美法系侵权法的精华，使其内容和体系完备、系统。纵观《侵权责任法》，既有总则性内容，又有分则性内容，无论从结构上还是从内容上，都有大陆法系侵权法和英美法系侵权法的影响。可以说，《侵权责任法》的第一章至第三章，基本上是侵权法总则的内容，属于大陆法系侵权法的一般化立法方法；第四章至第十一章，在规定具体侵权行为类型上，则更多地受到美国侵权法的影响，尽管不是完备的侵权法分则，因为并没有全面规定侵权行为类型，但是从风格上到内容中，都有美国侵权法类型化的影子。因而中国《侵权责任法》综合了大陆法系侵权法和英美法系侵权法的优势，形成了自己的独特结构，具有完整和系统的体系，逻辑严谨，内容完备，在世界侵权法中独具一格。

（3）中国侵权责任法尽管条文较多，但仍表现了侵权责任法的高度概括性。侵权责任法的内容极其广泛，涉及范围特别宽，但内容都很简洁、概括，条文不多。《侵权责任法》共有92个条文，是立法条文较多的侵权法，但仍具有高度概括性。这主要表现在侵权行为一般条款即《侵权责任法》第6条第1款上。如果没有侵权行为一般条款，《侵权责任法》绝不会这样简洁。

（4）中国侵权责任法的内容极具复杂性，调整范围更加广阔。首先，侵权行为不仅发生在财产关系和人身关系的领域，而且广泛地发生在其他各种领域之中；其次，在现代社会中，大量的法律关系发生竞合现象，侵权行为与犯罪行为、侵权行为与行政违法行为之间的竞合大量发生；再次，侵权责任法的渊源也极其复杂，法律规范的内容、层次、等级各不相同。尤其是中国在1987年实施了《民法通则》之后，突出了侵权责任的地位，在社会中发生了重大影响，推动了民众权利意识的觉醒，对各个领域的权利保护都提出强烈的诉求，因而使中国侵权法调整的范围越来越宽，作用越来越大，成为民法中最为重要的部门法之一。

0.1.4　中国侵权责任法在民法中的相对独立地位

中国侵权责任法作为民法的一个具有相对独立地位的法律，与民法的其他法律即物权法、债法、人身权法、知识产权法、继承法和亲属法一道，构成民法典的分则体系。

在大陆法系，各国民法典都把侵权法作为债法的具体内容，作为债法的一个组成部分。这些做法的基本立意，在于侵权行为所产生的权利义务与合同产生的权利义务本质相同，因此同属于债法，称之为侵权行为之债，并根据侵权行为后果的债的本质，将其归入债法的体系之中，接受债法总则的约束。英美法系侵权法的基本特点除了判例法的特点之外，更重要的是将侵权法在法律体系中作为独立的民法部门法，与财产法、合同法等民法部门法的地位是平等的。随着历史的发展，世界上的两大法系无论是在立法形式上还是在法学理论上，都在相互融合、渗透，相互之间越来越借鉴对方的优点和长处，以补充、完善自己，使两大法系之间的界限越来越模糊。20 世纪以来，侵权责任法发展迅猛，内容不断扩张，尤其是在具体的侵权行为类型上不断发展变化，成为现代社会调整利益关系、保护人的权利的极为重要的法律部门。在这样的情况下，侵权责任法日益试图冲破债法的局限，寻求自己在民法体系中的相对独立地位，以更好地发挥自己的作用和职能。

中国立法者注意到两大法系侵权法的上述特点，以及侵权法的发展和扩张对民法提出的诉求，1987 年《民法通则》在民事责任部分用了较大篇幅规定了侵权责任法，20 多年之后又制定了具有单独法律形式的《侵权责任法》。其意义在于，赋予侵权责任法以民法体系中的相对独立地位，使侵权责任法不再局限于债法的限制，突出自己的特点，发挥自己的独特调整作用，使侵权责任法的发展具有了保障自身伸展、扩充的空间，可以按照自己本身的发展规律充分发展，给侵权责任法在民法体系中以独立表演的舞台，这对于充分发挥侵权责任法在调整社会经济利益、调整社会关系、保护人的权利方面，更能够发挥其职能。

0.2 中国侵权责任法的历史

中国侵权责任法的历史，就是中国古代和近代的侵权责任法。

0.2.1 中国古代的侵权责任法

中国古代有侵权责任法吗？很多人对此持怀疑态度，原因在于，严格意义上的侵权法是欧洲的侵权行为法，这样的侵权行为法中国古代确实没有，甚至连侵权行为这样的概念也没有。

但是，中国古代没有欧洲形态的侵权行为法，并不等于中国古代没有解决侵权纠纷的法律规范。尽管中国古代的这类法律规范不叫作侵权法，这类纠纷也不叫作侵权责任纠纷，但是其实质仍然存在侵权责任纠纷，并且存在解决侵权纠纷的侵权法。当我们用这样的客观态度去观察和研究中国古代法律规范时，中国古代法律中就有侵权法。

0.2.1.1 中国古代侵权法的发展阶段

中国古代侵权法的发展历史可以划分为三个阶段。

（1）唐代以前的侵权法。中国古代侵权法发展的第一阶段，是唐代以前自秦代以来的侵权法。这是秦代吸收了中国奴隶制社会侵权行为立法的遗产和战国时期封建社会初期侵权行为立法的思想和实践，创立了比较完备的中华法系的侵权法体系。

（2）唐代侵权法。中国古代侵权法发展的第二阶段，是唐代的侵权法律制度。《唐律》中所包括的侵权法规范，也达到了相当高的水平。其财物损害备偿制度、畜产损害的偿所减价制度、过失杀伤人的赎铜入伤杀人之家制度和保辜制度，具有相当的概括性和科学性。

（3）宋代至清代的侵权法。中国古代侵权法发展的第三阶段，是宋代至清代的侵权法。这一阶段的侵权法，向着日益完善的方向发展，至清代，已经达到了中华法系侵权法发展的顶峰。

0.2.1.2 中国古代侵权法的基本责任制度

中国古代侵权法共有三大类 15 种基本责任制度，主要内容如下：

（1）侵害人身的损害赔偿。一是赎铜入杀伤之家，对造成他人人身损害的行为人责令支付一定数额的赎铜，[①] 给与被害人之家，以补偿被害人因其伤、残、死而给其家造成的财产损失。二是断付财产养赡，适用于残酷的恶性杀人、重伤等情况，将侵权人的财产责令给付被害人或被害人之家，用以赡养被害人或被害人的家属。三是追埋葬银，适用范围主要是过失杀人，赔偿数额是固定若干两白银。四是保辜，即殴人致伤，区分不同情况，各立不同辜限，限内由侵害人支付医疗费用予以治疗，

① 由于当时的铜是制作钱币的原料，因此铜即等于钱，赎铜等于赔偿或者罚款。

辜限内治好的可以减轻处罚，辜限内医治无效致死、致残的，各依律科断刑罚。

（2）侵害财产的损害赔偿。一是备偿，中国古代的备偿即赔偿，为全部赔偿、如数赔偿，适用于大多数的侵害财产权场合。二是偿所减价，即原物受损以后，以其实际减少的价值作为赔偿的标的，赔偿实际损失。三是偿减价之半，适用范围是牲畜自相杀伤，与畜主的过错无关，对损失由双方当事人分担。四是倍备，是在全部赔偿的基础上再加一倍赔偿，即加倍赔偿，是中国古代的惩罚性赔偿制度，适用于贪利既重的盗窃他人财产的侵权行为。五是折剉赔偿，适用于放火烧人财产，将侵权人的全部家产折为不同份额，按所烧的受害人数额（以家为单位），“品搭均偿”。六是追雇赁钱，适用于侵害官府对官物的使用权，赔偿官府的使用费。七是着落均赔还官，适用于官员因其掌管工作的过失而造成官府财产收入的损失，应负赔偿责任。八是还官、主，是中国古代使用最为广泛的财产损害赔偿制度，与现代的返还原物相似。

（3）其他形式的侵权责任。一是复旧（复故），即恢复原状，适用于侵占巷街阡陌，占用公用通道的侵权行为。二是修立，适用于毁坏建筑物之类的场合，是一种财产损害的恢复原状。三是责寻（求访），适用于财物丢失，责令寻找，找到者免罪，找不到者予以赔偿。

0.2.1.3　中国古代侵权法的先进制度

中国古代侵权法的一些具体制度，在世界侵权法的发展历史中具有先进性。

（1）损益相抵原则。是近现代侵权法和合同法的制度，但在中国古代法律即《唐律》《宋刑统》《明会典》和《大清律》中，都规定了“偿所减价”制度，是指原物受损之后，以其物的全价扣除所残存价值之差额，作为赔偿数额，适用的范围是牛马等畜产遭受损害的赔偿。这一损益相抵规则的规定始于公元651年的《唐律》。

（2）相当因果关系。是确定违法行为与损害事实之间是否有因果关系的一种理论，首先由德国克利斯教授在1888年发表的《论客观可能性的概念》中提出。[①] 中国古代《清律·刑律·斗殴》“保辜”条规定的“打人头伤，风从头伤而入，因风致死”的，认为有因果关系；“别因他故死者，打人头伤，不因头伤得风，别因他病而死者”，不认为有因果关系，只按殴伤治罪。这一规定完全符合相当因果关系的要求，其创始于1646年的《大清律》。

（3）立法确认对间接损失应予赔偿。中国古代侵权法对于财物损害事实中的间接损失，规定应予返还，即“花利归官、主”和“苗子（侵害土地的青苗）归官、主”，即对于被侵害的物的孳息，确认为间接损失，应予返还物主。

0.2.2　中国近代的侵权责任法

中国近代侵权法，主要是清朝末期在变法运动中起草大清

---

① 参见李光灿等:《刑法因果关系论》，北京大学出版社1986年版，第45页。

民律草案以及中华民国建国初期制定民法的这一时期，对侵权法所作的规定。在这一个时期，先后出现了三部不同的民法及草案，即《大清民律草案》《民国民律草案》和《中华民国民法》。

0.2.2.1 《大清民律草案》对侵权行为的规定

《大清民律草案》关于侵权法的规定，借鉴了《日本民法典》《德国民法典》和《法国民法典》等侵权法的精华，将侵权法规定在第二编“债权”，在第八章专设“侵权行为”一章，从第945条至第977条共33个条文，包括原则规定、特殊侵权行为、侵权损害赔偿具体方法以及诉讼时效等四部分。

0.2.2.2 《民国民律草案》对侵权行为的规定

《民国民律草案》仍将侵权法置于第二编“债编”，但在体例上有所变化，不是将侵权法作为一章单独编制，而是放在债编第一章“通则”第一节“债之发生”中的第二款“侵权行为”，从246条至第272条，共27个条文，比《大清民律草案》的侵权法条文少6个条文，但内容并没有大的变化，仍分为四个部分。

0.2.2.3 《中华民国民法》对侵权行为的规定

《中华民国民法》在侵权法的编制体例上沿用了《民国民律草案》的做法，但在具体编排上有所变化，将侵权法的债编第一章第一节第二款的位置变为第五款。从第184条开始，至第198条，共15条。条文尽量缩减，很多条文被合并成为一条，文字也尽可能得精炼，准确。

0.2.2.4 中国近代侵权法变革的意义

中国近代的侵权法，是对中国古代侵权法即中华法系侵权法传统的最为彻底的诀别，实行西法东渐、变律为法，完全投入了欧洲大陆法系侵权法的怀抱，采用了欧洲大陆法系侵权法的体系、体例以及具体规则，实现了中国侵权法的历史变革。从这个时候起，中国侵权法就成为了大陆法系侵权法大家庭中的一个成员，开始用同样的概念和语言表述侵权法的规则。这是中国侵权法的根本性改变，在中国侵权法以及世界侵权法的发展历史上都具有重要意义。

0.3 中国侵权责任法的未来

0.3.1 正在进行的中国民法典编纂运动

众所周知，中国目前没有一部严格意义上的民法典，现行的民法规范是由《民法通则》《物权法》《合同法》《担保法》《婚姻法》《收养法》《继承法》和《侵权责任法》等民法单行法组成的“散装民法典”，不具有法典化的性质和意义；同时，各部民法单行法之间的冲突矛盾之处较多，也不符合民法法典化的要求。因此，中国民法严格意义上的法典化工作必须进行。

目前，中国立法机关正在进行着民法典的编纂工作，在民法学者中也形成了一个规模广大的民法典编纂运动。这些工作的目的，就在于尽早完成中国民法的法典化，制定一部完整的法典化的《中华人民共和国民法》。其工作计划是：在 2015 年至 2017 年，完成《民法总则》的立法工作，在《民法通则》的基础上，制定一部完整的民法总则；在 2017 年至 2020 年，对民法分则部分进行编纂，对《物权法》《合同法》《担保法》《婚姻法》《收养法》《继承法》《侵权责任法》和《涉外民事关系法律适用法》进行修订和整合，形成完整的民法分则。

在这个规模宏大的民法典编纂运动中，侵权责任法的修订入典工作就在其中。因此，中国民法典编纂工作的命运就关系着中国侵权责任法的未来。

0.3.2 中国侵权责任法在未来民法典中的地位

在未来的中国民法典中，侵权责任法究竟处于何种地位，是可以预测的。这就是，根据目前《侵权责任法》在民法体系中的地位，可以推断，侵权责任法作为分则的独立一编，将出现在实质意义的民法分则中的最后一编。

何为实质意义的民法分则呢？这是因为，中国民法典的编纂将把具有国际私法性质的《涉外民事关系法律适用法》置入民法分则。从实质意义上说，该法并不是民法典分则的组成部分，但又必须将其放在民法分则的最后一编。这样，从形式意义上，涉外民事关系法律适用法编是民法分则的最后一编，但是在实质意义上，侵权责任法编却是民法分则的最后一编。

为什么要强调侵权责任法编是实质意义上的中国民法典分则的最后一编，原因在于，将侵权责任法编放在民法分则的最后一编，体现的是其权利保护法的地位和性质，并且因此形成中国民法典的“总－分－总”的逻辑结构。这个逻辑结构表明，首先，中国民法典首先的部分是民法总则，即民法关于法律关系的一般规则，统领民法典的分则各编。其次，分则部分的主要内容，是通过物权法编、债与合同法编、婚姻家庭法编、继承法编以及拟议中的人格权法编，规定民事主体享有何种民事权利，以及确定行使这些民事权利的基本规则。最后，侵权责任法编作为分则的最后一编，回归于民法的总括性规定，对民事权利如何进行保护作出规范，使侵权责任法尽管是在民法分则予以规定，但却具有民法的总括性规则的性质。这样，在中国民法典中，就使侵权责任法编具有了更为重要的地位，能够发挥更大的权利保护作用。侵权责任法的这种民法逻辑地位，相比较债法的组成部分的逻辑地位，显然更有利于侵权责任法的职能发挥，也更有利于侵权法的发展。

0.3.3 中国侵权责任法修订入典的取舍

《侵权责任法》并非完美无瑕的一部侵权法，还存在某些缺陷。在将其修订后纳入中国民法典时，势必要对其进行适当的取舍，不仅使其在纳入民法典时不与民法总则和民法分则各部分相冲突，更要使其作为民法典的组成部分时更加“健美”。

首先，在侵权责任法编的体系编排上，还应当坚持分为总则性规定和分则性规定，但要改进的是：第一，对于目前的第四章规定的“关于责任主体的特殊规定”，存在较大的问题，需要改进。从标题看，这一部分似乎属于总则的内容，而实际内容是规定了 6 种具体的侵权行为类型，因而属于分则的内容。因此，这一部分应当解体，规定为具体的特殊侵权责任类型。

第二，对侵权责任类型还应当有所增加，例如定作人指示过失责任、工伤事故责任、帮工责任等。

其次，对于侵权责任法编的具体内容，有些部分存在不当甚至错误，需要纠正。略举几例：一是第二章没有对不真正连带责任的规则作出规定，而在分则性规定中又大量地规定了不同形态的不真正连带责任的适用，缺少抽象性规则的指导；二是第26条将过失相抵原则作为减轻责任事由予以规定，混淆了过失相抵规则具有的赔偿原则性质；三是目前第三章中规定免责事由种类不足，没有规定职务授权行为、自助行为、意外、受害人承诺以及自甘风险等免责事由，应当增加；四是第35条后段规定个人劳务的工伤事故责任适用过错责任原则，存在对个体劳动者保护不周的问题，损害了提供劳务一方的合法权益，应当适用无过错责任原则；五是第81条将动物园饲养的动物的损害责任规定为过错推定原则，显然降低了对这种危险性极大的侵权责任的危险性警示，归责标准不当，也是必须纠正的；六是对于目前大数据时代大量发生的网络交易平台的侵权责任，没有及时规定规则，目前适用的是《消费者权益保护法》的有关规定，且该法的规定也不够健全；等等。

在现有的《侵权责任法》基础上，进行认真、全面的修订，然后编入中国民法典的分则，这样的中国侵权责任法将是一部具有世界性意义的侵权法。这是中国侵权法学者对中国侵权责任法的热情的向往和追求。

第 1 章
一般规定

典型案例

贵阳市某对夫妻生活20年，育有一子16岁。双方感情破裂，对离婚和财产分割均无争议，但对由谁抚育孩子争执不下，最后查明孩子不是男方婚生子。男方起诉女方，追究女方侵害其生育权的责任。法院审理认为，女方对丈夫隐瞒与他人生育子女的事实，不是侵害生育权的客观依据，而是造成男方延误生育子女的身份利益，因而是侵害身份利益的侵权行为，构成侵权责任。[①]

1.1 中国侵权责任法的立法目的和保护范围

1.1.1 立法目的

中国《侵权责任法》是中国民法的组成部分，着重解决对民事主体的权利保护问题。该法第1条规定揭示的中国《侵权

---

① 本案例的主旨是，《侵权责任法》第2条第2款规定侵权责任法保护的范围是民事权益，其中民事权利比较明确，而民事利益如何进行保护并不明确，需要根据实践经验确定。本案侵权行为侵害的客体是身份利益，属于民事权益的范围，受到《侵权责任法》的保护。

责任法》的立法目的是：

1.1.1.1 救济民事权利损害，保护民事主体合法权益

民法的基本内容是规定民事主体享有的权利以及行使权利的基本规则。《侵权责任法》的功能在于为民事主体的权利行使提供保障。在权利受到非法侵害时，《侵权责任法》确认被侵权人取得侵权请求权，侵权人构成侵权责任，通过由侵权人承担侵权责任的方式，使被侵权人的权利回复至没有受到损害时的状况，保护民事主体的权利。所以，《侵权责任法》最重要的立法目的就是保护民事权利不受侵害，在民事权利受到侵害时得到及时救济。

1.1.1.2 确定侵权请求权的构成要件，明确侵权责任

《侵权责任法》保护权利、救济权利损害的基本方法，是赋予被侵权人以侵权请求权，被侵权人可以请求侵权人承担损害赔偿等侵权责任。所以，《侵权责任法》就是确定侵权责任的民事基本法，是通过确认侵权责任实现保护民事权利目的的法律。

1.1.1.3 主要以财产性的民事责任惩罚侵权人，制裁侵权行为

中国侵权法认为，侵权责任的惩罚性主要表现在两个方面：一是《侵权责任法》强制侵权人承担财产性民事责任，补偿被侵权人的权利损害，使侵权人接受不得不支付财产的惩罚；二是《侵权责任法》采取适当承认惩罚性赔偿金的做法，对于造成人身权受到损害的恶意侵权行为，确定有限度的惩罚性赔偿金，更好地发挥对侵权人的惩罚作用，制裁违法行为。

1.1.1.4 预防侵权行为，促进社会和谐稳定

不论是对权利人的保护，还是对侵权行为的制裁或惩罚，《侵权责任法》的重要目的之一是预防侵权行为发生，通过对侵权行为的制裁和对侵权人的财产惩罚，发挥《侵权责任法》的调整功能，发挥一般警示作用，教育公众遵守民事法律、尊重权利、履行义务，不得侵害他人权利，进而规范市民社会秩序，使法律关系流转正常进行，促进社会的和谐和稳定，保障人民安居乐业。

1.1.2 保护范围

《侵权责任法》第 2 条第 2 款规定了该法的保护范围，既包括民事权利（即人身权利和财产权利），也包括民事利益（人身利益和财产利益）。

1.1.2.1 《侵权责任法》保护所有的实体民事权利

民事权利应当包括但不限于《侵权责任法》第 2 条第 2 款列举的范围。凡是实体民事权利，均在《侵权责任法》保护范围之内。在本款中没有规定的民事权利，由于有一个“等”字，就包括了所有的民事权利。《侵权责任法》保护的权利范围是：（1）人格权，包括生命权、健康权、身体权、姓名权、名称权、肖像权、名誉权、信用权、荣誉权、隐私权、人身自由权和性自主权等；（2）身份权，包括配偶权、亲权、亲属权；（3）物权，包括所有权、用益物权和担保物权；（4）债权，股权；（5）知识产权，包括著作权、专利权、商标专用权、发现权；（6）继承权。

1.1.2.2 《侵权责任法》保护的民事利益

中国《侵权责任法》也保护民事利益，但对范围没有明确规定。确定的方法是：首先，凡是法律已经明文规定应当保护的合法利益，是《侵权责任法》保护的范围，例如死者的人格利益；其次，故意违背善良风俗致人利益损害，该种利益是《侵权责任法》的保护范围；再次，利益损害应当达到重大程度，轻微的利益损害不应作为侵权责任法保护的范围，以更好地对民事主体的行为自由予以保护。

中国《侵权责任法》保护的民事利益范围为以下五种：

（1）其他人格利益。即一般人格利益，即具体人格权不能涵盖但应当依法予以保护的人格利益。任何人格利益，虽然没有明文规定但确需依法进行保护的，都可以概括在这个概念里，为《侵权责任法》保护的范围。

（2）死者人格利益。《民法通则》没有明文规定保护死者人格利益，而死者的某些人格利益确有保护必要。最高人民法院《关于确定民事侵权精神损害赔偿责任若干问题的解释》（2001年）规定，对死者的姓名、肖像、名誉、荣誉、隐私以及遗体和遗骨等人格利益均予以保护。凡是侵害上述死者人格利益造成损害的行为，都应当认定为侵权行为，对死者的近亲属承担损害赔偿责任。

（3）胎儿人格利益。《侵权责任法》保护胎儿人格利益的规则是：第一，胎儿在母体中受到身体损害或者健康损害，法律确认其产生损害赔偿请求权。第二，胎儿的损害赔偿请求权，应待其出生后依法行使。第三，由于初生儿不具备民事行为能力，其行使侵权责任请求权应由其亲权人代为行使，而不是由母亲行使。第四，胎儿出生时为死体，胎儿不能产生损害赔偿请求权，而由受害人即怀孕的母亲享有损害赔偿请求权。

（4）其他身份利益。是亲属之间基于特定的亲属关系产生，不能为身份权所概括的利益，《侵权责任法》对其提供保护。本章前的典型案例，侵权行为所侵害的就是其他身份利益，而不是权利。对侵害身份利益的行为认定为侵权行为，符合《侵权责任法》第 2 条和第 6 条第 1 款的规定。

（5）其他财产利益。是物权、债权、知识产权等财产权所保护的财产利益之外的财产利益。有很多财产利益损失不能概括在财产权利中，而仅仅是财产利益损失，但都受到《侵权责任法》的保护，概括在《侵权责任法》第 2 条第 2 款规定的其他财产权益中，作为《侵权责任法》保护的民事利益。

1.2 侵权行为与侵权行为一般条款

1.2.1 侵权行为的概念

1.2.1.1 定义与特征

中国学者认为，侵权行为是指行为人由于过错，或者在法律特别规定的场合不问过错，违反法律规定的义务，以作为或不作为的方式，侵害他人人身、财产权利以及人身、财产利益，依法应当承担损害赔偿等法律后果的违法行为。其特征是：

（1）侵权行为是一种违法行为。违法性是侵权行为的基本性质。首先，侵权行为不是合法行为，是一种违反法律规定的行为。其次，侵权行为违反的法律，是国家关于保护民事主体权利的保护性规范和禁止侵害民事主体权利的禁止性规范。再次，侵权行为违法的方式是违反法律事先规定的义务，包括作为的义务和不作为的义务。

（2）侵权行为是有过错的行为。侵权行为须有过错，只在法律有特别规定的情况下，才不要求侵权行为的构成须具备过错要件。法律特别规定的产品责任、环境污染责任、高度危险责任、饲养动物损害责任等特殊场合的特殊侵权行为可以不具备过错要件，其余的侵权行为都是含有行为人故意或过失的违法行为。

（3）侵权行为是包括作为和不作为两种方式的行为。侵权行为必须是一种客观行为，而不是思想活动，可以是作为的方式，也可以是不作为的方式，其具体方式的形成根源，在于法律赋予行为人法定义务的不同性质。

（4）侵权行为是应当承担以损害赔偿为主要责任方式的行为。侵权行为造成损害，必然引起损害赔偿法律关系，行为人承担的主要法律后果是损害赔偿。《侵权责任法》规定侵权行为的法律后果还包括恢复原状、返还财产、停止侵害、消除影响、恢复名誉和赔礼道歉，但它们不能代替损害赔偿在侵权法中的地位和作用。

1.2.1.2　侵权行为的外延

侵权行为的外延，是指侵权行为这一法律概念所涵盖的范围。《侵权责任法》第 16 条、第 19 条和第 22 条对中国侵权行为概念的外延作了限定，包括下述三种：（1）第 16 条规定的侵害生命权、健康权和身体权的侵权行为；（2）第 19 条规定的侵害财产权益的侵权行为，包括侵害物权、债权、知识产权的侵权行为；（3）第 22 条规定的侵害其他人身权益的侵权行为，包括侵害姓名权、名称权、肖像权、名誉权、荣誉权、人身自由权、隐私权、性自主权以及身份权等的侵权行为。

1.2.2　侵权行为一般条款

1.2.2.1　侵权行为一般条款及其意义

成文法国家民法规定侵权行为法，都采用一般化的立法方法进行，在民法债编中专门规定侵权法，并且首先规定侵权行为一般条款。例如《法国民法典》第 1382 条和《德国民法典》第 823 条，以及其他国家民法的相应条文。

各国侵权法规定侵权行为一般条款有两种方法：一是规定侵权行为一般条款只调整一般侵权行为，例如法国和德国民法的上述规定；二是规定侵权行为一般条款调整全部侵权行为，例如《埃塞俄比亚民法典》第 2027 条。

成文法民法典立法规定侵权行为一般条款的意义在于：第一，简化立法，尽量用最简单的条文概括最丰富、最大量的侵权法内容。第二，将侵权行为一般条款高度浓缩，使这一条文成为一般侵权行为的高度概括，对具体的侵权行为不再一一作出具体规定。第三，赋予法官概括的裁判准则，使法官能够依据侵权行为一般条款对所有的一般侵权行为作出判决。

1.2.2.2 《侵权责任法》的侵权行为一般条款

《侵权责任法》规定侵权行为一般条款，采用大小搭配的双重模式，既有第 2 条规定的能够涵盖全部侵权行为的侵权行为一般条款，又有第 6 条第 1 款规定的只包括一般侵权行为的侵权行为一般条款，分别起到不同的作用。

《侵权责任法》第 2 条作为侵权行为一般条款，作用是将所有的侵权行为都概括在一起，无论进行何种程度的侵权行为类型规定，即使随着社会的发展出现新型的侵权行为，都能够概括在这个条文之中。

《侵权责任法》第 6 条第 1 款规定的过错责任则是小的侵权行为一般条款，对于一般侵权行为，《侵权责任法》没有作类型化规定，仍须依照过错责任的一般规定适用法律，确定一般侵权行为的侵权请求权的基础仍然是第 6 条第 1 款。

两个一般条款相互搭配，各自起到不同的作用，构成了《侵权责任法》的鲜明特点，有别于其他国家侵权法关于侵权行为一般条款的规定。

1.2.3 一般侵权行为及其类型

适用《侵权责任法》第 6 条第 1 款规定的侵权行为一般条款调整的侵权行为，就是一般侵权行为。一般侵权行为究竟有

哪些类型，中国法律没有规定，学者认为主要包括以下 9 种侵权行为类型：[①]

1.2.3.1　故意或者过失侵害人身

故意或者过失侵害人身的侵权行为，是故意或者过失地以侵害生命权、健康权或者身体权及其相关人格利益为侵害对象的侵权行为。故意或者过失侵害人身的侵权行为的损害赔偿责任，是赔偿所造成的财产损失，诸如医药费赔偿、误工费赔偿、丧葬费赔偿、残疾赔偿金、死亡赔偿金等，同时还要赔偿精神损害抚慰金。

1.2.3.2　故意或者过失侵害人格

故意或者过失侵害一般人格权，或者侵害精神性人格权及其利益的侵权行为，构成故意或者过失侵害人格的侵权行为。这种侵权行为所侵害的客体，包括人身自由权、名誉权、隐私权、性自主权、肖像权、姓名权、名称权、荣誉权、信用权、人格尊严和其他人格利益（即一般人格权）。凡是故意或者过失侵害人格及其利益的侵权行为，都是适用过错责任原则。

故意或者过失侵害人格的基本救济手段是精神损害赔偿，辅之以停止侵害、赔礼道歉、消除影响、恢复名誉等非财产性民事责任方式，根据具体的情况决定适用何种侵权责任方式。违反公开权的规定，侵害姓名权、肖像权、隐私权等造成权利人财产利益损害的，依照《侵权责任法》第 20 条规定，还应当

① 杨立新：《侵权责任法》，法律出版社 2012 年版，第 372 ~ 406 页。

赔偿财产利益的损失。

1.2.3.3 妨害家庭关系

妨害家庭关系的侵权行为，是侵害配偶权、亲权和亲属权等身份权，造成亲属身份利益损害的侵权行为。妨害家庭关系的侵权责任方式，为停止侵害、赔礼道歉、赔偿损失。赔偿损失主要是精神损害赔偿，赔偿的是身份权中的精神利益损害。赔偿责任的确定，参照侵害人格及其利益的精神损害赔偿的一般规则。在侵害了身份权的财产方面亲属利益的，应当承担财产损害赔偿责任。

1.2.3.4 侵害物权

侵害他人所有权和他物权，造成财产利益损害的，构成侵害物权的侵权行为。行为的方式和后果，一是侵占，将他人合法所有或者占有的财产非法占有，或者据为己有，改变了财产的占有状态，使权利人丧失了对该物的权利或者占有；二是损坏，侵权行为破坏了财产的价值和使用价值，使财产所有人或者占有人所拥有的财产的价值量减少；三是造成财产利益的损失，是其他行为方式侵害物权所产生的损害后果。侵害他人所有权和他物权，造成财产利益损失的，应当承担恢复原状、返还原物、赔偿损失的民事责任。侵害他人合法占有的，应当承担返还原物、恢复原状的责任；造成损失的，应当赔偿损失。

1.2.3.5 侵害债权

侵害债权是以他人享有的合法债权为侵害客体，故意实施侵害行为，造成该债权不能实现的损害后果的侵权行为。第三人侵害债权的侵权行为包括在《侵权责任法》第2条第2款中。[①] 侵害债权侵权行为的具体形式有诱使违约、阻止债务履行、干扰他人接受赠与、债权准占有人主张债权、代理人超越代理权限免除被代理人的债务人对被代理人的债务，以及第三人与债务人通谋妨害债权实现等。

1.2.3.6　侵害知识产权

侵害知识产权的侵权行为是侵害著作权、专利权、商标权等无形财产权的侵权行为，主要由《著作权法》《商标法》和《专利法》规定。在侵权责任法中，将这种侵权行为概括为一种类型，对侵害他人的著作权、专利权、商标权等造成损害的侵权行为，应当承担停止侵害、赔偿损失等责任。

1.2.3.7　媒体侵权

媒体侵权行为概括的是新闻侵权、文学作品侵权和网络侵权，是以媒体实施的行为侵害他人民事权益的侵权行为。《侵权责任法》第36条规定了网络侵权责任，没有规定其他媒体侵权责任规则，适用《侵权责任法》第6条第1款规定确定媒体侵权责任。媒体侵权行为都是以文字或者语言的形式侵害他人的民事权利和利益，主要侵害的客体是精神性人格权，尤其是名誉权、姓名权、肖像权、隐私权等权利以及其他人格利益。媒体侵权行为适用过错责任原则，须具备违法行为、损害事实、

① 王胜明主编:《中华人民共和国侵权责任法解读》，中国法制出版社2010年版，第11页。

因果关系和过错四个要件才能构成。

1.2.3.8 商业侵权

商业侵权是现代侵权责任法中正在发展的一种特殊侵权行为，其基本特点是发生在商业领域中，行为主体或者受害人是从事商业活动的法人或者自然人。这种侵权行为所侵害的并不是一类简单的权利客体，或者是物权、或者是债权、或者是知识产权、或者是人格权、或者只是一种经营利益。确定商业侵权的损害赔偿责任，需要结合商业活动的特点。

1.2.3.9 恶意利用诉讼程序

恶意利用诉讼程序包括：（1）恶意诉讼，即恶意利用民事诉讼程序；（2）恶意告发，即恶意利用刑事诉讼程序；（3）滥用诉权，是指行为人有诉权，但是其提起的刑事诉讼和民事诉讼所追求的是正当诉权之外的非法诉讼目的，造成受害人损害的行为。由此造成受害人损害的，应当承担赔偿责任。

1.3 侵权责任请求权

1.3.1 侵权责任请求权的概念

侵权责任请求权，是指侵权法律关系发生后，被侵权人享有的请求侵权人承担侵权责任的请求权。《侵权责任法》第 3 条规定的是被侵权人的侵权请求权，即“被侵权人有权请求侵权人承担侵权责任。”

侵权责任请求权是一种新生的权利，是民事权利的救济权、保护权。因此，侵权责任请求权是方法性的请求权，而不是权利类型的请求权。侵权人实施侵权行为造成被侵权人的损害，构成侵权责任后，被侵权人产生侵权责任请求权，有权主张侵权人承担侵权责任，以救济自己的民事权益损害。

1.3.2　侵权责任请求权与举证责任

请求权与举证责任密切相关。我国《民事诉讼法》第 64 条规定："当事人对自己提出的主张，有责任提供证据。""当事人及其诉讼代理人因客观原因不能自行收集的证据，或者人民法院认为审理案件需要的证据，人民法院应当调查收集。""人民法院应当按照法定程序，全面地、客观地审查核实证据。"

侵权责任请求权与举证责任的关系表现为：

1.3.2.1　享有侵权请求权的一方负有举证责任

享有侵权责任请求权的被侵权人对自己提出的主张，有责任提出证据，加以证明。不能证明自己有关侵权人构成侵权责任的主张的，须承担败诉的结果。

1.3.2.2　过错推定原则与无过错责任原则的举证责任倒置

在适用无过错责任原则和过错推定原则的情况下，在原告证明自己应当证明的内容之外，对某些事实实行举证责任倒置，由侵权人证明某些事实。《侵权责任法》规定适用过错推定原则的侵权行为，对过错实行推定，须由侵权人证明自己没有过错。《侵权责任法》规定适用无过错责任原则的侵权行为，被侵权人应当证明违法行为、损害事实和因果关系三个要件，如果侵权人主张是被侵权人故意引起损害，则举证责任倒置，由侵权人举证证明被侵权人的过错。

1.3.2.3 法院有调查收集证据的职责

请求权人承担举证责任，法院也负有必要的调查收集证据的职责。侵权责任请求权人有责任就自己的赔偿请求提供证据，法院的主要任务是审查核实证据。对于当事人及其诉讼代理人因客观原因不能自行收集的证据，或者人民法院认为审理案件需要的证据，人民法院应当调查收集证据。

1.4 非冲突性法规竞合与侵权责任请求权优先权保障

1.4.1 法规竞合引发的侵权责任与刑事责任或行政责任竞合

1.4.1.1 法规竞合的一般原理

法规竞合是指一个违法行为，同时触犯数个法律或者数个法律条文，在法律适用时，选择适用该行为触犯的某一个法律条文，同时排除其他法律条文的适用，或者同时适用不同的法律条文的法律适用规则。法规竞合的实质在于同一违法行为同时触犯多个法律条文。

责任竞合也是法规竞合，是法规竞合的具体表现形式，作为一种客观存在的现象，既可以发生在同一法律部门内部，如民法中的违约责任与侵权责任的竞合，也可以发生在不同的法律部门，如民事责任与刑事责任、民事责任与行政责任的竞合。《侵权责任法》第 4 条第 1 款规定的法规竞合，是指发生在不同法律部门之间的责任竞合。

根据法律规范之间关系的不同，法规竞合分为冲突性竞合与非冲突性竞合。冲突性竞合是指数个法律规范不能同时并用，司法机关或者权利人只能从中择用其一，例如刑事法律的冲突性竞合由司法机关确定适用的法律规范，民事法律的冲突性竞合通常由权利人选择适用的法律规范。非冲突性竞合是指数个法律规范可以同时适用，根据不同法律规范产生的数个法律后果并行不悖，可以共存。[①]发生在不同法律部门之间的责任竞合，通常是非冲突性法规竞合，如对伤害罪可以同时追究刑事责任和侵权责任。

1.4.1.2　侵权责任与刑事责任或者行政责任竞合的后果

按照《侵权责任法》第4条第1款规定，侵权责任与刑事责任或者行政责任竞合，后果是“不影响依法承担侵权责任”，因而发生附带民事损害赔偿责任。

（1）刑事附带民事损害赔偿。当一种行为被法律规定为犯罪行为的同时，又规定为侵权行为时，就使刑事法律和民事法律的规范竞合在一起。由于该行为在刑法上属于犯罪行为，在民法上又属于侵权行为，为避免裁判上的矛盾和减少当事人的讼累，允许司法机关根据被害人及其他有关人的申请，适用刑事诉讼程序，对这两种诉讼请求合并审理，同时确定被告人的

---

① 参见刘士心：“法规竞合论争与概念重构”，载《国家检察官学院学报》2002年第3期。

刑事责任和损害赔偿民事责任。刑事附带民事损害赔偿又称为刑事裁判中的私法处分。由于刑事立法对刑事附带民事损害赔偿的规定过于简略，因而刑事附带民事损害赔偿应当根据刑事立法不足的实际情况，依照侵权责任法的基本原理和立法规定，确定附带的民事损害赔偿责任。

（2）行政附带民事损害赔偿。行政附带民事损害赔偿，是指在行政附带民事诉讼中，通过行政诉讼程序，在解决行政违法行为人行政责任的同时，一并解决对受害人的赔偿责任。行政附带民事损害赔偿中的民事赔偿是附带于行政责任的民事责任方式，其当事人是行政法律关系中有侵权损害赔偿权利义务关系的人。行政附带民事损害赔偿的两个诉讼请求具有内在的关联性，产生于同一法律事实。行政附带的民事损害赔偿就是侵权损害赔偿。在行政诉讼中确定附带的民事损害赔偿，应当适用《侵权责任法》的规定。

1.4.2 侵权责任请求权的优先权

1.4.2.1 产生基础

《侵权责任法》第 4 条第 2 款规定了我国的侵权责任请求权优先权保障制度。

法规竞合的发生，产生了民事主体损害赔偿请求权的优先权。由于对侵权行为有可能由刑法、行政法、侵权法等不同基本法进行规范，因此，形成了刑法、行政法、民法的法律规范竞合，即非冲突性法规竞合，侵权人由于同一个违法行为，同时要承担侵权责任、刑事责任或者行政责任。由于不同基本法的法律规范竞合属于非冲突性竞合，因此存在同时适用的可能。侵权人因同一个违法行为，既要承担罚金、没收财产的刑事责任，或者罚款、没收违法所得的行政责任，又要承担损害赔偿的侵权责任，发生财产性的行政责任、刑事责任与侵权责任的竞合，并且应当同时承担。如果赋予被侵权人以损害赔偿请求权的优先权，则该请求权的地位就优先于罚款、没收财产的刑事责任以及罚款和没收违法所得的行政责任，使民事主体的权利救济得到保障。这就是侵权赔偿请求权优先于行政责任或者刑事责任的优先权保障赖以产生的法理基础。正因为如此，《侵权责任法》规定“侵权人的财产不足以支付的，先承担侵权责任”。

1.4.2.2　概念

优先权也称先取特权，是指特定的债权人依据法律的规定而享有的，就债务人的总财产或特定财产优先于其他债权人而受清偿的权利。[①] 优先权的性质是独立的法定担保物权，能够对其担保的债权实现提供保障。

侵权责任请求权优先权是指被侵权人依法享有的，就造成其损害的侵权人的总财产承担损害赔偿责任，优先于侵权人应当承担的财产性质的行政责任和刑事责任而受清偿的担保物权。

1.4.2.3　特点

侵权责任优先权的特点是：第一，侵权责任请求权优先权

① 谢怀栻：《外国民商法精要》，法律出版社 2002 年版，第 158 页。

是特别法的优先权，是通过《侵权责任法》规定的优先权，属于民法优先权。第二，侵权责任请求权优先权是一般优先权，尽管侵权责任请求权优先权是为了保护被侵权人合法权益而设立的优先权，但其作为担保资产的并不是侵权人的特定财产，而是全部总资产，包括动产和不动产，因此是一般优先权。第三，侵权责任请求权优先权是优先于特定责任的优先权，并不优先于所有的权利，仅优先于行政责任及刑事责任中的财产责任。对于其他债权，侵权责任请求权并不处于优先地位，应当受债权平等原则约束，更不能对抗有其他担保的债权。

1.4.2.4 成立要件

（1）承担损害赔偿责任的人与罚款、罚金等责任人须为同一侵权人。侵权责任请求权的权利人是被侵权人，相对应的责任人是造成其合法权益受到损害的侵权人。不论应当承担刑事责任还是行政责任以及承担损害赔偿责任，都必须是同一人应当承担的法律责任。只有在同一人应当承担上述不同责任时，优先权才有意义。

（2）侵权人须因同一行为而承担不同法律责任。构成侵权责任请求权优先权，须是侵权人因同一个违法行为，既要承担对被侵权人的损害赔偿责任，又要承担对国家的罚款或者罚金等责任。在这种情况下，侵权人对被侵权人承担的损害赔偿责任就优先于罚款或罚金责任。《侵权责任法》第 4 条第 2 款规定的“因同一行为”，特别强调的就是因同一行为应当承担民事责任或者刑事责任以及行政责任。

（3）侵权人须同时承担损害赔偿责任和刑事罚金、行政罚款等责任。同时承担，就是在侵权人对被侵权人承担损害赔偿责任的同时，又要承担刑事罚金或者行政罚款等责任。因此，侵权人承担对被侵权人的损害赔偿责任作为前提，同时又要承担罚金或者罚款的责任时，才能构成侵权责任请求权优先权。前文所谓“等责任”，是说还可能包括其他财产性的行政、刑事责任，例如没收财产等也在其内。

1.4.2.5 担保范围

（1）损害赔偿金。侵权责任请求权优先权担保的范围，主要是损害赔偿金请求权，被侵权人的合法权益受到侵害造成损失，不论是财产损害赔偿金还是人身损害赔偿金，不论是救济性损害赔偿金还是惩罚性损害赔偿金，损害赔偿请求权都一律受到优先权的保护，精神损害赔偿请求权也同样如此。

（2）损害赔偿金迟延给付的利息。在侵权责任请求权优先权中，利息之债也应当受到优先权的保护。不过，在通常情况下，损害赔偿责任在判决确定之前是不计算利息的，如果判决已经确定了损害赔偿金，并且规定了给付赔偿金的期限，则超出该期限而为给付者，应当承担利息之债。该利息之债受优先权保护，否则不存在利息赔偿问题。

（3）保全和实现优先权所支付的费用。被侵权人作为优先权人，为了保全和实现优先权所支出的费用，也在优先权担保的范围之内。被侵权人为了救济权利而支出的费用，是为了救济受到损害的权利所必要，为了保全优先权、实现优先权而支出的费用，也是救济损害所必须，都在优先权的担保范围之内。

1.4.2.6 其他效力

（1）侵权责任请求权优先权的标的。侵权责任请求权优先权的标的，应当以承担损害赔偿责任的侵权人的所有物和财产权利为限。该标的的范围原则上不受特定性限制，而仅受善意取得的限制。侵权人的一般财产即物和财产权利都为优先权的标的，如果在优先权保障期间转让该财产且构成善意取得时，则优先权人不得主张权利。

（2）侵权责任请求权优先权对抗的对象。侵权损害赔偿责任优先权所对抗的对象，是同一侵权人同时承担的缴纳行政罚款和刑事罚金等财产性的责任，不能对抗先前成立或者非因同一行为而成立的罚款和罚金的责任承担。对于其他债权，侵权责任请求权优先权不发生效力，不产生对抗的效力。

1.5 侵权特别法的效力

1.5.1 侵权特别法的一般情况

中国的侵权特别法，是指对在其他法律中规定的侵权责任特别规范的总称。中国的侵权特别法在形式上分为三类，具体内容是：

1.5.1.1 单行侵权特别法

中国单行的侵权特别法目前只有《国家赔偿法》。该法是专门调整国家机关作为侵权人的侵权赔偿法律关系的专门法，包含行政赔偿法和冤狱赔偿法这两部分内容，对于国家赔偿的种类、国家赔偿的原则、国家赔偿的主体、国家赔偿的范围和具体办法等，都作了规定。

1.5.1.2　主要内容是侵权特别法的立法

中国在其他法律中包含了大量的侵权特别法规范。例如《道路交通安全法》《产品质量法》《未成年人保护法》《妇女权益保障法》《残疾人权益保障法》《消费者权益保护法》《反不正当竞争法》和《老年人权益保障法》等。《道路交通安全法》对道路交通事故处理规则的规定，《产品质量法》对产品责任的规定，《消费者权益保护法》对人格尊严保护的规定，《妇女权益保护法》对性骚扰行为的规定，都是极为重要的侵权法规范，在现实生活和司法实践中发挥了重要作用。

1.5.1.3　其他法律中关于侵权行为的具体条款

在中国的其他一些法律中，多数都规定了与该法有关的侵权行为的具体赔偿内容。例如，2008 年《水污染防治法》第 85 条第 2 款至第 4 款规定："由于不可抗力造成水污染损害的，排污方不承担赔偿责任；法律另有规定的除外。""水污染损害是由受害人故意造成的，排污方不承担赔偿责任。水污染损害是由受害人重大过失造成的，可以减轻排污方的赔偿责任。""水污染损害是由第三人造成的，排污方承担赔偿责任后，有权向第三人追偿。"

1.5.2 中国侵权特别法的立法特点

1.5.2.1 在立法思想上坚持一致性与创新性相结合

立法思想必须一致。中国侵权特别法坚持了这一立法原则，使侵权特别法与侵权普通法之间和谐统一，成为一个有机的整体。侵权特别法在坚持相对统一的一致性基础上，应当进行必要的创新，创造新的侵权法规范，以适应社会主义市场经济发展的需要。

1.5.2.2 在立法内容上坚持必要性与完整性相结合

中国的侵权特别法既坚持立法内容的必要性原则，也考虑该部门法的立法内容的完整性，使二者结合起来。特别法应当是确有修改、补充、发展普通法的必要时方可制定，但在制定单行法为保持自身完整性需要时，也可以制定与普通法规定相同的规范。

1.5.2.3 在立法技术上坚持统一性与多样性相结合

中国侵权特别法在立法技术上，坚持多样性原则，在表现形式上逐步发展，不断完善，创造了灵活多样的立法形式。既有单行的侵权特别法，又有非民事法律中的侵权特别法规范。

1.5.3 侵权特别法的适用原则

1.5.3.1 特别法优于普通法原则

这是法律适用的一条基本原则。由于侵权特别法相对于普通法具有特殊的效力，因而在特定的范围内，排斥了侵权普通法的适用。适用这一原则，关键在于掌握侵权特别法的适用范围，以防止强调侵权普通法的普遍适用而不适用侵权特别法，以及无限制地扩大侵权特别法适用范围这样两种倾向。

1.5.3.2　区分总则和分则原则

在侵权特别法的适用上，应当区别有关总则的一般规定和有关分则的具体规定。对于属于《侵权责任法》总则性的一般规定，应当更多地依照《侵权责任法》第一章至第三章的规定适用法律，因为这部分是《侵权责任法》确定侵权责任的一般规则。对于属于分则的具体规定，应当更多地适用侵权特别法的特别规定，因为特别法规定特别侵权责任，总是根据侵权责任的特殊情形规定的，有特别要求，应当优先适用。

1.5.3.3　区分民法性规定和非民法性规定的原则

在规定侵权特别法的法律中，有的属于民法性质的法律，有的属于经济法性质、行政法性质的法律。在这些规定中，有关民法性质的法律规定的侵权特别法，内容比较详细、具体，富有针对性，在司法实践中容易操作，应当优先适用。在行政法、经济法中规定的侵权特别法，通常比较简单，且有些规定不尽准确，如果与《侵权责任法》的规定有冲突，应当优先适用《侵权责任法》的规定。

1.5.3.4　综合分析原则

由于侵权特别法规范具有分散性，缺乏体系化整理，具体规范的内容是否正确，是否符合侵权责任法的基本原则和立法目的，尚不完全明确，不能简单化从事。在司法实践中，应当将侵权特别法的规范与《侵权责任法》的基本原则和立法目的相比较，违反《侵权责任法》基本原则和立法目的的特别法规范，不能以特别法优先于普通法的原则而优先适用。即使规定特殊侵权责任规则的特别法规范，如果其与《侵权责任法》规定的同类特殊侵权责任的具体规定相冲突，也应当直接适用《侵权责任法》的规定，不能优先适用所谓的“特别法”。应当依照《侵权责任法》的基本原则和立法目的，综合考察《侵权责任法》和特别法之间的差异，正确分析二者的矛盾，准确理解立法的意图，确定适用特别法还是普通法。

第2章

责任构成和责任方式

典型案例

某日下午 5: 30–6: 30，黑龙江省某县气象局驻某村气象站为防冰雹，向空中发射了 30 枚防雹气象炮弹，其中向邻市的旧街方向发射 6 发（距离为 8 公里）。旧街乡张明村村民常某在田里干活见开始下雨，便由田里回家。其妻李某等人在家里听到屋外一声惊叫，并听到有人倒地的声音，出门见常某倒卧窗前，头部受伤流血，昏迷不醒。在场人以为是遭雷击所致，将常某送至医院，诊断发现常某头部有一 7 厘米裂伤，深至颅骨，创缘不齐，颅骨凹陷，有脑组织溢出，为脑挫伤、开放性颅骨骨折,7 天后死亡。医院诊断认为死者是由一硬物以高速冲击所致。常某亲属在现场找到一块弹皮，经鉴定为“三・七”炮弹皮残骸，上有“人雨・17 秒”字样。李某向法院起诉该气象局，被告主张常某近亲属不能证明损害是气象站发射的炮弹所致。法院在现有事实上适用因果关系推定规则，确认其行为与损害结果之间有因果关系，判决被告承担侵权责任。[1]

---

① 本案例的宗旨是适用推定因果关系规则确定侵权责任因果关系构成要件。

2.1 侵权责任归责原则

2.1.1 归责原则概述

2.1.1.1 研究侵权责任归责原则的意义

中国侵权法认为，侵权责任归责原则是侵权责任法的统帅和灵魂，是侵权责任法理论的核心。其重要意义在于：第一，研究侵权责任法首先必须研究归责原则，在此基础上才能够进一步展开全面研究。第二，法官正确处理侵权纠纷案件，也必须首先准确掌握侵权法的归责原则，不然就无法确认各类侵权损害赔偿纠纷责任的性质，无法给侵权纠纷案件予以定性，也就无法正确适用法律。第三，民事主体掌握侵权责任归责原则，有助于保护自己的合法权益，在受到损害时能够正确提出诉讼主张，保证及时得到赔偿。

2.1.1.2 概念

归责是指行为人因其行为或者物件致他人损害的事实发生以后，应依何种根据使其负责，此种根据体现了法律的价值判断，即法律应以行为人的过错还是应以已发生的损害结果为价值判断标准，而使行为人承担侵权责任。[①]归责概念包含以下三层意义：第一，归责的根本含义是确定责任的归属，是将侵权行为所造成的损害后果归于对此损害后果负有责任的人来承

① 王利明：《侵权行为法归责原则研究》，中国政法大学出版社 1992 年版，第 17 ~ 18 页。

担。第二，归责的核心是标准，决定何人对侵权行为的结果负担责任时，须有统一的标准和根据，使侵权责任的归属实现公平、正义的原则。第三，归责是一个过程，而责任则是归责的结果。责任的成立与否，取决于行为人的行为及其后果是否符合责任构成要件，而归责只是为责任是否成立寻求根据，并不以责任的成立为最终目的。[①]

归责原则，是确定侵权人承担侵权损害赔偿责任的一般准则，是在损害事实已经发生的情况下，为确定侵权人对自己的行为所造成的损害是否承担赔偿责任的一般准则。

2.1.1.3　体系

最早的侵权责任归责原则是加害原则，即客观归责原则，是以损害的客观后果作为归责的标准。《法国民法典》确立了现代的过错责任原则，在侵权法的立法史上实现了革命性的变革。在科学技术巨大进步、生产力水平迅速提高、社会结构日益复杂的现代社会中，单一的归责原则不能解决日益复杂化的侵权责任问题，因而出现了无过错责任原则的归责原则。因此，侵权法的单一归责原则向多元化发展，逐渐形成了侵权责任法的完整的归责原则体系。

中国侵权法学界的通说采纳三元论 –C 的立场，认为《侵权责任法》第 6 条和第 7 条规定了侵权责任的归责原则体系，

① 王利明：《侵权行为法归责原则研究》，中国政法大学出版社 1992 年版，第 18 页。

分别为过错责任原则、过错推定原则和无过错责任原则。并且认为：第一，过错责任原则是中国侵权责任法的基本归责原则，调整一般侵权行为的责任归属。第二，从本质上说，过错推定原则也是过错责任原则，其价值判断标准和责任构成要件也与过错责任原则的要求是一致的。由于过错责任原则和过错推定原则的举证责任不同，调整的范围不同，适用法律不同，因而将过错推定原则作为一个独立的归责原则并非不当，具有重要意义。第三，无过错责任原则是一个独立的归责原则，它调整的范围与过错责任原则、过错推定原则不同，独立地调整着部分特殊侵权行为的责任归属，具有独立存在的价值，是一个独立的归责原则，不仅有《侵权责任法》第7条法律规定作为依据，同时其调整的范围也与过错责任原则、过错推定原则不同，独立地调整着高度危险责任等特殊侵权责任的归属。第四，公平分担损失规则不能作为一个独立的归责原则，《侵权责任法》第24条并没有认为公平分担损失规则是一个归责原则，其调整的范围过于狭小且不属于严格的侵权行为，在实践中对于双方都无过错的损害纠纷并非一律适用这个规则，因而应当称作公平分担损失责任。

2.1.2 过错责任原则

2.1.2.1 概念

过错责任原则是以过错作为价值判断标准，判断行为人对其造成的损害应否承担侵权责任的归责原则。一般侵权行为引起的损害赔偿案件，由有过错的一方承担赔偿责任，过错是损害赔偿责任构成的基本要件之一，缺少这一要件，即使加害人的行为造成了损害事实，并且加害人行为与损害结果之间有因果关系，也不承担赔偿责任。

中国侵权法同样采用过错责任原则作为基本的归责原则，原因在于，民事主体需要保持行使权利的绝对性，不能受到非法限制；而行使权利就不可避免地会损害他人的利益，所以要用过错这个价值判断标准作为侵权损害责任构成的必要条件。实行过错责任原则，有利于生产力和社会的发展，只要行为人尽到注意义务，即使是造成损害，也可不必负责，因而鼓励民事主体大胆地放手搞改革创新，推动生产力的发展和社会的进步。中国侵权责任法把过错责任原则作为基本归责原则，根本目的是保护民事主体的人身权利和财产权利不受侵犯，保护民事主体的权利能够平等、自由行使，通过对因自己的过错而致他人合法权益损害的不法行为人，强加包括赔偿损失在内的侵权责任，以保护自然人和法人的人身、财产权益，预防和减少侵权行为的发生。

2.1.2.2 内涵和功能

过错责任原则的内涵是：第一，过错责任原则的性质是主观归责原则，要求在确定侵权人的责任时，依行为人的主观心理状态来确定，而不是依行为的客观方面来确定，行为人在主观上没有可非难性，就不能承担赔偿责任。第二，以过错作为侵权责任的必备构成要件，行为人在主观上没有过错，就缺少必备的构成要件，就不构成侵权责任。第三，以过错为责任构成的最终要件，坚持以过错作为法律价值判断标准，不仅仅要求将过错作为侵权责任构成的一般要件，而且要求将过错作为决定侵权责任构成的最终的、决定的要件。只有这样，才能彻底贯彻无过失即无责任的精神。

过错责任原则具有如下的法律功能：第一，确定侵权责任，救济侵权损害。过错责任原则的基本功能在于将侵权责任归属于有过错的民事主体来承担，并依此作为法律价值判断标准，最符合民法公平、正义的观念。依此功能，使受害人的损害得到补偿，实现侵权责任法的救济损害、保护民事主体民事权利的目的。第二，确定民事主体的行为准则。过错责任原则坚持以人的过错作为承担侵权责任的价值判断标准，使过错在实际上意味着行为人选择了一种与法律和道德要求不相容的行为，不仅要使行为人承担民事责任，而且还要受到法律的谴责和道德的非难，在实际社会生活中确定了人的行为的标准。第三，纠正侵权行为，预防损害发生。过错责任原则的价值还在于通过惩戒有过错的行为人，指导人的正确行为，以预防侵权行为的发生。①

2.1.2.3 适用规则

（1）适用范围。过错责任原则适用于一般侵权行为，只有在法律有特别规定的情况下，才不适用过错责任原则。《侵权责

---

① 王利明：《侵权行为法归责原则研究》，中国政法大学出版社1991年版，第40页。

任法》不仅在第 6 条第 1 款规定适用过错责任原则，还在其他条文中规定网络侵权责任、医疗损害责任等侵权责任类型中适用过错责任原则。

（2）责任构成要件。适用不同的归责原则，责任构成要件各不相同。适用过错责任原则确定赔偿责任，构成要件是四个，即违法行为、损害事实、违法行为与损害事实之间的因果关系和过错。

（3）证明责任。适用过错责任原则，按照“谁主张，谁举证”的民事诉讼举证原则，侵权责任构成四个要件的举证责任全部由提出损害赔偿主张的受害人承担，加害人不承担举证责任。加害人只有在自己提出积极主张对抗受害人的侵权主张时才承担举证责任。

（4）侵权责任形态。一般侵权行为责任是为自己的行为负责的责任，因而行为人只对自己行为造成的损害承担责任，故适用过错责任原则的一般侵权行为，其侵权责任形态是自己责任，而不是替代责任。

2.1.2.4　在过错责任原则下过错程度对责任范围的影响

适用过错责任原则，应当把过错作为行为人承担赔偿责任的根据，而不是将其作为确定赔偿范围的根据，因而赔偿责任的大小决定于损害的大小，过错程度并不发生重要影响。但特别的情形是：

（1）在某些特定情况下，过错程度对侵权责任发生影响，行为人仅有一般过失不足以构成侵权责任，例如只有故意实施侵害债权的行为，才能够构成侵害债权的侵权责任；只有故意侵害他人姓名权，才能够构成侵权责任；医生在紧急情况下抢救病人，对一般过失所致损害不负责任，仅对重大过失所致患者损害才负赔偿责任。

（2）在某些特定情形下，过错程度对侵权损害赔偿责任的范围发生影响：一是在确定精神损害赔偿责任时，过错程度轻重对损害赔偿责任大小起到作用，故意侵权要承担较重的赔偿责任，过失侵权则应当承担较轻的赔偿责任；二是在与有过失的情况下，双方当事人各有过错，加害人只对自己的过错负责，对因受害人的过错造成的损失不承担赔偿责任；三是在共同侵权情况下，共同加害人对外共同承担连带赔偿责任，对内则按各自的过错按比例分担责任，过错程度的轻重对每一个人的责任范围有影响；四是在分别侵权行为中，确定按份责任，依据每个行为人过错程度的轻重确定责任范围。

2.1.3 过错推定原则

2.1.3.1 概念

过错推定原则指在法律有特别规定的场合，从损害事实的本身推定加害人有过错，并据此确定造成他人损害的行为人赔偿责任的归责原则。

推定，是指法律或法官从已知的事实推论未知事实而得出的结果，是根据已知的事实对未知的事实进行推断和认定。过错推定是受害人在侵权责任诉讼中，能够举证证明损害事实、违法行为和因果关系要件的情况下，推定加害人在致人损害的行为中有过错，如果加害人不能证明损害的发生自己没有过错，就认为加害人有过错并承担侵权赔偿责任。

2.1.3.2　意义

过错推定原则的意义，是使受害人处于有利的诉讼地位，切实保护受害人的合法权益，加重加害人在诉讼中的举证责任，有效地制裁民事违法行为，促进社会的和谐和稳定。原因在于，适用过错推定原则，从损害事实中推定行为人有过错，就使受害人免除了过错要件的举证责任而处于有利的地位，而加害人则因担负这个举证责任而加重了责任，因而更有利于保护受害人的合法权益。

2.1.3.3　地位

中国侵权责任法确认过错推定原则是一个独立的归责原则。从严格的意义上说，过错推定原则仍然是过错责任原则，因而责任构成还须具备过错责任的四个要件。只是在某些特殊情况下适用过错责任原则，受害人难以举出证据来证明加害人的过错。

尽管过错推定原则在这些方面与过错责任原则有所区别，但其过错责任原则的本质并没有改变。把它作为一个独立的归责原则，只是在规则上与过错责任原则有所不同而已。

2.1.3.4　适用规则

（1）适用范围。过错推定原则有适用范围，是一部分特殊侵权行为。按照《侵权责任法》的规定，适用过错推定原则的特殊侵权责任是：一是，在“关于责任主体的特殊规定”中，监护人责任、用人者责任、违反安全保障义务责任、无民事行为能力人在教育机构受到损害的责任，适用过错推定原则；[①] 二是，在机动车交通事故责任中，机动车造成非机动车驾驶人或者行人人身损害的，适用过错推定原则；三是，在医疗损害责任中，医疗伦理损害责任适用过错推定原则；四是，在饲养动物损害责任中，动物园的动物造成损害的适用过错推定原则；五是，在物件损害责任中，建筑物以及建筑物上的搁置物悬挂物致人损害、建筑物等倒塌损害责任、堆放物致人损害、林木致人损害、障碍通行物损害责任以及地下工作物损害责任等，都适用过错推定原则。

（2）责任构成要件。在适用过错推定原则确定侵权责任时，侵权责任的构成与适用过错责任原则没有大的变化，仍须具备违法行为、损害事实、因果关系和过错这四个要件。

（3）证明责任。在过错推定原则适用的场合，举证责任有特殊规则：第一，原告起诉应当举证证明三个要件，即违法行为、损害事实和因果关系。第二，这三个要件的举证责任完成之后，法官直接推定被告有过错，不要求原告对行为人存在过错要件进行证明。第三，实行举证责任倒置，如果被告认为自己在主观上没有过错，则须自己举证，证明自己没有过错；证

---

① 在《侵权责任法》第四章规定的侵权责任类型中，暂时丧失心智损害责任、网络侵权责任以及教育机构对限制民事行为能力的未成年学生受到损害的责任，都不适用过错推定原则；对于违反安全保障义务的侵权责任究竟适用过错责任原则还是适用过错推定原则，有不同看法。

明成立的，推翻过错推定，否认行为人的侵权责任。第四，被告对自己没有过错证明不足或者不能证明的，推定过错成立，行为人应当承担侵权责任。

（4）侵权责任形态。在适用过错推定原则的侵权行为中，行为人承担的责任形态基本上是替代责任，包括对人的替代责任和对物的替代责任，一般不适用自己责任的侵权责任形态。

2.1.4　无过错责任原则

2.1.4.1 概念

无过错责任原则是指在法律有特别规定的情况下，以已经发生的损害结果为价值判断标准，由与该损害结果有因果关系的行为人，不问其有无过错，都应当承担侵权赔偿责任的归责原则。

无过错责任原则是伴随着社会化大生产的迅速发展，尤其是大型危险性工业的兴起而产生和发展起来的，是为了改变具有高度危险性的工业企业大规模发展，受害人对于工业事故的损害举证证明责任者过错的困难境况，在坚持实行过错责任原则的同时，例外地就特殊损害事故承认无过错责任原则，从而有利于保护受害人的合法权益。中国侵权责任法确立无过错责任原则的根本目的，在于切实保护民事主体生命、财产安全及其他合法权益，促使从事高度危险作业的人、产品生产者和销售者、环境污染者以及动物的饲养人、管理人等，对自己的工作高度负责，谨慎小心从事，不断改进技术安全措施，提高工作质量，尽力保障周围人员、环境的安全；一旦造成损害，能迅速、及时地查清事实，尽快赔偿受害人的人身损害和财产损失，使无辜损害由国家和社会合理负担，保护受害人的利益。

2.1.4.2 意义

适用无过错责任原则的意义，在于加重行为人的责任，使受害人的损害赔偿请求权更容易实现，受到损害的权利及时得到救济。

在这一点上，可以在无过错责任原则与过错推定原则的比较中得到证实。在适用过错推定原则的情况下，受害人可以不必举证证明加害人的过错，而在损害事实中推定加害人的过错，受害人免除了证明加害人过错的举证责任，转而由加害人承担自己举证证明自己无过错的责任，受害人的地位因此而比实行过错责任原则为优。在适用无过错责任原则的情况下，受害人也不用证实加害人的过错，且只有加害人证明损害是由受害人故意引起时才免除责任。在这一点上，无过错责任原则与过错推定原则相比，并没有不同；但是，在举证责任倒置的内容上，情况大不一样：实行过错推定，举证责任在加害人，证明的内容是加害人自己没有过错；实行无过错责任原则，举证责任在加害人，证明的内容是损害系由受害人故意引起的；加害人证明自己无过错，在实践中尚属可能；加害人证明损害是由受害人的故意所引起实属不易。因而无过错责任原则要比过错推定更为有利，将行为人置于严格责任的监督之下，把受害人置于更为妥善的保护之中。

2.1.4.3　适用规则

（1）适用范围。无过错责任原则适用于一部分特殊侵权行为。无过错责任原则的适用范围，一是产品责任，二是高度危险责任，三是环境污染责任，四是动物损害责任中的部分责任，五是在司法实践中对工伤事故责任也适用无过错责任原则。

《侵权责任法》第 7 条规定只有在“法律规定”的时候，才能适用无过错责任原则。没有法律的特别规定，不得适用无过错责任原则。

（2）责任构成要件。适用无过错责任原则的侵权责任构成要件为违法行为、损害事实和因果关系。在适用无过错责任原则的情况下，由于一方面决定责任构成的基本要件是谁造成了损害结果，另一方面过错不再是侵权责任的构成要件，因而决定责任构成的基本要件是因果关系。当损害结果和违法行为之间具有因果关系时，侵权责任即构成。

（3）证明责任。适用无过错责任原则的证明规则是：第一，被侵权人即原告应当举证证明违法行为、损害事实和因果关系三个要件。第二，被侵权人完成上述证明责任以后，如果侵权人主张不构成侵权责任或者免责，自己应当承担举证责任，实行举证责任倒置。被告证明的内容不是自己无过错，而是被侵权人的故意是导致损害的原因。第四，被告能够证明损害是由被侵权人的故意所引起的，即免除赔偿责任。第五，侵权人对上述举证责任举证不足或者举证不能的，侵权责任成立，被告应承担侵权责任。

（4）侵权责任形态。适用无过错责任原则的侵权行为，其责任形态一般是替代责任，包括对人的替代责任和对物的替代责任。

2.1.4.4 无过错责任原则下的侵权人过错问题

在适用无过错责任原则的侵权行为中，法律只是不问侵权人的过错。在现实中，大多数的无过错责任中的侵权人在行为时是有过错的，被侵权人可以提供证据加以证明。对此，应实行以下规则：

（1）侵权人的过错对于侵权责任的构成没有意义。因为凡是在无过错责任原则适用的场合，在确定构成侵权责任时都是不问过错的。即使侵权人有过错，被侵权人已经证明，在这一环节也不加考虑。

（2）侵权人的过错对于侵权责任的赔偿范围具有较大的决定作用。如果侵权人确实没有过错，或者不能证明侵权人有过错，侵权人的赔偿责任按照法律的一般规定确定，侵权人承担法律所要其承担的限额赔偿责任。

（3）如果侵权人对于损害的发生或者扩大具有过错，损害赔偿责任范围的确定应当按照过错责任原则的要求进行，凡是与其过错行为有因果关系的损害结果，都应当予以全额赔偿。例如高度危险责任，法律规定为无过错责任，并且侵权人应当依照规定进行限额赔偿。但是，如果被侵权人能够证明侵权人对损害的发生具有过错的，则侵权人应当全额赔偿。

不过，《侵权责任法》第 7 条对此没有规定，司法实践也没有坚持这样做。对此，学说研究还应当进一步深入，推动立法和司法在这一方面的不断进步。

2.2 侵权责任构成要件

2.2.1 侵权责任构成要件概述

2.2.1.1 侵权责任构成与侵权责任构成要件

侵权责任构成是指具备哪些条件才能构成行为人因侵权行为所承担的民事责任。换言之，侵权责任构成是依据法律进行理性分析，确定侵权人所应承担的民事责任，在一般的情况下由哪些要素构成，并且依据这种构成作为判断行为人所实施的行为是否成立侵权责任的标准，在实践中予以适用。

侵权责任构成要件是构成侵权人应承担侵权责任的必备条件，是侵权责任构成的基本要素，因而是侵权人承担侵权责任的条件，是判断侵权人是否应负侵权责任的根据。①

侵权责任构成与侵权责任构成要件这两个概念，是一个事物的两个方面，前者是指这种责任须具备哪些要素或条件才能构成，后者是构成这种责任的基本要素或具体条件是什么。这两个概念紧密相连，是一个有机的整体。

不过，这两个概念的意义和作用有所区别。前者具有宏观的意义，研究的是责任构成的基本要求，是责任构成的结构；

---

① 《中国大百科全书·法学》，中国大百科全书出版社 1984 年版，第 473 页。

后者具有微观的意义，研究的是责任构成的具体内容，即构成责任的每一个要素的具体要求。这两个概念相辅相成，在理论上构筑侵权责任构成的完整体系，在实践中成为判断某一行为人是否应当承担侵权责任的尺度。

2.2.1.2 侵权责任构成要件主要是指侵权损害赔偿责任的构成要件

侵权责任构成及其要件究竟是指损害赔偿责任构成及要件，还是一般的侵权责任构成及其要件，在中国侵权法中是一个重要问题。原因在于，《侵权责任法》规定的侵权责任方式，不仅仅是损害赔偿，还包括停止侵害、排除妨害、消除危险、赔礼道歉、消除影响、恢复名誉等其他侵权责任方式。

通说认为，侵权责任法研究侵权责任构成要件，是在研究侵权损害赔偿责任的构成要件，因而要求比较严格；在适用停止侵害、排除妨害、消除危险等责任方式时，并不需要如此严格的构成要件，只要具备了权利被侵害的事实，就可以请求停止侵害、排除妨害、消除危险等，并非要造成损害才可以请求。这说明，侵权责任中的损害赔偿责任是其中最基本的责任方式，而其他侵权责任方式并非要与侵权损害赔偿责任同等要求，在侵权责任构成要件中更是如此。

因此，侵权责任法研究侵权责任构成要件，就是损害赔偿责任的构成要件，而不是其他侵权责任方式的构成要件。

2.2.1.3 侵权责任构成要件的理论学说

关于侵权责任构成的学说，在中国民法学界有不同的主张。

通说是“四要件说”，认为侵权责任构成须具备行为的违法性、违法行为人要有过错、要有损害事实的存在和违法行为与损害事实之间要有因果关系这四个要件，以该四个要件成立为已足，构成一般侵权责任。[①] 这种学说最初是借鉴前苏联民法理论，并结合了中国的具体实践。近 30 年来，进一步借鉴德国法的侵权责任构成理论，形成了比较完善的理论，被理论界所肯定，也被最高人民法院的司法解释所采用，用以指导全国司法审判实践。[②]

有不同意见认为，违法行为不足以作为侵权行为责任的构成要件，其主要根据，一是规定过错责任原则的条文中，未规定“不法”的字样；二是不法行为就是侵权行为的别称或同义语；三是违法性包含于过错之中；四是将不法与过错区分开来的初衷，在于运用不法概念便于确定人的行为准则，实无必要，实益不大。[③] 因而主张侵权责任构成只须具备损害事实、因果关系和过错要件。[④]

两种不同主张的争执焦点，在于违法行为是否为侵权责任构成的必备要件。我认为，违法行为是侵权责任构成的必备要件，亦即侵权责任必须由违法行为、损害事实、因果关系和过

① 中央政法干校民法教研室：《中华人民共和国民法基本问题》，法律出版社 1958 年版，第 324、338 页。

② 最高人民法院《关于审理名誉权案件若干问题的解答》第 7 条。

① 孔祥俊等：“侵权责任要件研究”，载《政法论坛》1993 年第 1 期。

② 参见王利明等：《民法·侵权行为法》，中国人民大学出版社 1993 年版，第五章。

错四个要件齐备方可构成。其理由如下：

（1）违法行为是行为要素和违法性要素的结合。违法行为包括两个要素，一是行为，二是违法。违法和行为合二为一，成为侵权责任构成的客观要件之一，作为侵权责任构成客观要件的违法行为，其行为要素和违法要素的作用各不相同。行为者，确定侵权行为外观表现形态；违法者，确定该行为在客观上与法律规范之间的关系。如果侵权责任中没有行为的要件，则无法说明侵权行为的客观表现形式；没有违法的要件，则无法确认侵权行为与法律之间的关系，因而使侵权责任无从认定。

（2）过错作为侵权责任构成的主观要件不能代替违法行为这一客观要件。过错是行为人的主观心理状态，体现了行为人主观上的应受非难性。由于民法上对判断过错主要采取客观标准，以及行为就具有行为人本身的意志因素，有的学者提出了客观过错的概念，认为违法行为包含于过错之中。主观和客观既相区别又相联系，在一个具体的行为中，既包括行为人的主观状态，也包括客观上的外在行为，表现形式不同，但又相互联系，统一在一起。将行为人的主观心态与客观行为严格区分，并不是要割裂二者间的内在联系，而是要确立主观心态和客观行为这两个不同的标准，检验行为人在其实施的行为致人损害中，是否具备这样两个方面的要件，主观过错和客观行为不仅是应当分开的，并且是能够分开作为两个不同的侵权责任构成要件的，过错仍然是人的观念形态，而不是客观行为的本身，是“行为人通过违背法律和道德行为表现出来的主观状态”，[①]过错不能替代违法行为这一客观要件。

（3）否认违法行为是侵权责任构成要件，无法处理因果关系要件。侵权责任构成要件中的因果关系，是指违法行为与损害事实之间的因果关系。如果否认违法行为为侵权责任构成要件，主张因果关系应为过错与损害之间的关系，[②]结果会把主观的思想或意志与客观的损害硬联系在一起，得出基于加害人的思想就可以导致受害人权利损害的客观结果这样的结论。原因和结果之间的逻辑关系应当是：“过错→行为（违法性）→损害”，而不是也不能是“过错→损害”。

2.2.2　违法行为

2.2.2.1　概念和结构

违法行为是侵权责任客观构成要件之一，是指自然人或者法人违反法律而实施的作为或不作为。

违法行为包括行为和违法性两个要素，这两个要素构成违法行为要件的完整结构。这表明，首先，侵权行为须由行为构成，而非由事件或思想等行为以外的事实构成，构成侵权责任的前提是须有一定的行为；其次，这种行为须在客观上违反法律，具有违法性特征。

---

① 王利明、杨立新等：《民法·侵权行为法》，中国人民大学出版社 1993 年版，第 154 页。

② 孔祥俊等：“侵权责任要件研究”，载《政法论坛》1993 年第 2 期。

（1）行为。是指人类或人类团体受其意志支配，并且以其自身或者控制、管领物件或他人的动作、活动，表现于客观上的作为或不作为。应当说明的是：第一，法人是人类团体形式，其意志为法人机关的意志，其行为应是其自身的活动和控制管领物件的活动。第二，自然人、法人行为的基本形式，是其自身的动作或活动，但其控制、管领物件或他人的动作或活动，亦为自然人、法人行为的特殊形式，是其行为的延伸，亦为自然人和法人的行为。

（2）违法。是指行为在客观上与法律规定相悖，主要表现为违反法定义务、违反保护他人的法律和故意违背善良风俗致人损害。第一，违反法定义务。表现为两种情形：一是，违反绝对权的不可侵义务，是自然人、法人作为他人享有的绝对权利的法定义务人时，负有法定的不得侵害该权利的法定义务，侵害该绝对权，即违反该法定的不可侵义务，具有违法性。二是，第三人违反对合法债权的不可侵义务，第三人对他人之间的债权并无特定的义务，但是负有不可侵义务，违背债权的不可侵义务，也构成违反法定义务的违法性。第二，违反保护他人为目的的法律。法律有时候直接规定对某种权利或者利益的特别保护。违反这种保护他人的法律，也构成违法性。例如，法律特别规定保护的其他人格利益、死者的人格利益等，都是保护他人为目的的法律，任何人都负有不可侵义务。第三，故意违背善良风俗致人损害。关于违背善良风俗之违法性，本为不当，当故意以其为方法而加害他人时，构成违法。行为既不违反法定义务，亦不违反法律的禁止，但故意违背道德观念善良风俗而直接或间接加害于他人，亦构成违法。上述前两种违法性是在形式上违反法律规定，为形式违法；后一种违法性即违背善良风俗的违法性，形式上并不违法，但在实质上违法，为实质违法。

2.2.2.2 行为方式

违法行为依其方式，可分为作为和不作为。区分行为的作为与不作为，应以法律规定的法定义务为标准。行为人违反法律规定的不作为义务而为之，为作为的违法行为。反之，行为人违反法律规定的作为义务而不履行，为不作为的违法行为。

（1）作为。作为的违法行为是侵权责任的主要行为方式。人身权、财产权均为绝对权，其他任何人都负有不得侵害的法定义务，即使作为相对权的债权，第三人也负有不可侵义务。行为人违反不可侵义务而侵害这些权利，即为作为的行为。

（2）不作为。不作为的违法行为也是构成侵权责任的行为方式。确定不作为违法行为的前提，是行为人负有特定的作为义务，不是一般的道德义务，而是法律所要求的具体义务。特定的法定作为义务的来源为以下三种：一是来自法律的直接规定。《婚姻法》规定父母有管教未成年子女的义务、母亲对于哺乳期子女有抚养义务、亲属之间负有扶养义务等，是法律直接规定的作为义务。二是来自业务上或职务上的要求。例如新闻出版单位对作品描写的事实的真实性审查义务，是来自于业务上的作为义务。三是来自行为人先前的行为。行为人先前的行为给他人带来某种危险，进而须承担避免危险发生的作为义务。

2.2.2.3 行为形态

（1）自己的行为——直接行为。自己的行为是直接行为，是一般侵权行为责任构成的违法行为形态。行为人自己实施行为，无论作为还是不作为，均构成一般侵权行为，责任形态是自己责任。

（2）监护、管理下的人实施的行为——间接行为 A。监护、管理下的人所实施的行为是间接行为，构成替代责任的行为方式。父母对于未成年子女实施的侵权行为、用人单位对工作人员因执行工作任务致人损害的行为，均为这种间接行为。这种行为渊源于罗马法的准私犯。[①]

（3）管理物件的不当行为——间接行为 B。任何人对于自己管理、控制的物件管理不当，致使物件损害他人，虽非自己的直接行为，却为管理物件不当的间接行为，构成对物的替代责任的行为方式。这种间接行为亦产生于罗马法准私犯制度。

上述三种违法行为的形态分为直接行为和间接行为，前一种是直接行为，后两种是间接行为。例如《侵权责任法》第 36 条第 1 款、第 37 条第 1 款规定的侵权行为是直接行为，第 32 条规定的侵权行为是对人的替代责任，是间接行为 A，第 85 条规定的侵权行为是对物的替代责任，是间接行为 B。

---

① 江平等:《罗马法基础》，中国政法大学出版社 1991 年版，第 198 页。

2.2.3　损害事实

2.2.3.1　概念和结构

损害事实是侵权责任客观构成要件之一，是指一定的行为致使权利主体的人身权利、财产权利以及其他利益受到侵害，造成财产利益和非财产利益的减少或灭失的客观事实。

损害事实是由两个要素构成的，一是权利被侵害，二是权利被侵害而造成的利益受到损害的客观结果。一个损害事实必须完整地具备侵害客体和利益损害这两个要素，缺少其中任何一个要素，都不是侵权法意义上的损害事实，都不符合侵权责任构成要件的要求。

（1）权利被侵害。被侵害的权利是侵权行为的侵害客体。侵权行为的范围究竟有多宽，应当以能够成为侵权行为客体的民事权利和利益的范围为限。行为造成了权利主体的权利损害，该权利属于侵权行为的客体范围，即可构成侵权行为，反之，则不能构成侵权行为。当侵害的权利属于侵害客体范围时，再根据具体权利的种类，可以确定该侵权行为的性质，据此决定适用的法律条文。

（2）利益被损害。利益损害这一要素决定是否成立赔偿责任，以及如何确定赔偿范围。当违法行为侵害了民事权益时，如果情节轻微，没有造成利益的损失，不构成赔偿责任。只有违法行为作用于权利主体的人身权益或者财产权益，并且造成了人格利益、身份利益和财产利益的损害时，才成立侵权责任，并且依此损害的实际范围确定赔偿责任的大小。

权利侵害和利益损失结合在一起，构成侵权责任的损害事实要件。这一客观要件的存在，是侵权法律关系赖以产生的根据。侵权责任只有在违法行为侵害了权利并且造成相应利益损害的条件下才能发生，如果仅有违法行为而无权利侵害和利益损失的损害事实，就不发生侵权责任。

2.2.3.2 种类

2.2.3.2.1 人身权益损害

（1）人身损害。侵害自然人身体权、健康权、生命权，其人格利益的损害为人身损害。这种损害，首先表现为自然人的身体、健康损伤和生命丧失。人格利益是人之所以为人的物质条件，维持生命、维护人体组织完整和人体器官正常机能，是享有民事权利、承担民事义务的物质基础。这种利益的损害破坏了人体组织和器官的完整性及正常机能，甚至造成生命的丧失，因而在外在形态上是有形的。其次表现为自然人为医治伤害、丧葬死者所支出的费用，以及伤残误工的工资损失，护理伤残的误工损失，丧失劳动能力或死亡所造成被扶养人的扶养费损失等。人身损害还表现为精神痛苦的损害。造成死亡的死者近亲属的精神痛苦；侵害健康和身体，造成受害人的精神痛苦，都是这种损害。

（2）精神损害。侵害精神性人格权所造成的人格利益损害，是精神损害。精神性人格权的客体均为无形的人格利益，在客观上没有实在的外在表象。对这些精神性人格权无形的人格利益造成损害，其形态是精神利益损害。精神损害表现为三种形态：一是财产利益的损失，包括人格权本身包含的财产利益的损失和为恢复受到侵害的人格而支出的必要费用；二是人格的精神利益遭受的损失，即人格评价的降低、隐私被泄露、自由被限制、肖像或名称被非法使用等；三是受害人的精神创伤和精神痛苦。

（3）身份利益损害。是侵害身份权所造成的损害事实，表现为身份利益的表层损害和身份利益的深层损害。身份利益的表层损害，是违法行为侵害基本身份权并造成基本身份权的客体即基本身份利益的损害，身份权人对于特定身份关系的支配性利益的损害，丧失了对这种基本身份关系的支配。身份利益深层损害，是违法行为造成了具体身份利益的损害，导致配偶之间共同生活、相互依靠、相互体贴的依赖关系，父母对子女管理、教育、抚育以及相互尊重、爱戴关系，以及亲属之间相互扶养、抚养、赡养关系的破坏，形成了亲情关系的损害、财产利益的损失以及精神痛苦和感情创伤的损害。

2.2.3.2.2 财产权益损害

财产损害事实包括侵占财产、损坏财产以及其他财产利益损失。侵占财产是行为人将他人所有或合法占有的财产转为由自己非法占有，使原所有人或合法占有人丧失所有权或者丧失占有。损坏财产则不转移占有，而是破坏所有人或占有人所有或占有之物的价值，使之丧失或者减少。其他财产利益的损害主要是所有权以外的其他财产权利和利益的丧失或者破坏。财产损害表现为财产损失，包括直接损失和间接损失。

（1）直接损失。是受害人现有财产的减少，即加害人不法行为侵害受害人的财产权利，致使受害人现有财产直接受到的损失，如财物被毁损、被侵占而使受害人财富的减少。

（2）间接损失。是受害人可得利益的丧失，即应当得到的利益因受不法行为的侵害而没有得到，其特征：一是损失的是一种未来的可得利益，而不是既得利益；二是这种丧失的未来利益是具有实际意义的，是“必”得利益而不是假设利益；三是该可得利益必须是在一定范围之内，即侵权行为的直接影响所及的范围，超出该范围，不认为是间接损失。

2.2.3.3 多重损害事实

多重损害事实是指一个侵权行为形成的数个损害事实。单一的损害事实只产生一个损害赔偿请求权；多重损害事实有几个损害事实，就产生几个损害赔偿请求权。这是研究多重损害事实的意义。多重损害事实分为以下三种形式：

（1）单一受害主体单一权利的多重损害。当一个侵权行为侵害了单一主体的单一权利时，可以只造成一种利益的损害，也可以造成数种利益的损害。侵害健康权只造成了财产利益的损害，是单一损害。侵害名誉权，既造成了财产利益的损失，又造成了人格利益和精神痛苦的损害，构成单一受害主体单一权利的多重损害。单一受害主体单一权利的多重损害事实产生的法律后果是，受害人享有数个赔偿请求权。

（2）单一受害主体多项权利的多重损害。一个侵权行为侵害单一受害主体，造成该主体的多项权利损害，构成复杂的多重损害。如在报刊上未经本人同意公布其幼时患病的病容照片，既侵害了该人的肖像权，又侵害了该人的隐私权，是一个行为同时侵害了同一权利主体的两种人格权。单一受害主体多项权利的多重损害的法律后果，应依多项权利的性质和救济方法的不同而不同。当一个行为既侵害物质性人格权又侵害精神性人格权时，其救济方法分别为财产赔偿和精神损害赔偿，两种损害赔偿请求权并行不悖。当一个行为侵害同一性质的数项权利、救济方法相同时，可以择其一种损害赔偿请求权行使，对于造成他种权利的损害，采取“吸收加重”原则，吸收在这一请求权中，适当加重侵权人的民事责任。

（3）多个受害主体的权利的多重损害。一个侵权行为造成多个受害主体的权利损害，其中有的为直接受害人，有的为间接受害人，构成特殊的多重损害。如侵害某一权利主体的名誉权，造成该主体的名誉损害，同时也造成了其配偶等亲属的精神痛苦，其亲属的精神痛苦亦为损害事实，该亲属亦可称为间接受害人。由于侵权行为的目的仅仅指向直接受害人，间接受害亲属的损害与行为的因果关系甚远，一般不认作多重损害，不宜由数个受害人同时请求赔偿，可以作为加重责任的情节吸收之。如果行为人侵害直接受害人的健康权，造成性功能的损害，既造成了直接受害人的人身损害，又造成了受害人配偶的性利益的损害，虽然侵权行为仅仅造成直接受害人的损害，但其对间接受害人的损害也构成侵权责任，因而构成多重损害，数个权利主体均可行使赔偿请求权。

2.2.4 因果关系

2.2.4.1 概念

侵权责任构成中的因果关系要件，是指违法行为作为原因，损害事实作为结果，在它们之间存在的前者引起后果，后者被前者所引起的客观联系。

因果观念是人类一切自觉活动必不可少的逻辑条件，人类在研究任何社会现象普遍联系的过程中，都离不开哲学上原因和结果以及因果关系作为基本的指导原则。当运用哲学因果关系的原理指导侵权法的原因和结果及其相互关系时，就形成了侵权法上的因果关系概念。

2.2.4.2 确定因果关系要件的规则

中国侵权责任法的理论和实践对于各种因果关系学说，均在视野之中，认为条件说范围太宽，原因说则属过严，且认定困难，均不宜采用，唯有相当因果关系说与民法公平原则颇相符合，堪称允正，应予采用。“客观归属理论”较为抽象，不易掌握，在实践中不宜采用。而盖然性因果关系说、疫学因果关系说和间接反证说，不过是在区分复杂的因果关系时的个别方法，并不是一般的因果关系规则，在实践中可以根据不同情况适用。至于英美法系的法律因果关系说，是判断因果关系的不同方法，其基本思路与相当因果关系说在实质上是相通的，因此也可以借鉴。

中国侵权法确定因果关系要件的基本方法是：

（1）直接原因规则。行为与结果之间具有直接因果关系的，无需再适用其他因果关系理论判断，直接确认其具有因果关系。最常见的直接原因是一因一果的因果关系类型。一个原因行为出现，引起了一个损害结果的发生，这种因果关系极为简单，很容易判断。对于虽然有其他条件介入，但是原因行为与损害结果之间自然连续、没有被外来事件打断，尽管也有其他条件的介入，但可以确定这些条件并不影响原因行为作为直接原因的，应当认定其与损害事实之间具有因果关系。

（2）相当因果关系规则。在行为与结果之间有其他介入的条件，使因果关系判断较为困难，无法确定直接原因的，应当适用相当因果关系理论判断。确认行为是损害结果发生的适当条件的，认定行为与结果之间具有相当因果关系，否则为没有因果关系。

适用相当因果关系学说，关键在于掌握违法行为是发生损害事实的适当条件。适当条件是发生该种损害结果的不可缺条件，它不仅是在特定情形下偶然的引起损害，而且是一般发生同种结果的有利条件。确定行为与结果之间有无因果关系，要依行为时的一般社会经验和智识水平作为判断标准，认为该行为有引起该损害结果的可能性，而在实际上该行为又确实引起了该损害结果，则该行为与该结果之间为有因果关系。可以适用的公式是：

“大前提：依据一般的社会智识经验，该种行为能够引起该种损害结果；

小前提：在现实中，该种行为确实引起了该种损害结果；

结论：那么，该种行为是该种损害事实发生的适当条件，因而二者之间具有相当因果关系。”

（3）推定因果关系规则。在法律规定的情形下，以及其他特别需要的场合，适用推定因果关系规则。盖然性因果关系说、疫学因果关系说都可以作为推定因果关系的规则。在受害人处于举证弱势，没有办法完全证明因果关系要件时，只要受害人举证证明到一定程度，就推定行为与损害之间存在因果关系，然后由被告负责举证，证明自己行为与损害发生之间没有因果关系。《侵权责任法》第66条规定了环境污染责任的因果关系推定；在医疗损害责任中，由于没有规定因果关系推定，在受害患者证明无法达到一般的证明标准时，可以适用因果关系推定规则。在某些特定的场合，也可以有条件地适用因果关系推定规则。

因果关系推定的适用公式是：

“大前提：在一般情况下，这类行为能够造成这类损害；

小前提：这一结论与有关科学原理无矛盾；

结论：那么，这种损害事实是由这种行为造成的。”

2.2.4.3 共同原因中的原因力

在侵权构成多因一果的情况下，多种原因对于同一损害事实的发生为共同原因。共同原因中的各个原因行为对于损害事实的发生发挥不同的作用，形成不同的原因力。

原因力，是在构成损害结果的共同原因中，各个原因对于损害结果的发生或扩大所发挥的作用力。单一原因对于结果的发生，原因力为 100%，因而考察原因力不具有实际的意义，只有在共同原因中考察原因力才有现实的意义。

原因力的大小决定于各个共同原因的性质、原因事实与损害结果的距离，以及原因事实的强度。直接原因的原因力优于间接原因；原因事实距损害结果近的原因力优于原因事实距损害结果远的原因力；原因事实强度大的原因优于原因事实强度小的原因。根据这样一些因素，可以判定共同原因中各个原因对于损害事实发生的具体原因力的大小。

原因力大小在共同侵权行为、过失相抵以及分别侵权行为的责任分担上具有重要的决定作用。在共同侵权行为中，原因行为的原因力大，行为人应承担较多的责任；原因行为的原因力小，行为人应承担较少的责任。在过失相抵中，加害人和受害人双方的行为是损害发生的共同原因，各行为人的行为原因力大小，对确定各自的责任，也发生如上作用。确定按份责任人各自的责任份额，也应当考虑每个行为人的行为的原因力大小，确定各自的责任份额。分别侵权行为的按份责任，基本上按照原因力的大小分担责任。

2.2.5　过错

2.2.5.1　概念和性质

过错是侵权责任构成要件中行为人在实施侵权行为时的主

观心理状态，包括故意和过失。

确定过错的本质属性，应当从过错的本质上去揭示它。在理论上的“主观过错说”和“客观过错说”，并不是说过错的本质属性是主观的或者是客观的，而是就判断过错的标准而言，即主观标准或者客观标准。检验过错标准的客观化，是侵权法理论发展的必然，但检验过错标准的客观化却不能导致过错的本质属性发生质的改变而使过错本身客观化。检验过错用客观标准，是指判断过错时采用客观标准来衡量，按此客观标准，违反之，为有过错，符合之，为无过错。过错不能离开行为人的主观世界成为客观形态，过错永远都是行为人的主观心理状态，属于主观概念。

2.2.5.2 故意

过错分为两种基本形态，即故意和过失。

故意，是行为人预见自己行为的结果，仍然希望它发生或者听任它发生的主观心理状态。

确定故意，在侵权法理论上有意思主义和观念主义之争。意思主义强调故意必须有行为人对损害后果的“希望”或“意欲”，观念主义强调行为人认识或预见到行为的后果。通说采用折衷主义，主张行为人应当认识到或者预见到行为的结果，同时又希望或听任其发生。

在侵权责任法中，故意也分为直接故意和间接故意，不过并非特别必要，因为在一般情况下，过失能构成侵权责任，间接故意当然能构成侵权责任。但是，在某些场合，确实存在间接故意的情形，区别间接故意还是直接故意还有一定意义。例如在过失相抵、连带责任和按份责任的责任份额确定上，直接故意和间接故意程度并不相同，行为人应当承担的责任也应有所区别。

2.2.5.3 过失

过失是行为人对受害人应负注意义务的不注意心理状态，包括疏忽和懈怠。行为人对自己行为的结果，应当预见或者能够预见而没有预见为疏忽；行为人对自己行为的结果虽然预见了却轻信可以避免为懈怠。

过失是一种不注意的心理状态，是对自己应负注意义务的违反，行为人所负的注意义务有以下三种：

（1）普通人的注意。是指在正常情况下，只用轻微的注意即可预见的注意义务，是按照一般人在通常情况下能够注意到作为标准。如果在通常情况下一般人也难以注意到，行为人尽管没有避免损害，但也尽到了注意义务，因而不能认为行为人有过失。相反，对于一般人能够在一般情况下注意到却没有注意，为有过失。

（2）应与处理自己事务为同一注意。自己事务，包括法律上、经济上、身份上一切属于自己利益范围内的事务。与处理自己事务为同一注意，应以行为人平日处理自己事务所用的注意为标准。判断这种注意义务，以行为人在主观上是否尽到了注意义务为标准，即主观标准。如果行为人证明自己在主观上已经尽到了注意义务，应认定其为无过失；反之，则应认定其有过失。

（3）善良管理人的注意。这种注意义务以交易上的一般观念，认为具有相当知识经验的人，对于一定事件的所用注意作为标准，客观地加以认定。行为人有无尽此注意的知识和经验，以及他向来对于事务所用的注意程度均不过问，只有依其职业斟酌所用的注意程度，应比普通人的注意和处理自己事务为同一注意要求更高。判断这种注意的标准是客观标准。

上述三种注意义务从程度上分为三个层次，以普通人的注意为最低，以与处理自己事务为同一注意为中，以善良管理人的注意为最高。与此相适应，违反这三种注意义务构成三种过失：一是重大过失。违反普通人的注意义务为重大过失，亦称重过失。如果行为人仅用一般人的注意即可预见，而竟怠于注意不为相当准备，就存在重大过失。二是具体过失。是违反应与处理自己事务为同一注意义务的过失。如果行为人不能证明自己在主观上已尽该种注意，即存在具体过失。三是抽象过失。是违反善良管理人的注意义务的过失。这种过失是抽象的，不依行为人的主观意志为标准，而以客观上应不应当做到为标准。因而这种注意的义务最高，其未尽注意义务的过失则为抽象过失。

2.2.5.4 共同责任的过错程度

共同责任是指在共同侵权的连带责任、分别侵权的按份责任以及过失相抵责任中，数人承担侵权责任的情形，其责任由连带责任人、按份责任人以及过失相抵的加害人与受害人分担。

共同责任分担的标准，一是过错轻重，二是原因力大小。其中过错轻重对于共同责任的分担起主要作用。

共同责任的过错轻重分为四个等级：第一等级为故意，是最重的过错程度，应承担的侵权责任最重，其中直接故意和间接故意的过错程度也有所不同，直接故意重于间接故意。第二等级为重大过失，为最重的过失，应分担的责任轻于故意，重于过失。第三等级为主观轻过失和客观轻过失，违反善良管理人的注意义务和违反与处理自己的事务为同一注意义务均构成过失，属于中等程度的过失，轻于重大过失，重于一般过失。第四等级为一般过失。一般过失是较轻的过失，应分担较轻的责任份额，低于主观轻过失和客观轻过失的责任份额。

根据以上过错等级的不同，再加上原因力大小的因素，综合评断共同责任的分担，能够达到公平、合理、准确的价值评断标准的要求。

2.3　侵权责任方式

2.3.1　侵权责任方式的概念和特征

2.3.1.1　概念

构成侵权责任，侵权人将承担与其所实施的侵权行为和救济侵权行为受害人相适应的侵权责任方式。侵权责任方式是指侵权人依据侵权责任法应当承担的民事责任的具体方式，亦即侵权责任法规定的侵权人实施侵权行为所应当承担的具体法律后果。

《侵权责任法》第15条规定了8种侵权责任方式：停止侵害，排除妨碍，消除危险，返还财产，恢复原状，赔偿损失，赔礼道歉，消除影响、恢复名誉。这些侵权责任方式分为财产型的民事责任和精神型的责任。

2.3.1.2 特征

（1）侵权责任方式是落实侵权责任的具体形式。侵权责任构成，侵权人应当承担的法律后果须化为具体的形式。侵权责任是侵权责任方式的抽象，侵权责任方式是侵权责任的具体表现。

（2）侵权责任方式是责任与义务、向法律负责和向受害人负责的结合。侵权责任方式既是人民法院运用审判权判令侵权人承担责任的方式，也是侵权人应向受害人履行的义务，是侵权人向国家法律负责和向对方当事人负责的结合，且主要是向对方当事人负责。

（3）赔偿损失是侵权责任的主要方式。侵权责任方式虽然有8种之多，但最基本的方式是赔偿损失，这是由侵权法的基本功能在于补偿受害人的损失所决定的。侵权行为一般都造成了受害人的损失，不管是财产损失还是人身损害以及精神损害，依照法律规定，均可适用赔偿损失的责任方式进行补救。《侵权责任法》第16条、第19条、第20条和第22条规定的都是损害赔偿责任。

2.3.2　侵权责任方式的类型和适用规则

2.3.2.1　类型

在 8 种侵权责任方式中，财产责任类型是主要方式，非财产责任是非主要方式。前者如损害赔偿、恢复原状、返还财产。后者如停止侵害、消除影响、恢复名誉、赔礼道歉。此外，排除妨碍和消除危险有可能是财产性质的责任方式，也可能是非财产责任方式。根据侵权责任方式的不同特点，将侵权责任方式概括为三种类型：财产型责任方式、精神型责任方式和综合型责任方式。

2.3.2.2　适用规则

（1）救济损害需要。确定侵权责任方式最重要的原则，是根据救济受害人的权利损害需要。在恢复受害人受到侵害的权利的目标下，需要适用什么民事责任方式，就适用什么民事责任方式。对于单纯的财产权利损害，可以单独适用损害赔偿方式救济损害；对于生命健康权的损害，可以赔偿财产损失，也可以同时赔偿精神损害；对于精神性人格权的损害，可以单独适用精神型责任方式，也可以根据需要适用财产型责任方式。只要有救济损害的需要，都可以适用综合型责任方式。

（2）可以并用。侵权责任各种方式各具特点，对于侵权行为造成损害的救济，可以单独适用一种责任方式，也可以适用多种责任方式。侵权责任方式并用的标准是，根据各种责任方式保护受害人的利益不同，如果适用一种责任方式不足以保护受害人时，就应当同时适用其他责任方式。

（3）适当处分。侵权责任方式从受害人的角度看，是受害人自己享有的请求权的内容。按照民法的基本原则，权利人可以处分自己的权利。

（4）必要的先予执行。在适用侵权责任方式中，对于确有必要的，在案件受理时可以先予执行。对于《侵权责任法》第21条规定的“侵权行为危及他人人身、财产安全的，被侵权人可以请求侵权人承担停止侵害、排除妨碍、消除危险等侵权责任”，也可以看作是侵权行为禁令。

2.3.3 财产型侵权责任方式的适用

2.3.3.1 返还财产

返还财产是普遍适用的侵权责任方式，是指侵权人将不法侵占的财产予以原物返还。不法侵占他人财产，应当返还原物。

返还财产适用的条件是侵占财产且原物依然存在。原物已经灭失，返还财产为客观不能，所有人只能要求赔偿损失。原物虽然存在，但已经遭受毁损，可以在请求返还财产的基础上，再提出赔偿损失。返还财产在性质上是物的占有的转移，而不是所有权的转移，因此须占有人将所有物转移至所有人的控制之下，才能视为财产已经返还。

返还原物应当返还原物所生的孳息。在恶意占有的情况下，占有人应负责返还其在全部恶意占有期间所获得的一切孳息，并且无权请求所有人补偿其支付的费用。

2.3.3.2 恢复原状

恢复原状是指恢复权利被侵犯前的原有状态，一般是指将损坏的财产予以修复。所有人的财产在被他人非法侵害遭到损坏的，如果能够修理，所有人有权要求加害人通过修理，恢复财产原有的状态。在侵权责任法中，虽然恢复原状与修理、重作、更换的责任形式联系十分密切，修理、重作、更换不过是广义的恢复原状的手段，目的在于恢复权利人被侵害的权利，[①] 但修理、重作、更换不是侵权责任法的侵权责任方式，不是恢复原状的具体形式。

适用此种责任方式应具备的条件是：一是须有修复的可能，二是须有修复的必要。

2.3.3.3 赔偿损失

赔偿损失是最主要、最基本的侵权责任方式，侵权责任法的赔偿损失包括财产损害赔偿、人身损害赔偿和精神损害赔偿三种形式。

2.3.4 精神型侵权责任方式的适用

2.3.4.1 停止侵害

行为人实施的侵权行为仍在继续中，受害人可依法请求法院责令侵害人承担停止侵害的责任方式。任何正在实施侵权行为的不法行为人都应立即停止其侵害行为。停止侵害的责任形

---

① 参见王利明、杨立新：《侵权行为法》，法律出版社 1996 年版，第 104 页。

式可适用于各种侵权行为。停止侵害的主要作用在于：能够及时制止侵害行为，防止损害后果扩大。停止侵害以侵权行为正在进行或仍在延续中为适用条件，对尚未发生或业已终结的侵权行为不得适用。责令停止侵害，实际上是要求侵害人不实施某种侵害行为。

适用停止侵害责任方式应当注意的是：第一，可以先予执行；第二，请求停止侵害时应当提供担保。

2.3.4.2 赔礼道歉

赔礼道歉是指侵权人向受害人承认错误，表示歉意，以求得受害人的原谅。赔礼道歉有两种方式，一是口头道歉，二是书面道歉。口头道歉由加害人直接向受害人表示。书面的道歉以文字形式为之。侵权人拒不执行赔礼道歉责任方式的，法院可以按照判决确定的方式进行，费用由侵权人承担。[①]

2.3.4.3 消除影响、恢复名誉

行为人实施侵权行为侵害了自然人或法人的人格权，对于其所造成的影响，应当在其影响所及的范围内消除不良后果，就是消除影响。行为人实施侵权行为侵害了自然人或法人的名誉，对于受害人的名誉毁损，应在影响所及的范围内将受害人的名誉恢复至未受侵害时的状态，就是恢复名誉。消除影响、恢复名誉是侵害自然人、法人的精神性人格权所承担的责任方式。消除影响、恢复名誉的具体适用，要根据侵害行为及造成

---

① 对于强制进行赔礼道歉，有学者认为违反言论自由原则，尚值得探讨。

影响所及和名誉毁损的后果决定。

2.3.5　综合型侵权责任方式和适用

2.3.5.1　排除妨碍

排除妨碍是指侵权人实施的行为使受害人无法行使或不能正常行使自己的人身权利、财产权利，受害人请求加害人将妨碍权利实施的障碍予以排除。

2.3.5.2　消除危险

消除危险是指行为人的行为和其管领下的物件对他人的人身、财产安全造成威胁，或存在侵害他人人身、财产权益的可能，该他人有权要求行为人采取有效措施，将具有危险因素的行为或者物件予以消除。

适用消除危险的责任方式必须是危险存在，有可能造成损害后果，对他人造成威胁，但是损害尚未实际发生，没有妨碍他人民事权利的行使。适用此种责任方式，能有效地防止损害的发生，充分保护民事主体的民事权利。

2.4　侵权责任形态

2.4.1　侵权责任形态概述

2.4.1.1　概念和特征

侵权责任形态，是指侵权法律关系当事人承担侵权责任的不同表现形式，即侵权责任由侵权法律关系中的不同当事人，按照侵权责任承担的规则承担责任的不同表现形式。

侵权责任形态具有以下法律特征：

（1）侵权责任形态所关注的不是行为的表现，而是行为的法律后果，即侵权行为发生并符合构成要件的要求后，由应当承担责任的当事人承担行为的法律后果。侵权责任形态与侵权行为类型的区别在于，侵权行为类型研究的是行为本身，而侵权责任形态研究的是侵权行为的后果，是侵权行为所引起的法律后果由谁承担。侵权责任形态也与侵权责任构成不同，侵权责任构成研究的是依据什么样的准则、符合什么样的条件才构成侵权责任，侵权责任形态则是解决侵权责任构成之后责任由谁承担的问题。

（2）侵权责任形态表现的是侵权行为的后果由侵权法律关系当事人承担的不同形式，因而与侵权责任方式不同。侵权责任方式研究的也是侵权行为的法律后果，但它研究的不是侵权责任在不同的当事人之间由谁承担的形式，而是侵权行为后果的具体表现方式，即损害赔偿、停止侵害、赔礼道歉等责任的不同方式。侵权责任形态研究的不是这些责任的具体方式，而是研究由什么人来承担这些责任形式。因此，侵权责任形态是侵权责任方式在不同的当事人之间的分配。

（3）侵权责任形态是经过法律确认、合乎法律规定的侵权责任基本形式。侵权责任形态必须经过法律的确认，不是随意的、任意的形式；也是承担侵权责任的基本形式，而不是具体的责任形式。它解决的是，侵权责任由当事人自己承担还是由他人承担，是连带承担还是按份承担，等等。至于由当事人具体承担什么样的责任，承担责任的程度是什么，则是侵权责任方式和侵权责任具体内容解决的问题。

2.4.1.2 地位

侵权责任法的理论框架由五个部分组成：一是侵权行为和侵权责任法的概述，研究侵权行为概念和特征，研究侵权责任法的基本问题；二是侵权责任构成，解决的是侵权责任归责原则和侵权责任构成要件；三是侵权行为类型，研究侵权行为的各种表现形式，是以侵权责任归责原则为基础，确定侵权行为的各种表现形式；四是侵权责任形态，研究侵权责任构成之后，侵权责任在各个不同的当事人之间的分配；五是侵权责任方式，研究侵权责任的具体形式，研究侵权损害赔偿责任的具体承担。

在侵权责任法的这个严密的理论体系中，核心问题是侵权责任构成，包括侵权责任归责原则和构成要件。但是，侵权责任究竟应当由谁承担也是重要的，因而侵权责任形态是侵权法体系中的关键一环。它连接的是行为、责任与具体责任方式和承担，如果没有侵权责任形态，即使侵权责任已经构成，但由于没有具体落实到应当承担责任的当事人身上，因而具体的侵权责任方式和内容就无法实现，侵权责任法的救济、补偿功能也就无法实现。

2.4.1.3 作用和意义

（1）连接侵权责任的构成和侵权责任方式。侵权责任构成和侵权责任方式都是侵权责任法的基本概念，侵权责任形态是连接这两个基本概念的基本概念，侵权责任构成、侵权责任形态和侵权责任方式，是侵权责任法的最基本的概念。

（2）落实侵权责任的归属。侵权责任构成解决的是某一个人的行为是否构成侵权责任。构成侵权责任之后，须将这个责任落实到应当承担责任的人。侵权责任形态就是将侵权责任落实到具体的责任人身上，由具体责任人承担侵权责任。没有侵权责任形态，就不会将已经构成的侵权责任落实到责任人，侵权责任就没有落实。

（3）实现补偿和制裁的功能。侵权责任的基本功能就是补偿和制裁。没有侵权责任形态，侵权责任无法落实，侵权责任的补偿功能和制裁功能就无法实现。

2.4.1.4 体系

侵权责任形态研究的内容，是侵权责任在不同的当事人之间的分配。主要研究的是侵权责任的一般表现形态，分为以下三个序列：

（1）自己责任和替代责任。侵权责任的自己责任和替代责任所表现的是，侵权责任是由行为人承担，还是由与行为人有特定关系的责任人，以及与物件具有管领关系的人来承担。这是侵权责任形态的最一般表现形式。如果是行为人自己对自己的行为负责，就是自己责任，也称为直接责任。如果是责任人为行为人的行为负责，或者为自己管领下的物件致害负责，则为替代责任，分为对人的替代责任和对物的替代责任。[①]

---

① 自己责任比较简单，就是一般侵权责任。本书不再对其专门进行说明。

（2）单方责任和双方责任。侵权责任的单方责任形态和双方责任形态，是说侵权责任究竟是由侵权法律关系中的一方负责还是双方负责。一方负责的侵权责任形态，例如加害人一方负责，或者受害人过错引起损害的受害人一方负责。双方负责的责任形态则是加害人和受害人都要承担责任。其中，侵权责任的双方形态是重点，是指对于侵权行为所发生的后果，侵权人应当承担责任，受害人也要承担责任，一个完整的侵权责任由加害人和受害人双方分担。双方责任包括过失相抵和公平分担损失责任。[①]

（3）单独责任和共同责任。侵权责任如果是被告方承担，存在是单独加害人和多数加害人的问题，前者为单独侵权行为，后者为多数人侵权行为，侵权责任形态会随着加害人的数量不同而发生变化。单独的加害人，是自己负责或者替代负责的单独责任。[②]多数人侵权行为由多数人承担侵权责任，是共同责任。侵权责任的共同责任，是在多数侵权行为人实施侵权行为，侵权责任在数个行为人之间的分配。共同责任包括连带责任、按份责任和不真正连带责任，其侵权行为形态和侵权责任形态的关系是：共同侵权行为承担连带责任；单独侵权行为承担按份责任或者连带责任；竞合侵权行为承担不真正连带责任。

① 这两种责任形态，在第三章免责事由和第二章侵权损害赔偿责任规则部分专门说明。

② 单独责任也比较简单，也不作专门说明。

2.4.1.5 侵权责任形态的相互关系

自己责任与替代责任、单方责任与双方责任、单独责任与共同责任三种侵权责任形态不是并列关系，而是构成交叉或者包容关系。

首先，自己责任与替代责任是侵权责任形态的最基本形态，是任何侵权行为都要面临的责任形态。任何侵权行为所承担的责任，无非是自己责任或者是替代责任，没有其他选择。

其次，单方形态和双方形态也是一种完全划分，也是所有的侵权行为都要面临的选择，不是单方责任就是双方责任。无论是单方责任还是双方责任，都存在是自己责任还是替代责任的选择。在单方责任时，单方当事人承担的责任，或者是自己责任，或者是替代责任；在行为人和受害人都应当承担责任的双方责任中，加害人一方的责任有可能是自己责任，也有可能是替代责任。如果行为人一方是复数，还可能发生侵权责任的共同形态，即连带责任、按份责任、不真正连带责任。与双方责任形态相对应的是单方责任形态，或者是加害人单方承担侵权责任，或者是受害人单方承担责任，是双方责任相对应的侵权责任形态。

再次，单独责任和共同责任不是完全划分，而是仅就行为人承担侵权责任时对责任形态的划分。单独责任是加害人为一人，由他自己承担责任，或者是自己责任或者是替代责任。共同责任须是在多数行为人时才发生的责任形态，也须是自己责任或者替代责任，是自己责任的共同责任或者替代责任的共同责任。共同责任形态所直接对应的，是单独责任形态，即侵权责任的加害人只有一人，由他自己独自承担责任。

2.4.2 特殊侵权行为与替代责任

2.4.2.1 特殊侵权行为

2.4.2.1.1 概念

特殊侵权行为是相对于一般侵权行为而言。特殊侵权行为并非其归责原则的特殊、法规形式特殊、构成要件特殊等，而是与作为自己行为的一般侵权行为相对应的、以间接行为为特点的侵权行为，即为他人的行为负责的间接行为，以及为管领物件不当负责的间接行为。《法国民法典》第1384条所说的行为人“对应由其负责的他人的行为或在其管理下的物体所造成的损害，均应负赔偿的责任”，就是对特殊侵权行为的经典性定义。

特殊侵权行为的责任形态是替代责任。在一般侵权行为中，责任人为自己的行为负赔偿责任，因而责任人与行为人是同一的。替代责任则不同，责任人不是为自己的行为负赔偿责任，而是责任人与致害行为人相分离，责任人替代行为人而负责任。就责任人的本意而言，他并无致害的意图，但因他与行为人以及与由其管领下的物件的特定关系，使他自己成了赔偿责任主体，承担赔偿责任。受害人应直接向责任人请求赔偿，而不是向行为人请求赔偿。当然，在对物的替代责任中，只有责任人一人。

2.4.2.1.2　特殊侵权行为的种类

（1）为他人的行为负责的特殊侵权行为。是最典型的特殊侵权行为，其最显著特征是行为人与责任人相分离，责任人为行为人所造成的损害承担赔偿责任。在这种特殊侵权行为上，学者没有分歧意见。在侵权法学中所说的替代责任主要是指这种特殊侵权行为。

（2）为自己管领下的物件致人损害负责的特殊侵权行为。是责任人为自己管领下的物件致损承担赔偿责任的特殊侵权行为。对这种特殊侵权行为，学者的意见有所不同，本书对此持肯定态度；但有的学者认为这种特殊侵权责任不是替代责任，不具有行为人与责任人相分离的特征；有的学者认为在这样一些特殊侵权行为中，有的还不能说是为自己管领的物件的损害承担责任的责任，例如高度危险责任和环境污染责任。

2.4.2.2　替代责任

2.4.2.2.1　替代责任的概念和特征

特殊侵权行为所承担的侵权责任形态是替代责任。替代责任是指责任人为他人的行为和为人的行为以外的自己管领下的物件所致损害承担的侵权赔偿责任形态。

替代责任有以下三个法律特征：

（1）责任人与致害行为人或致害物相分离。一般侵权行为是责任人与行为人为同一人，即使行为人唆使动物致伤他人，动物的行为也是行为人加害行为的延伸，责任人与行为人仍为同一人。替代责任的前提是责任人与行为人并非一人，与致害物（及事实）并无直接联系，致害的直接原因是责任人以外的加害人的行为，以及人之行为以外的物件。责任人与行为人、致害物相分离，是产生替代责任的客观基础。

（2）责任人为行为人或致害物承担责任须以他们之间的特定关系存在为前提。这种特定关系，在责任人与行为人之间，表现为隶属、雇佣、监护等身份关系；在责任人与致害物之间，表现为所有、占有、管理等物权关系。这些关系并不表现为直接联系，但却具有特定的间接联系。没有这种特定的间接联系，或者超出这种特定的间接联系，就失去了责任人承担替代责任的前提。

（3）责任人是赔偿责任主体，承担赔偿责任。在一般侵权行为中，权利人的请求权指向加害人，加害人为责任主体。在替代责任中，无论致害的是人还是物，权利人请求权的指向都是未直接致害而与行为人或致害物具有特定联系的责任人，只能向责任人请求赔偿，不能向行为人请求赔偿。

2.4.2.2.2　替代责任法律关系的构成

构成替代责任赔偿法律关系，除了侵权特殊行为构成的要件之外，还必须具备以下要件：

（1）替代责任人与加害人或致害物之间须有特定关系。这种特定关系，在责任人与加害人之间，表现为隶属、雇佣、监护等身份关系。例如，在用人者责任中，用人单位和其工作人员之间的关系就是劳务关系，属于隶属关系。在监护人责任中，加害人实际上是未成年人或者精神病人等被监护人，而由监护人承担责任，就是因为他们之间具有亲权关系和监护关系。在责任人与致害物之间，则须具有管领或者支配的关系，即致害物在责任人的支配之下。这些关系并不与致害结果有直接关系，而是由于存在这些特定关系而使替代责任人与损害结果之间发生联系。

（2）替代责任人应处于特定地位。替代责任人所处的特定地位，表现为替代责任人在其与行为人或致害物的特定关系中具有的支配性，它决定了替代责任人为加害人和致害物的损害后果负责的责任产生。例如，在对人的替代责任中，责任人都对行为人具有支配的、管理的、或者约束的权利，地位明显优越于行为人。考察为行为人造成的损害后果负责的责任人地位，主要是看：双方有无确定特定关系的事实或合同；加害人是否受有责任人的报酬或抚育；加害人的活动是否受责任人的指示、监督或监护等约束；加害人是否向责任人提供劳务或公务。如果责任人是组织，加害人是否为责任人事业或组织的组成部分，是确定责任人特定地位的简明标准。当责任人处于这种特定地位时，责任人应当为加害人或致害物的损害后果负责。至于致害物，则责任人应当处于所有人、占有人、管理人的地位，责任人对于致害物享有支配权，在事实上具有支配致害物的权利。

（3）行为人和致害物须处于特定状态。行为人处于特定状态分为三种情况：一是，当行为人属于责任人事业或组织的成员时，其特定状态是执行职务。除了责任人有明确指示之外，如果行为人的行为在客观上表现为与依责任人指示办理事件的要求相一致，即应认为属于执行职务。二是，当行为人完成定作人要求的加工时，加害人的特定状态是执行定作人的指示。三是，当行为人是被监护人时，其特定状态是在监护人的监护之下。致害物的特定状态，是致害物在责任人的管领之下。如果虽然致害物是所有权人所有，但是其不在所有权人的管领之下，而是在使用人的支配之下，则所有权人不是致害行为的责任人，使用人才是致害行为的责任人。

2.4.2.2.3　替代责任关系的当事人

替代责任关系的当事人的显著特点，是行为人与责任人相脱离，致害物没有责任人的意志支配，赔偿的责任主体是责任人而不是行为人。

对人的替代责任是典型的替代责任。在这种赔偿法律关系中，赔偿权利主体是受害人；赔偿责任主体是替代责任人，而不是行为人。赔偿权利人行使赔偿请求权只能向责任人提出，责任人是合格的当事人，不能向行为人提出赔偿请求。

对物的替代责任是非典型的替代责任。由于致害的是物件，没有替代责任的行为人，因此，责任人就直接为损害负责，是赔偿法律关系的当事人，承担赔偿责任。受害人直接向责任人请求损害赔偿。

2.4.2.2.4　赔偿责任关系

（1）可追偿的替代责任。是指责任人承担了赔偿责任之后，在具备一定条件时对行为人产生追偿权，责任人可以请求行为人承担自己承担赔偿责任的损失。产生追偿权的条件，是行为人在实施致害行为时有过错。在可追偿的替代责任赔偿法律关系的诉讼中，前一个诉讼法律关系的原、被告为受害人和责任人，过错行为人不列为当事人。第二个损害赔偿法律关系如发生争议，可诉讼于法院，原、被告分别为责任人和过错行为人。

（2）不可追偿的替代责任。是指责任人承担了赔偿责任以后，并无追偿因赔偿损失而造成的损失的对象，即责任完全由责任人自己承担的替代责任。为致害物损害负责，责任人在承担了赔偿责任以后，并没有可以追偿的对象，只能由自己承担赔偿损失的后果。行为人致害他人时没有过错，责任人承担了赔偿责任后，也不能向行为人进行追偿。例如监护人对被监护人造成的损害承担赔偿责任，没有理由进行追偿。

2.4.3 共同侵权行为与连带责任

2.4.3.1 共同侵权行为

2.4.3.1.1 概念和特征

共同侵权行为，是指数人基于主观的或者客观的关连共同，实施侵权行为，造成他人人身、财产损害，应当承担连带责任的侵权行为。《侵权责任法》第8条规定了共同侵权行为及责任。

共同侵权行为具有以下法律特征：

（1）共同侵权行为的主体须为数人。共同侵权行为的主体是共同加害人，须由二人以上构成，可以是自然人，也可以是法人。这是共同侵权行为的量的规定性。

（2）共同侵权行为人之间具有关连共同。数个共同侵权行为人之间的关连共同，是构成共同侵权行为的基本要素。关连共同分为主观共同关连与客观共同关连。主观共同关连是指数人对于违法行为有通谋或共同认识。客观共同关连是指数人所为违法行为导致同一损害的，纵然行为人相互间无意思联络，仍应构成共同侵权行为，其共同关连性乃在于数人所为不法侵害他人权利的行为，在客观上为被害人所受损害的共同原因。[①]

（3）共同侵权行为人的共同行为所致损害是同一的、不可分割的。共同加害人的行为是相互联系的共同行为，其行为无论是否有分工，都造成一个统一的损害结果，而不是把每个加害人个人的独立行为所引起的后果机械相加。如果没有共同的损害结果，则不构成共同侵权行为。

（4）数个共同加害人的行为与损害结果之间具有因果关系。各个共同侵权行为人的行为尽管对共同的损害结果发生的原因力不会相同，但均须与损害结果之间存在因果关系，行为具有原因力。

2.4.3.1.2　共同侵权行为的法理基础

（1）置受害人以更为优越的法律地位。现代民法以权利为本位。侵权法的立法基点是以损害赔偿为主要手段救济受到损害的民事权利，消除社会危险因素，保障民事主体权益不受侵害。数人共同侵害他人权利，无论是从加害人的数量上还是侵权行为的危害上，社会危险因素显然超过单独侵权行为，损害

---

① 孙森焱:《新版民法债编总论（上册）》，中国台湾地区三民书局 2004 年版，第 276 ~ 278 页。

更为严重。法律确定所有的共同侵权行为人，均须对受害人承担连带责任，因而使受害人处于优越地位，其损害赔偿请求权因连带责任而能够得到更好的保障。这是确立共同侵权行为制度的立法主旨。

（2）加重共同侵权人的责任，惩戒民事违法，减少社会危险因素。在通常情况下，行为人只对自己的行为负责，且责任与行为须相适应，“罚不当罪”不能达到恰当的制裁效果。但在共同侵权行为中，让共同加害人承担连带责任，对外是一个完整责任，无论某个共同加害人的行为与结果发生多大的原因力，都不能只承担自己应承担的那一份责任，而要承担全部责任；受害人也不是只能向全体加害人要求赔偿，可以向任何一个共同加害人请求赔偿。这些规则都是为了加重共同侵权人的责任，不仅起到保护受害人的一般权利保障的目的，而且更从一般预防的角度，惩戒民事违法行为，警诫社会，最大限度地减少和预防社会危险因素，使民事主体的权利在普遍意义上得到保障。

2.4.3.1.3　本质

对于共同侵权行为的本质，有意思联络说，认为共同加害人之间必须有意思联络即共同故意始能构成；共同过错说，认为共同侵权行为的本质特征在于数个行为人对损害结果具有共同故意或者共同过失；[①] 共同行为说，认为共同行为是共同加害

① 王利明、杨立新等:《民法・侵权行为法》，中国人民大学出版社 1993 年版，第 354 页；杨立新:《侵权损害赔偿》，吉林人民出版社 1990 年版，第 135 ~ 137 页。

人承担连带责任的基础，共同加害结果的发生总是同共同加害行为紧密联系，不可分割；[①] 关连共同说，认为共同侵权行为以各个侵权行为所引起的结果，有客观的关连共同为已足，各行为人间不必有意思的联络。[②] 中国侵权法学说长期坚持共同过错立场。[③] 近年来，有把共同侵权行为分为意思联络的共同侵权行为和非意思联络的共同侵权行为的趋势。[④]

我主张采用关连共同说解释共同侵权行为的本质，将共同侵权行为分为主观的关连共同和客观的关连共同，即数人共同不法侵害他人权利，对于被害人所受损害之所以应负连带责任，系因数人的侵权行为具有共同关连性。共同关连性即数人的行为共同构成违法行为的原因，因而发生同一损害，共同加害人应当承担连带责任。

2.4.3.1.4　类型

（1）主观的共同侵权行为。是有意思联络的共同侵权行为，是指数人基于共同故意产生的共同侵害他人权利造成损害的行为，其加害人包括实行行为人、教唆人和帮助人。主观的共同侵权行为的条件是：一是行为人为二人以上；二是行为人具有共同的主观故意；三是行为的共同性，可能有分工的不同，但每

---

② 邓大榜："共同侵权人的民事责任初探"，载《法学季刊》1982 年第 3 期。

③ 欧阳宇经：《民法债编通则实用》，中国台湾地区汉林出版社 1978 年版，第 78 页。

④ 中央政法干部学校民法教研室编著：《中华人民共和国民法基本问题》，法律出版社 1958 年版，第 330 页。

⑤ 张新宝：《侵权责任法原理》，中国人民大学出版社 2005 年版，第 81 页。

一个人的行为都是共同侵权行为的组成部分；四是造成共同的损害结果，具有因果关系。

（2）客观的共同侵权行为。其基础是客观的关连共同，是指数人虽然没有共同的意思联络，但是数个行为人实施的行为是损害发生的共同原因，造成同一损害结果，且该损害结果不可分割的数人侵权行为。这种共同侵权行为虽然不具有主观上的特征，但由于行为人之间行为相互结合的关连性，并且造成了同一个不可分割的损害结果，而形成了一个侵权行为，行为人应当承担连带责任。客观的共同侵权行为的条件：一是行为人的共同性，即侵权人应为二人以上；二是过失的共同性，即数人均具有过失，至于是否成立共同过失，则不论；三是结果的共同性，即数人的行为已经造成了同一个损害结果，且为不可分；四是原因的共同性，即数人的行为对于损害的发生均为不可缺的原因，并且须这些行为结合为一体才能够造成同一的损害结果，缺少任何一个行为都不能造成这种结果。

（3）共同危险行为。共同危险行为是二人或二人以上共同实施有侵害他人权利危险的行为，已造成损害结果，但不能判明其中谁是加害人的准共同侵权行为类型。[①]

2.4.3.1.5　共同加害人

共同加害人是共同侵权行为的行为主体，是基于主观的或者客观的关连共同而共同实施加害行为，造成他人损害的数个

---

① 对于共同危险行为这种类型，在下文设专题进行详细说明。

行为人。作为共同侵权行为的行为主体，共同加害人应当是二人或者二人以上，不能由单个人构成。共同加害人既可以是自然人，也可以是法人，也可以是自然人和法人。

主观的共同侵权行为分为简单型和复杂型两种。简单型的主观共同侵权行为，各个共同加害人都是实行行为人，各个共同加害人都实施了致害他人的行为，共同加害人可能有不同分工，担负不同的角色，完成不同的任务，但他们的行为都为共同目的服务，因而都是实行行为人。复杂型的主观共同侵权行为，共同加害人分为实行行为人、教唆人和帮助人。实行行为人是实施具体致人损害行为的人。教唆人是共同侵权行为的造意人，起策划、主使、教唆的作用，在他的主观意志支配下，实行行为人具体实施侵权行为，实现教唆人的造意。帮助人是对实行行为人予以帮助，使侵权行为得以实施的人，如提供损害工具，帮助创造侵权条件等。教唆人和帮助人在主观上必须与实行行为人有共同的意思联络，均未直接参与实施具体的侵害行为，只是由于他们与实行行为人之间的共同意思联络，使他们的行为形成了共同的、不可分割的整体。教唆人与帮助人如果直接参与实施侵权行为，则为实行行为人。

共同加害人均应承担连带责任。在连带责任的基础上，各共同加害人对自身的过错和原因力承担相应的赔偿责任份额。教唆人和帮助人在确定内部责任份额时，不以其身份的不同而以过错程度和行为的原因力予以确定。

2.4.3.2 共同危险行为

2.4.3.2.1 概念

共同危险行为又称为准共同侵权行为，是指二人以上共同实施有侵害他人权利危险的行为，已造成损害结果，但不能判明其中谁是加害人的侵权行为类型。《侵权责任法》第 10 条规定了这种共同侵权行为及规则。

2.4.3.2.2 法律特征

（1）行为由数人实施。共同危险行为的行为主体须二人以上，一个人实施的行为造成他人损害是单独侵权行为。

（2）行为的性质具有危险性。共同危险行为的危险性是指侵害他人人身权利、财产权利的较大可能性。共同危险行为人没有致人损害的故意，只是在客观上实施的行为有致人损害的较大可能性，可以从行为本身、周围环境以及行为人对致害可能性的控制条件上加以判断。数人的行为没有人为的侵害方向，不针对任何特定的人。

（3）具有危险性的共同行为是致人损害的原因。共同危险行为危险性的可能性，已经转化为现实的、客观的损害结果，具有危险性行为与损害事实之间具有客观的因果关系。

（4）损害结果不是共同危险行为人全体所致但不能确定具体侵权人。如果已经判明谁是加害人，应由已经判明的加害人承担赔偿责任。只有损害结果为共同危险行为所致，确定不是全体行为人所致，却又不能判明具体的侵权人，才能构成共同危险行为。

2.4.3.2.3　共同危险行为人

共同危险行为人是共同危险行为的行为主体，是实施共同危险行为并造成他人损害的数个行为人。共同危险行为人一般由自然人构成，在某些情况下，也可以由法人构成。

共同危险行为人是一个整体，不可分离，没有实行行为人、教唆人和帮助人的区别。共同危险行为人的不可分离性，产生于共同危险行为人的共同过失。把行为人联结在一起的是共同过失，即共同地疏于对他人权利保护的注意义务。具体表现为，共同危险行为人共同实施具有危险性的行为时，应当注意避免致人损害，但却由于疏忽或懈怠，违反了这种注意义务，构成了共同过失。这种过失存在于每一个共同危险行为人的主观心态之中，成为造成损害的主观因素。共同危险行为人参与这种具有危险性行为的本身，就证明他们具有这种疏于注意的共同过失。正是这种共同过失把共同危险行为人连接成为共同的、不可分割的整体，成为共同的行为主体，并因此而承担连带责任。

2.4.3.3　连带责任

2.4.3.3.1　概念和意义

共同侵权行为的法律后果，是由共同行为人承担连带责任。

侵权连带责任是指受害人有权向共同侵权人或共同危险行为人中的任何一个人或数个人请求赔偿全部损失，而任何一个共同侵权人或共同危险行为人都有义务向受害人负全部赔偿责任；共同加害人中的一人或数人已全部赔偿了受害人的损失，则免除其他共同加害人向受害人应负的赔偿责任。《侵权责任法》第13条和第14条规定了连带责任规则。

共同加害人与共同危险行为人承担连带责任的根据，在于数人的行为具有主观的关连共同或者客观的关连共同，使数人的行为成为一个统一的、不可分割的整体，各个行为人的行为都构成损害发生的原因，因而各行为人均应对损害结果负连带责任。确认这种连带责任，使受害人的损害赔偿请求权简便易行，举证负担较轻，请求权的实现有充分保障，不必因为共同加害人中的一人或数人难以确定，或因为共同加害人中的一人或数人没有足够的财产赔偿，而妨碍其应获得的全部赔偿数额。

2.4.3.3.2　特征

（1）连带责任是对受害人的整体责任。各个连带责任人都对受害人负连带责任，意味着他们都有义务向受害人负全部赔偿责任。无论各连带责任人在实施共同侵权行为、共同危险行为中所起的作用如何不同，都不影响连带责任的整体性，每个连带责任人都对受害人的赔偿请求承担全部责任。

（2）受害人有权请求连带责任人中的任何一个人承担连带责任。受害人有权在连带责任中选择责任主体，既可以请求连带责任人中的一人或数人赔偿其损失，也可以请求全体连带责任人赔偿其损失。

（3）各连带责任人内部分有责任份额。连带责任人对外承担整体责任，不分份额；对内应依其过错程度和行为原因力，对自己的责任份额负责。各连带责任人各自承担自己的责任份额，是连带责任的最终归属。部分连带责任人承担了超出了自己的责任份额以外的责任后，有权向没有承担应承担的责任份额的其他连带责任人追偿。

（4）连带责任是法定责任不得改变。连带责任不因连带责任人内部责任份额或内部约定而改变其连带责任性质，其内部基于共同协议免除或减轻某个或某些连带责任人的责任，对受害人不产生效力，不影响连带责任的适用。

2.4.3.3.3　适用范围

《侵权责任法》明确指出，并不是只有共同侵权行为才承担连带责任，除了共同侵权行为之外，法律规定应当承担连带责任的，也应当承担连带责任。《侵权责任法》规定了 8 种连带责任：（1）共同侵权行为的连带责任，《侵权责任法》第 8 条予以规定；（2）教唆人、帮助人的连带责任，《侵权责任法》第 9 条予以规定；（3）共同危险行为的连带责任，《侵权责任法》第 10 条予以规定；（4）网络服务提供者经通知而未采取必要措施的连带责任，《侵权责任法》第 36 条第 2 款予以规定；（5）网络服务提供者明知侵权内容未采取必要措施的连带责任，《侵权责任法》第 36 条第 3 款予以规定；（6）非法买卖拼装或者报废机动车的连带责任，《侵权责任法》第 51 条予以规定；（7）遗失、抛弃高度危险物的连带责任，《侵权责任法》第 74 条予以规定；（8）非法占有高度危险物的连带责任，《侵权责任法》第 75 条予以规定。

2.4.3.3.4　责任承担规则

（1）整体责任的确定。共同侵权行为和共同危险行为以及其他法律规定承担连带责任的侵权行为发生以后，首先必须确定整体责任。

（2）对外连带负责。在整体责任确定之后，各连带责任人应对该整体责任连带承担责任。无论赔偿权利人向连带责任人中的一人、数人还是全体提出赔偿请求，被请求的连带责任人均须向赔偿权利人承担整体责任。这种责任性质，是连带责任的中间责任。

（3）各连带责任人的责任份额确定。确定了连带责任的整体责任，在连带责任人内部确定各自的责任份额，这不是否认连带责任的整体性，而是为了公平确定各连带责任人自己应承担的责任份额。连带责任人承担的各自责任份额，是连带责任的最终责任。

（4）连带责任人通过追偿实现最终责任。承担了超出自己赔偿责任份额的连带责任人，有权向其他连带责任人追偿。这是连带责任人承担了中间责任之后，通过追偿关系，实现最终责任。追偿之诉发生在连带责任人之间，发生的原因主要是：一个或数个连带责任人因缺乏履行能力而未被被侵权人要求赔偿，或者被要求赔偿而无力赔偿而没有完全承担赔偿责任；一个或数个连带责任人在诉讼时因外逃、下落不明等原因未被起诉，因而没有完全承担赔偿责任；一个或数个连带责任人没有全部承担自己应承担的责任份额。连带责任人之间的追偿之诉可以自行协商，也可以向法院提起诉讼。

2.4.3.4 教唆人和帮助人的责任

依照《侵权责任法》第9条规定，确定教唆责任和帮助责任的基本规则是：

（1）教唆人和帮助人是共同侵权人，与行为人承担连带责任。教唆人和帮助人应当与行为人共同承担连带责任，对外整体负责，对内则按照过错程度和原因力确定最终责任份额。

（2）教唆人和帮助人的责任份额，根据其过错程度与行为的原因力确定。通常情况下，教唆人过错程度较重，应当与主要行为人承担相等的责任份额。帮助人对于行为的实施起到的是辅助作用，因此其责任份额应比教唆人和实行行为人的责任份额为轻。

2.4.3.5　教唆、帮助无民事行为能力人、限制民事行为能力人实施侵权行为与单向连带责任

2.4.3.5.1　教唆、帮助无民事行为能力人、限制民事行为能力人实施的侵权行为

同样是教唆、帮助行为，但教唆、帮助无民事行为能力人、限制民事行为能力人实施侵权行为有所不同。《侵权责任法》第 9 条第 2 款对此作出了特别规定。

教唆、帮助无民事行为能力人或者限制民事行为能力人实施侵权行为，由于无民事行为能力人和限制民事行为能力人不具有识别能力或者识别能力有限，不能令其承担侵权责任，应由教唆人或者帮助人承担侵权责任，可以是全部责任，也可以是部分责任份额。教唆人应当承担全部责任的，则应当对全部损害承担赔偿责任；教唆人或者帮助人应当承担部分责任的，对外对全部责任连带负责，对内承担自己应当承担的赔偿责任

份额。监护人未尽监护责任的，为有过错，与教唆人、帮助人构成共同侵权行为。在这种共同侵权行为中，无民事行为能力人、限制民事行为能力人的监护人有监护过失的，《侵权责任法》第9条第2款规定监护人承担的责任是“相应责任”，应当以其过错程度和原因力确定应当承担的责任份额。

根据实际情况，教唆、帮助无民事行为能力人、限制民事行为能力人实施的侵权行为，承担责任的形式有以下四种：（1）教唆无民事行为能力人实施侵权行为，造成他人损害，无民事行为能力人是教唆人实施侵权行为的工具，为单独侵权行为，应由教唆人自己承担侵权责任，监护人不承担责任。（2）帮助无民事行为能力人实施侵权行为，造成他人损害，监护人有过错，构成共同侵权行为，帮助人承担主要责任，监护人承担次要责任。（3）教唆限制民事行为能力人实施侵权行为，造成他人损害，监护人有过错，构成共同侵权行为，教唆人承担主要责任，监护人承担次要责任。（4）帮助限制民事行为能力人实施侵权行为，造成他人损害，监护人有过错，构成共同侵权行为，帮助人承担同等责任，监护人承担同等责任。

2.4.3.5.2　单向连带责任

在上述后三种情况下，教唆人、帮助人与监护人共同承担的这种侵权责任形态，属于连带责任中的单向连带责任，教唆人或帮助人可以承担全部责任，并最终向监护人追偿；但监护人只能承担相应责任，不能请求监护人承担全部责任。

单向连带责任是指在连带责任中，被侵权人有权向承担侵权责任的责任人主张承担全部赔偿责任并由其向其他责任人追偿，不能向承担相应的赔偿责任的责任人主张承担全部责任并向其他连带责任人追偿的特殊连带责任形态。[①] 简言之，单向连带责任就是在连带责任人中，有的责任人承担连带责任，有的责任人只承担按份责任的特殊连带责任形式。

在单向连带责任中，两个以上的责任人都对同一个侵权行为造成的损害负赔偿责任，不过其中有的责任人承担连带责任，有的责任人承担按份责任，承担连带责任一方对全部责任负责，承担按份责任一方只对自己承担的相应份额负责。被侵权人可以向连带责任人主张承担连带责任，承担全部赔偿责任；连带责任人在承担了全部赔偿责任后，可以向按份责任人主张追偿；被侵权人不能向按份责任人主张承担连带责任。

单向连带责任的适用规则是：（1）单向连带责任仍然是连带责任，但在这种连带责任中，有的责任人对全部侵权责任承担连带责任，有的责任人只承担按份责任，超出自己的责任份额的部分不承担连带责任。（2）承担连带责任的责任人有最终责任的赔偿份额，承担了全部赔偿责任后，对于超出其最终责任份额的赔偿部分，有权向承担按份责任人进行追偿。（3）按份责任人只承担自己应当承担的责任份额，有权拒绝被侵权人请求其承担连带责任的请求，不对全部损害的赔偿责任负责。

---

① 美国侵权行为法有相似的概念，即混合责任，即在数人侵权中，有的承担连带责任，有的承担单独责任。参见《美国侵权法重述（第三次）》“责任分担”第 11 节。

（4）被侵权人只能向连带责任人请求承担连带责任，不能向按份责任人请求承担连带责任。

2.4.4 分别侵权行为与连带责任和按份责任

2.4.4.1 分别侵权行为

2.4.4.1.1 概念和特征

分别侵权行为是指数个行为人分别实施侵权行为，既没有共同故意，也没有共同过失，只是由于各自行为在客观上的联系，造成同一个损害结果的多数人侵权行为。[①]

分别侵权行为具有以下法律特征：

（1）两个以上的行为人分别实施侵权行为。分别侵权行为属于多数人侵权行为，且两个以上的行为人实施的行为是分别进行的。“分别”的含义是，数个行为人各自进行，没有主观上的意思联络，在客观上也没有关连共同。

（2）数个行为人实施的行为在客观上针对同一个侵害目标。分别侵权行为的数个行为人在实施侵权行为时，尽管没有主观上的联系，但在客观上，每一个行为人实施的侵权行为实际上都针对同一个侵害目标。同一个侵害目标是指受害人是一个主体，受到损害的是该主体的民事权益。

（3）每一个人的行为都是损害发生的共同原因或者各自原因。共同原因是数个行为人的行为结合在一起，共同作用于受

① 参见杨立新、陶盈：“论分别侵权行为”，载《晋阳学刊》2014年第1期。

害人的权利，集中地造成了受害人的同一个损害。各自原因是数个行为人的行为分别作用于受害人的权利，造成了受害人同一权利的损害后果。

（4）造成了同一个损害结果且该结果可以分割。分别侵权行为的本质特点，是虽然造成了一个损害结果，但该结果可以分割。在对物的损害中，这种情形尤为明显。如用汽车运送的现金因肇事撒落，数人争抢，每个人对受害人造成的损害是可分的，构成分别侵权行为。

2.4.4.1.2　分别侵权行为与共同侵权行为的区别

分别侵权行为与共同侵权行为的主要区别是：第一，行为人实施侵权行为的性质不同，一为分别实施，二为共同实施。“分别”为各自实施，行为人之间在主观上没有相互联系。“共同”为共同实施，数个行为人或者在主观上相联系具有主观的意思联络，或者在客观上有联系数个行为结合成一个侵权行为。第二，造成的同一个损害后果是否可分。损害后果可分的，一般是分别侵权行为；损害后果不可分的，一般是共同侵权行为，通常是客观的共同侵权行为。

2.4.4.1.3　分别侵权行为的类型

《侵权责任法》规定分别侵权行为在第 11 条和第 12 条，据此将分别侵权行为分为三种类型：（1）第 12 条规定的分别侵权行为是典型的分别侵权行为；（2）第 11 条规定的分别侵权行为为叠加的分别侵权行为；（3）在第 11 条和第 12 条之间还存在半叠加的分别侵权行为。

如果将三种分别侵权行为的表现简单概括为原因力的相加，典型的分别侵权行为的原因力为50%+50%=100%，叠加的分别侵权行为的原因力为100%+100%=100%，半叠加的分别侵权行为的原因力为100%+50%=100%。这是三种分别侵权行为的区别。

2.4.4.2 典型的分别侵权行为与连带责任

2.4.4.2.1 典型的分别侵权行为的概念和构成

典型的分别侵权行为是指数个行为人分别实施侵权行为，既没有共同故意，也没有共同过失，只是由于行为人各自行为在客观上的联系而造成同一个损害结果，应当承担按份责任的分别侵权行为。

典型的分别侵权行为与共同侵权行为的显著区别是：第一，在主观上，分别侵权行为人没有共同过错，既不存在主观上的意思联络，也不可能对自己的行为会与他人的行为发生结合造成被侵权人的同一损害有事先的预见；第二，在客观上，分别侵权行为的数个行为人的行为是分别实施的，尽管造成了同一个损害结果，但该损害结果是可以分割的；第三，在行为的表现形式上，分别侵权行为的每一个行为人实施的行为，都是单独的行为，只是在客观上造成了同一个损害结果；第四，在法律后果上，分别侵权行为承担的法律后果是按份责任，每一个行为人只对自己的行为引起的损害后果承担按份责任，而不是对整体的行为后果承担连带责任。

典型的分别侵权行为的构成要件是：第一，行为人为二人以上；第二，数个行为人都分别实施了侵权行为；第三，数个行为人的行为不构成引起损害发生的同一原因，而是各个行为对损害后果的发生分别产生作用，具有原因力；[①] 第四，数人的行为造成同一个损害结果，损害结果具有同一性。结论是，即数人侵权，行为人有共同故意的，对于损害后果不存在可分不可分的问题，都属于共同侵权行为；对于客观的共同侵权行为与典型的分别侵权行为，因无主观上的关连，因而通常认为，同一损害后果不可分的为客观共同侵权行为，同一损害后果可分的为典型的分别侵权行为。[②]

2.4.4.2.2　按份责任

典型的分别侵权行为承担按份责任，具体规则是：

（1）各个分别侵权行为人对各自的行为所造成的后果承担责任。典型的分别侵权行为属于单独侵权而非共同侵权，各行为人的行为是单独行为，只能对其行为所造成的损害后果负责，按份承担赔偿责任。

（2）依照分别侵权行为人各自行为的原因力确定责任份额。各行为人对共同损害，按照各行为人实施的行为的原因力，按份额各自承担责任。分别侵权行为的多数情况是有一个共同的损害结果，应当将赔偿责任确定为一个整体责任，依据各行为人的行为对损害后果的原因力划分责任份额，由各行为人按照

① 张新宝：《侵权责任法原理》，中国人民大学出版社 2005 年版，第 82 页。

① 美国侵权法关于单独责任的规则，实际上就是采用这样的标准。

自己的份额承担责任。无法区分原因力的，应当平均承担责任，确定各自应当承担责任份额。

（3）不实行连带责任，各个行为人只对自己的份额承担责任，不对他人的行为后果负责赔偿。

2.4.4.3 叠加的分别侵权行为与连带责任

2.4.4.3.1 叠加的分别侵权行为

叠加的分别侵权行为是指数个行为人分别实施侵权行为，既没有共同故意，也没有共同过失，每一个行为都足以引起损害结果，因行为叠加而造成同一个损害结果，应当承担连带责任的分别侵权行为。

叠加的分别侵权行为与共同侵权行为相比较，最突出的特点是行为人实施的侵权行为是分别实施，是数个侵权行为的结合，而不是一个侵权行为。而共同侵权行为不论是主观的共同侵权行为，还是客观的共同侵权行为，都是由于行为人的主观意思联络，或者因客观关连共同，而使数人实施的行为成为一个侵权行为，因此是一个完整的连带责任。例如，两个行为人同时用刀将他人的内脏刺伤，两处伤势均为致命伤，造成死亡结果，构成叠加的分别侵权行为，而不是共同侵权行为。

典型的分别侵权行为是每一个行为人实施的侵权行为的原因力相加，刚好等于 100% 的原因力。而叠加的分别侵权行为的每一个行为人实施的侵权行为的原因力都是 100%，但是对于受害人的损害后果而言，两个 100% 的原因力相加，仍然等于 100%，因为只有一个损害而不是两个损害。

2.4.4.3.2　连带责任

叠加的分别侵权行为中的行为人承担连带责任。其基本规则是:

(1)对外的中间责任。被侵权人可以向数个行为人中的任何一个行为人请求承担全部赔偿责任，每一个分别侵权行为人都应当就全部损害承担赔偿责任。

(2)对内的最终责任。连带责任的内部效力，是对数个连带责任人确定最终责任，应当按照份额确定。每个人的行为原因力为 100%，对于 100% 的损害结果而言，每个人的责任份额应为 50%，为最终责任。

(3)承担中间责任超过自己赔偿数额的连带责任人，有权向其他连带责任人追偿，实现最终责任。

2.4.4.4　半叠加的侵权行为与部分连带责任

半叠加的分别侵权行为是在分别实施侵权行为的数人中，部分行为人的行为足以造成全部损害，其他行为人的行为不足以造成全部损害，应当承担部分连带责任的分别侵权行为。

半叠加的侵权行为的法律后果仍然是承担连带责任，但这种连带责任的性质是部分连带责任。计算的方法有两种:

(1)如果在两个行为人中，一个人的行为的原因力是 50%，另一个人的行为的原因力是 100%，将原因力叠加的部分作为连带责任，非重合的部分为按份责任，即叠加的 50% 的部分，由两个行为人承担连带责任，最终份额为各自 25%；非叠加的 50% 由不叠加的行为人承担按份责任；综合起来，具有 100%

原因力的行为人，承担的责任为75%（其中按份责任50%，连带责任最终份额25%），具有50%原因力的行为人应当承担的责任为25%（最终责任），连带责任的最高额为50%。

（2）将两个原因力相加，除以行为人的人数，得到的责任份额即为33.3%和66.7%，即为各自应当承担的责任份额。

以上两种计算方法均有道理，但以前一种为优。最高人民法院2015年6月3日《关于审理环境侵权责任纠纷案件适用法律若干问题的解释》第3条第3款关于“两个以上污染者分别实施污染行为造成同一损害，部分污染者的污染行为足以造成全部损害，部分污染者的污染行为只造成部分损害，被侵权人根据侵权责任法第十一条规定请求足以造成全部损害的污染者与其他污染者就共同造成的损害部分承担连带责任，并对全部损害承担责任的，人民法院应予支持”的规定，显然采纳的是第一种规则。

2.4.5 竞合侵权行为与不真正连带责任

2.4.5.1 竞合侵权行为

2.4.5.1.1 概念和特征

竞合侵权行为是指两个以上的民事主体作为侵权人，有的实施直接侵权行为，与损害结果具有直接因果关系，有的实施间接侵权行为，与同一损害结果的发生具有间接因果关系，行为人承担不真正连带责任的侵权行为形态。[①]

① 杨立新：“论竞合侵权行为”，载《清华法学》2013年第1期。

竞合侵权行为的法律特征是：

（1）行为主体为二人以上。竞合侵权行为的两个以上的行为主体，既可以是自然人，也可以是法人，还可能是自然人和法人。在通常情况下，竞合侵权行为的主体是两个。

（2）行为人实施的侵权行为的性质不同。竞合侵权行为的两个以上的行为人，有的对受害人实施直接侵权行为（即主行为），有的是对直接侵权行为的实施提供了条件或者方便，但并不构成帮助行为的间接侵权行为（即从行为）。

（3）对发生竞合的两个以上的行为通常视为一个行为。在竞合侵权行为中，是两个以上的行为人实施的行为竞合在一起，因而通常认可其为一个行为。竞合侵权行为是指直接侵权行为和间接侵权行为的竞合，介于共同侵权行为和分别侵权行为之间，是两个以上的侵权行为竞合在一起的多数人侵权行为。

（4）各个行为人对受害人承担不真正连带责任。竞合侵权行为的行为人对受害人承担共同责任，其性质是不真正连带责任，行为人责任的联系是形式上连带而实质上不连带。

2.4.5.1.2　性质和地位

竞合侵权行为的性质是多数人侵权行为中的一种类型。在多数人侵权行为中，竞合侵权行为占有重要地位。

竞合侵权行为构成的特点是：直接侵权人对于所造成的他人损害构成侵权责任，但间接侵权人实施的行为对于直接侵权人实施的行为在客观上起到了间接作用，使直接侵权人便于实施侵权行为，或者为直接侵权人实施侵权行为提供了方便等，使直接侵权行为造成了受害人的损害。这两种行为竞合到一起构成竞合侵权行为，成为多数人侵权行为中的一种新类型，与共同侵权行为、分别侵权行为一道，共同构成多数人侵权行为体系。

2.4.5.1.3 类型及责任

根据行为发生竞合的不同原因为标准，将竞合侵权行为作以下分类：（1）必要条件的竞合侵权行为，（2）政策考量的竞合侵权行为，（3）提供机会的竞合侵权行为，（4）提供平台的竞合侵权行为。

竞合侵权行为对应不真正连带责任。不真正连带责任是指多数行为人违反法定义务，对同一个受害人实施加害行为，或者不同的行为人基于不同的行为而致使同一个受害人的民事权益受到损害，各个行为人产生的同一内容的侵权责任，各负全部赔偿责任，并因行为人之一的责任履行而使全体责任人的责任归于消灭，或者依照特别规定多数责任人均应当承担部分或者全部责任的侵权责任形态。

在中国侵权责任法中，不真正连带责任并非只有一种类型，[①] 根据《侵权责任法》《消费者权益保护法》以及最高人民法院司法解释，共有四种类型：（1）典型的不真正连带责任，是狭义的不真正连带责任；（2）《侵权责任法》第 44 条、第 85 条后段、第 86 条第 1 款后段规定的先付责任；（3）《侵权责任法》

① 通常所说的不真正连带责任，就是典型的不真正连带责任。

第 32 条第 1 款后段、第 34 条第 2 款后段、第 37 条第 2 款和第 40 条规定的补充责任；（4）《消费者权益保护法》第 43 条和第 44 条规定的附条件的不真正连带责任。

四种不同的竞合侵权行为类型分别对应不同的不真正连带责任类型：

必要条件的竞合侵权行为→典型的不真正连带责任；

政策考量的竞合侵权行为→先付责任；

提供机会的竞合侵权行为→补充责任；

提供平台的竞合侵权行为→附条件的不真正连带责任。

2.4.5.2　必要条件的竞合侵权行为与典型的不真正连带责任

2.4.5.2.1　必要条件的竞合侵权行为

必要条件的竞合侵权行为是指两个行为中的从行为（即间接侵权行为）与主行为（即直接侵权行为）的竞合方式，是从行为为主行为的实施提供了必要条件，没有从行为的实施，主行为不能造成损害后果的竞合侵权行为。换言之，间接侵权人的从行为是直接侵权人的主行为完成的必要条件，这种竞合侵权行为就是必要条件的竞合侵权行为。

《侵权责任法》第 41 条至第 43 条规定的产品责任，第 68 条规定的第三人过错的环境污染责任，第 83 条规定的第三人过错致使动物损害责任，以及《物权法》第 21 条规定的物权错误登记的赔偿责任等，都是必要条件的竞合侵权行为。

2.4.5.2.2　不真正连带责任及规则

典型的不真正连带责任是指多数行为人违反法定义务，对一个受害人实施加害行为，或者不同的行为人的基于不同的行为而致使受害人的权利受到损害，各个行为人产生的同一内容的侵权责任，各负全部赔偿责任，并因行为人之一的履行而使全体责任人的责任归于消灭的侵权共同责任形态。[①]

不真正连带责任的效力分为对外效力和对内效力两个方面。对外效力是指对责任人之一发生的事项，其效力是否及于其他行为人，即每一个行为人是否要对外承担连带责任；对内效力是指承担了全部侵权责任的人，可否以及怎样向最终责任人追偿。[②]

不真正连带责任与连带责任的根本区别，就在于连带责任不论形式上还是实质上都实行连带，而不真正连带责任只在形式上连带，在实质上不连带，即中间责任连带而最终责任不连带。不真正连带责任的具体实行规则是：

（1）数个行为人对同一个受害人的损害在形式上承担连带责任，受害人可以向直接责任人或者间接责任人主张承担全部赔偿责任，每一个自然人都有义务承担这种中间责任。

（2）责任人之一承担了全部赔偿责任即中间责任后，受害人的赔偿请求权消灭。

（3）在责任人中，由应当承担最终责任的责任人承担全部最终责任。中间责任人承担了中间责任的，有权向最终责任人

---

① 郑玉波：《民法债编总论》（修订二版），陈荣隆修订，中国政法大学出版社2004年版，第425页。

② 郑玉波：《民法债编总论》（修订二版），陈荣隆修订，中国政法大学出版社2004年版，第428页。

对全部责任予以追偿。最终责任人应当向中间责任人承担最终责任。

2.4.5.3　政策考量的竞合侵权行为与先付责任

2.4.5.3.1　政策考量的竞合侵权行为

政策考量的竞合侵权行为是指符合必要条件的竞合侵权行为的要求，但是基于政策考量，法律规定间接侵权人先承担中间责任，之后向直接侵权人追偿以实现最终责任的竞合侵权行为。《侵权责任法》第 44 条规定的第三人过错造成产品缺陷致人损害的，由本无最终责任的生产者、销售者先承担侵权责任，之后向有过错的第三人追偿。这种竞合侵权行为，原本与必要条件的竞合侵权行为并无两样，但是立法者基于保护受害人的需要，规定应当承担中间责任的间接侵权人先承担责任，以保障受害人的权利尽早得到实现。间接侵权人的从行为是直接侵权人的主行为造成损害后果的必要条件，但出于政策考量，法律规定令间接侵权人承担先付责任，而直接侵权人作为受追偿的最终责任人，并不直接对受害人承担赔偿责任。

2.4.5.3.2　先付责任及规则

先付责任是指在不真正连带责任中，中间责任人首先承担直接责任，请求权人只能向中间责任人请求赔偿，中间责任人在承担了中间责任之后，有权向最终责任人追偿的不真正连带责任的特殊形态。

依照《侵权责任法》第 44 条、第 85 条后段和第 86 条第 1 款后段规定，实行先付责任的基本规则是：

（1）侵权行为符合不真正连带责任的基本要求。不真正连带责任的基本构成要求是两个以上的行为人的行为对损害的发生都应当承担责任，但一方承担的责任是中间责任，最终承担责任的最终责任人是另一方。

（2）基于公共政策的考量，确定不真正连带责任的责任人有的承担直接责任（先付），有的承担间接责任（追偿）。

（3）承担直接责任的不真正连带责任人（中间责任人），应当向被侵权人直接负责，被侵权人直接向中间责任人行使赔偿请求权，而不是由被侵权人向距离较远、索赔不易的最终责任人主张赔偿权利。只有在中间责任人承担了赔偿责任之后，再由他们向最终责任人进行追偿，将中间责任转嫁给最终责任人，实现最终责任。

（4）先付责任的索赔僵局及破解方法。先付责任规则存在一个索赔僵局，即中间责任人在不能承担赔偿责任时，就不能向第三人追偿，法律又没有规定受害人可以直接向最终责任人请求赔偿。这样，受害人的合法权益反而得不到有效保障，不能使其损害得到及时救济。解决的办法是：承担中间责任的行为人不能承担赔偿责任而无法向最终责任人追偿的，被侵权人可以直接依照《侵权责任法》第6条第1款规定起诉第三人，要求第三人承担侵权赔偿责任。

2.4.5.4 提供机会的竞合侵权行为

2.4.5.4.1 提供机会的竞合侵权行为

提供机会的竞合侵权行为是指两个竞合的行为，从行为为主行为的实施提供了机会，使主行为的实施能够顺利完成的竞合侵权行为。从发挥的作用上考察，提供机会的竞合侵权行为与必要条件的竞合侵权行为有所不同，即间接侵权人的从行为给直接侵权人的主行为造成损害结果提供了机会，但并不是必要条件。《侵权责任法》第 34 条第 2 款规定的劳务派遣的侵权行为，第 37 条第 2 款规定的违反安全保障义务的侵权行为，第 40 条规定的第三人造成学生伤害的侵权行为，都是这种竞合侵权行为。

2.4.5.4.2 相应的补充责任及规则

侵权法的补充责任是指两个以上的行为人违反法定义务，对一个受害人实施加害行为，致使受害人的权利受到同一损害，各个行为人产生的赔偿责任，受害人享有的数个请求权有顺序的区别，首先行使顺序在先的请求权，在不能实现或者不能完全实现时，再行使顺序在后的请求权予以补充的侵权责任形态。

相应的补充责任的规则是：

（1）构成直接责任与补充责任的竞合，受害人应当首先向直接责任人请求赔偿，直接责任人应当承担侵权责任。直接责任人承担了全部赔偿责任后，补充责任人的赔偿责任终局消灭，受害人不得向补充责任人请求赔偿，直接责任人也不得向补充责任人追偿。

（2）受害人在直接责任人不能赔偿、赔偿不足或者下落不明，无法行使第一顺序的赔偿请求权或者不能满足请求权的要求时，可以向补充责任人请求赔偿。补充责任人承担补充责任的范围是“相应的”，即与其过错程度和行为的原因力相适应的范围内。

（3）补充责任人承担的相应的补充责任大于未承担的赔偿责任的，只以未承担的赔偿责任为限；补充责任小于未承担的赔偿责任的，只以相应的责任为限，不得超出相应的责任的范围进行补充赔偿。

（4）补充责任人在承担了有限的补充赔偿责任之后，不产生对直接责任人的追偿权，因为既然补充责任人承担的责任是与其过错程度和行为的原因力相适应的责任，就应当自己负责，不得追偿。

2.4.5.5 提供平台的竞合侵权行为与附条件的不真正连带责任

2.4.5.5.1 提供平台的竞合侵权行为

提供平台的竞合侵权行为是在造成同一个损害的两个行为中，一个行为是直接侵权行为，另一个行为为直接侵权行为人实施违法行为提供平台的间接行为，使违法行为能够在该平台上实施，造成了他人同一个损害的竞合侵权行为。

提供平台的竞合侵权行为是竞合侵权行为的一种特殊表现形式。《消费者权益保护法》第43条和第44条规定的侵权行为，就是提供平台的竞合侵权行为，与典型的不真正连带责任以及先付责任、补充责任的规则都不相同。

2.4.5.5.2 附条件的不真正连带责任

提供平台的竞合侵权行为的法律后果是附条件不真正连带

责任。附条件不真正连带责任的基本特征，在于提供平台的一方，对于展销会举办者、柜台出租者以及网络交易平台提供者在该平台上，与消费者进行交易，造成了消费者权益的损害，平台提供者一方只有在具备必要条件时才承担的不真正连带责任。由于即使平台提供者的行为具备了必要条件，但由于其并不是造成损害的直接原因，因而在平台提供者承担了赔偿责任之后，有权向直接造成损害的行为人追偿。

附条件不真正连带责任的本质仍然是不真正连带责任，但与典型的不真正连带责任有所不同。在典型的不真正连带责任中，不论构成竞合侵权行为的主行为人还是从行为人，被侵权人都可以任意选择一方作为被告，行使索赔权实现权利；至于究竟由谁承担最终责任，被侵权人无须过问。但在附条件不真正连带责任中，无论是法定的还是约定的，被侵权人主张从行为人承担赔偿责任须具备法定的或者约定的条件，不具有这样的条件，就只能向主行为人请求赔偿，不能向从行为人主张权利。

附条件的不真正连带责任的规则是：

（1）直接行为人应当承担赔偿责任。直接行为人是造成受害人损害的侵权人，即使在附条件的竞合侵权行为中也应当承担侵权责任。被侵权人合法权益受到侵害的，直接向其请求赔偿。

（2）具备法律规定或者当事人约定的必要条件的，被侵权人可以向平台提供者请求承担赔偿责任。所附必要条件，有的是法定条件（例如《消费者权益保护法》第 44 条规定的“不能提供真实名称、地址和有效联系方式的”)，有的是约定条件（该条文规定的“作出更有利于消费者的承诺的”，即先行赔付承诺的)。只要具备必要条件的，就构成不真正连带责任，被侵权人可以请求提供平台的行为人承担侵权责任。

（3）平台提供者承担了赔偿责任后享有追偿权。由于平台提供者不是直接行为人，承担的赔偿责任是中间责任，因此当其承担了赔偿责任之后，有权向直接行为人即最终责任人进行追偿。

2.5 侵权损害赔偿

2.5.1 侵权损害赔偿概述

2.5.1.1 概念和特征

侵权损害赔偿是指侵权人实施侵权行为对被侵权人造成损害，在侵权人和被侵权人之间产生请求赔偿权利和给付赔偿责任的法律关系。

侵权损害赔偿的法律特征是：

（1）侵权损害赔偿的根本目的是救济损害。侵权损害赔偿的根本目的是补偿损失，使受到损害的权利得到救济，恢复权利，同时也具有制裁民事违法及慰抚受害人的作用。

（2）侵权损害赔偿是财产性的责任方式。在损害的三种形式即人身损害、财产损害和精神损害中，对财产损失必须以财产来赔偿，对人身损害也必须以财产的形式赔偿受害人的财产损失，即使对精神损害也只能以财产的方式进行。

（3）侵权损害赔偿具有相对性。损害赔偿发生在相对人之间，即权利主体和责任主体是特定的，且只在相对的特定主体之间发生。受害人只能向特定的行为人请求赔偿，赔偿责任主体也只须向特定的受害人承担赔偿责任。

2.5.1.2 赔偿范围

对于侵权损害赔偿的范围，《侵权责任法》第 16 条、第 17 条、第 19 条、第 20 条和第 22 条作了规定。这 5 条规定了四种侵权损害赔偿方式，内容比较原则，操作性不强。最高人民法院通过有关司法解释使其具体化。

（1）人身损害赔偿。人身损害赔偿是对侵害生命权、健康权和身体权造成人身损害，即死亡、残疾、一般伤害等的损害赔偿责任。最高人民法院 2003 年《关于审理人身损害赔偿案件适用法律若干问题的解释》，是处理人身损害赔偿责任的专门司法解释，规定了详细的人身损害赔偿规则。

（2）人格权财产利益损害赔偿。对于侵害他人人身权益，即姓名权、名称权、肖像权、隐私权等，造成财产利益损失的赔偿责任，《侵权责任法》第 20 条规定了具体的方法，其基本原则是按照被侵权人因此受到的损失赔偿。这种损害赔偿，通常被理解为公开权受到损害的赔偿。

（3）精神损害赔偿。侵害生命权等物质性人格权、名誉权等精神性人格权，对于精神痛苦或者精神利益损害承担的赔偿责任，称为精神损害赔偿。《侵权责任法》第 22 条作了原则规定。最高人民法院 2001 年《关于确定民事侵权精神损害赔偿责任若干问题的解释》，对人格权的司法保护以及精神损害赔偿规定了详细规则。

（4）财产损害赔偿。侵害物权、债权以及知识产权，造成财产利益损失的，承担的损害赔偿责任，是财产损害赔偿。对于财产损害赔偿，最高人民法院也有一些具体解释，但是没有全面规定。

2.5.1.3 损害赔偿关系的当事人

2.5.1.3.1 赔偿权利主体

在侵权损害赔偿法律关系中，受害人是赔偿权利主体，如果进行诉讼，则为原告，即诉讼请求的提出者。除受害人以外，还有受害人的利害关系人、死者的近亲属也是赔偿权利主体。

（1）直接受害人。是侵权行为损害后果的直接承受者，是因侵权行为而使民事权利受到侵害造成损失的人。

凡是具有民事权利能力，又因侵权行为而使其民事权利受到侵害的人，就具有受害人的资格。具有完全民事行为能力的直接受害人，可以自己行使侵权赔偿请求权，向赔偿责任主体请求赔偿。直接受害人无民事行为能力或民事行为能力受限制，自己不能行使赔偿请求权，应当由监护人代其行使侵权赔偿请求权。

一个侵权行为有数个直接受害人，所有的直接受害人都享有赔偿请求权，都可以提起侵权赔偿诉讼。依其人数，2至9个直接受害人的作为必要的共同诉讼，一般应当合并审理，个别直接受害人不起诉的，并不影响其他直接受害人提出赔偿请求。有 10 个以上直接受害人的案件，可以进行集团诉讼或代表诉讼。其区别在于：代表诉讼是直接受害人的人数已经确定；集团诉讼的直接受害人的人数尚未确定，判决对未参加诉讼的直接受害人亦发生拘束力，未参加集团诉讼的直接受害人可以在诉讼时效期间起诉，适用该判决。集团诉讼和代表诉讼的共同特点都是选派代表进行诉讼，代表人的诉讼行为对其所代表的直接受害人发生效力，但代表人变更、放弃诉讼请求或者承认对方当事人的诉讼请求，进行和解，必须经被代表的直接受害人同意。

侵害生命权的损害赔偿法律关系，为双重直接受害人，即被致死的受害人和为死者治疗、送葬而遭受财产损失和精神损害的近亲属。前者是生命权受到侵害之人，其已经死亡不能行使赔偿权利；后者是财产利益和精神痛苦受到损害之人，可以依法行使请求赔偿财产损失和精神损害的权利。因而，被侵权人死亡的，其近亲属为权利人；支付被侵权人医疗费、丧葬费等合理费用的人也是直接受害人，有权请求侵权人赔偿费用。

（2）间接受害人。是指侵权行为造成了直接受害人的人身损害，因此而使人身权益受到间接损害的受害人。间接受害人有三种：

一是，因直接受害人死亡或者丧失劳动能力而扶养来源丧失的受害人。侵权行为侵害直接受害人，造成死亡或者丧失劳动能力的，使其收入断绝或者减少，因而使由其扶养的人的扶养来源断绝或者减少，扶养来源断绝或者减少的被扶养人是间接受害人。

二是，配偶间因配偶一方受到侵权行为侵害使其丧失性利益的对方配偶。行为人实施的侵害健康权行为，造成直接受害人丧失性能力，间接引起性利益减损或丧失的直接受害人的对方配偶，也是间接受害人。

三是，因目睹侵权行为受到惊吓而造成健康权受损的受害人。目睹正在发生的侵权行为残酷现场，因而造成惊吓使健康权受到损害的近亲属也是间接受害人，享有人身损害赔偿请求权。

（3）胎儿和死者近亲属。胎儿和死者近亲属在侵权损害赔偿责任法律关系中，也享有损害赔偿权利主体或者准主体的地位。胎儿在其孕育过程中受到损害时，并没有民事权利能力，但具有限制民事权利能力，具有准损害赔偿权利主体地位，准许在其出生并取得民事权利能力后，行使赔偿请求权。死者的名誉、隐私、肖像、荣誉以及死者的遗体、遗骨等法益受到侵害，因其已经丧失民事权利能力和民事行为能力，其赔偿请求权由其近亲属享有，可以死者利益保护人的身份向法院提出损害赔偿诉讼，以保护死者的合法利益。

2.5.1.3.2　赔偿责任主体

在侵权损害赔偿法律关系中，加害人是赔偿责任主体，在诉讼中为被告。除加害人以外，直接加害人的责任承受者即替代责任的责任人，也是赔偿责任主体。

（1）直接加害人。是直接实施侵权行为，造成受害人损害的人，分以下两种情况：一是单独的直接加害人，即直接加害人为一人，由其个人承担赔偿责任。二是多数加害人，共同侵权行为的加害人为共同加害人，承担连带赔偿责任；分别侵权行为的加害人是分别侵权行为人，承担按份责任或者连带责任；竞合侵权行为的加害人为竞合侵权行为人，承担不真正连带责任。

（2）替代责任人。对人的替代责任人：在替代责任形式的特殊侵权责任中，直接造成损害的行为人不是赔偿责任主体，赔偿责任主体是为直接造成损害的行为人承担赔偿责任的替代责任人。对物的替代责任人：物件致人损害，应由物件的所有人、占有人承担赔偿责任。

2.5.1.4　损害赔偿规则

2.5.1.4.1　全部赔偿原则

全部赔偿原则是侵权损害赔偿的基本规则，是指侵权行为加害人承担赔偿责任的大小，应当以行为所造成的实际财产损失的大小为依据，全部予以赔偿。即赔偿以所造成的实际损害为限，损失多少，赔偿多少。

全部赔偿原则是由损害赔偿的功能决定的。既然损害赔偿基本功能是补偿财产损失，那么以全部赔偿作为确定损害赔偿责任大小的基本原则，就是十分公平、合理的。

适用全部赔偿原则的要点是：第一，确定损害赔偿数额即赔偿责任的大小只以实际损害作为标准，全部予以赔偿，既不能以加害人过错程度的轻重作为损害赔偿数额的依据，也不能根据行为的社会危险性大小作为依据。第二，全部赔偿包括直接损失和间接损失，间接损失只要是当事人已经预见或者能够预见的利益，并且可以期待、必然得到的，就应当予以赔偿。第三，全部赔偿应当包括对受害人为恢复权利、减少损害而支出的必要费用损失的赔偿，这也是侵权行为所造成的损害，应当列入赔偿范围，予以全部赔偿。第四，全部赔偿所赔偿的只能是合理的损失，不合理的损失不应予以赔偿。

2.5.1.4.2 财产赔偿原则

财产赔偿原则是指侵权行为无论是造成财产损害、人身损害还是精神损害，均以财产赔偿作为唯一方法，不能以其他方法为之。

确立财产赔偿原则的根本目的是：第一，对于财产损害以财产的方式赔偿，不得以支付劳务、人身拘禁等方式偿付财产损失或者其他损害。[①]第二，对于人身损害以财产的方式予以赔偿，禁止用同态复仇的方式进行补偿，应以财产的方式补偿因医治伤害所造成的财产损失，损失多少财产，就应当赔偿多少财产。第三，对于精神损害，无论是否造成经济损失都应当以财产赔偿。

确认财产赔偿规则，就是明确侵权行为造成的一切损害都必须以财产的方式予以赔偿。处理一切侵权损害赔偿案件，都

---

① 损害投役是罗马法的侵权责任方式，动物造成他人损害即将动物所有权转移给受害人，人造成他人损害则将加害人交由受害人强制役使。

须公平、合理，使受害人因损害而得到的赔偿恰好是能够填补实际损害。

2.5.1.4.3 损益相抵

（1）损益相抵的概念及特征。损益相抵亦称损益同销，是指赔偿权利人基于发生损害的同一原因受有利益者，应由损害额内扣除利益，而由赔偿义务人就差额予以赔偿的确定赔偿责任范围的规则。[①]

损益相抵的法律特征，一是损害赔偿之债的原则，适用于一切损害赔偿责任确定的场合；二是确定侵权损害赔偿责任范围大小及如何承担的原则，是在损害赔偿责任已经确定应由加害人承担的前提下，确定加害人应当怎样承担民事责任，究竟应当承担多少赔偿责任的规则；三是损益相抵确定的赔偿标的，是损害额内扣除因同一原因而产生的利益额之差额，而不是全部损害额；四是损益相抵由法官依职权主义行使，法官可以不待当事人主张，径以职权根据确认的证据适用该原则。

（2）损益相抵的构成。构成侵权责任的损益相抵须具备以下要件：第一，须有侵权损害赔偿之债的成立。没有侵权损害赔偿之债的成立，亦即缺乏损害赔偿之债的要件，尚未构成侵权损害赔偿之债。第二，须受害人受有利益。如果受害人未因受损害而受有利益，则无适用损益相抵的余地。此种利益包括

---

① 2008 年 9 月 23 日《侵权责任法》草案曾经规定了损益相抵规则，即第 22 条："因同一侵权行为在造成损失的同时，受害人受有利益的，应当从赔偿额中扣除所获得的利益。"

积极利益和消极利益。积极利益为受害人现有财产的增加，消极利益为应减少的财产而未损失。应当扣减的利益包括：物的毁损而发生的新生利益；实物赔偿新旧相抵的利益；原应支出因损害事实的发生而免支出的费用；原无法获得因损害的发生而获得的利益；将来的多次赔偿给付改为现在的一次性给付的中间利息。[①]第三，须有构成损害赔偿责任的损害事实与所得利益间的因果关系。基于同一赔偿原因所生直接结果的利益，成为不可分离或合一关系者；基于同一赔偿原因所生间接结果，彼此之间或者与直接结果为不可分离或合一关系者，均为有相当因果关系。通常认为不具有相当因果关系者，为损害与利益无适当关系，因此不得适用损益相抵原则。具备以上三个要件即构成损益相抵，应在损害额中扣除所得利益额。

（3）损益相抵的实行。损益相抵的计算与折抵方法，主要有以下四种，可以根据不同情况选择适用：第一，损害造成的损失与利益均可以金钱计算时，直接相减，扣除利益，直接赔偿差额。第二，对于损害造成的损失已经金钱赔偿者，应当由赔偿权利人将新生之利益退还给赔偿义务人，实行损益相抵。第三，实物赔偿，新旧物的差价由赔偿权利人退还赔偿责任人，否则权利人对差价为不当得利。第四，返还原物，对所得消极利益应退还责任人。

---

① 将来的多次赔偿给付改为现在的一次性赔偿的中间利息，在理论上应当认定为新生利益，予以损益相抵。但最高人民法院司法解释没有规定其为新生利益可以损益相抵。

2.5.1.4.4 过失相抵[①]

过失相抵是在损害赔偿之债中，由于与有过失的成立，而减轻加害人赔偿责任的规则。侵权行为的与有过失同样适用过失相抵原则。

实行过失相抵原则，应当通过过失的比较和原因力的比较，在此基础上，依比例确定双方当事人各自的责任比例，依此减轻加害人的责任。

2.5.1.4.5 衡平原则

作为赔偿原则的衡平原则，是指在确定侵权损害赔偿范围时，考虑诸如当事人的经济状况等诸因素，使赔偿责任的确定更公正。例如加害人的经济状况不好，全部赔偿以后将使其本人及其家属的生活陷于极度困难时，可依据具体情况适当减少其赔偿数额。

适用衡平原则的要点是：第一，适用衡平原则的前提，须是已确定赔偿责任构成，在此基础上使用这一原则确定赔偿责任大小。第二，衡平原则适用的顺序，应当在适用全部赔偿、财产赔偿、损益相抵和过失相抵等规则之后，应当最后考虑的原则。第三，适用衡平原则应综合考虑各种因素，主要应考察当事人的经济收入，必要的经济支出，以及富裕程度、社会风俗、习惯、舆论、当事人身份、特殊需求等综合判断，酌减赔

① 关于过失相抵问题，本书将在第三章的过失相抵部分论述。为了保持损害赔偿原则体系的完整性，在这里只是简要介绍这一规则的基本内容。

偿责任。第四，为加害人及其家属留下必要的生活费用，不能让其因负担赔偿责任而使生活陷入极度贫困。

2.5.2 人身损害赔偿

2.5.2.1 类型和赔偿范围

人身损害赔偿是指自然人的生命权、健康权、身体权受到不法侵害，造成致伤、致残、致死的后果以及其他损害时，要求侵权人以财产赔偿等方法进行救济和保护的侵权责任制度。确定人身损害赔偿的法律依据是《侵权责任法》第16条和第17条。

人身损害所概括的内容是：一是侵害身体权所造成的损害，这种损害不以受害人感受身体上的痛苦为必要，也不以肉体上的实际损伤为必要；二是人体致伤，以人体造成伤害为起点，以伤害经治愈为终点，与人体致残相区别；三是人体致残，以造成人体伤害为前提，以经治疗仍留有残疾为必要条件，与致伤、致死相区别；四是致人死亡，以受害人生命丧失为必要条件；五是侵害身体权、健康权、生命权所致精神损害，其中身体权、健康权受损害的受害人精神损害是自己的损害，侵害生命权则是生命权丧失之人的近亲属所受的精神损害。

对于人身损害的以上内容，按照最高人民法院《关于审理人身损害赔偿案件适用法律若干问题的解释》的规定，其赔偿范围包括：人身伤害的常规赔偿；劳动能力丧失的赔偿；致人死亡的赔偿；间接受害人的扶养损害赔偿；抚慰金赔偿。

2.5.2.2 常规赔偿

（1）医疗费赔偿。医疗费根据医疗机构出具的医药费、住院费等收款凭证，结合病历和诊断证明等相关证据确定。赔偿责任人对治疗的必要性和合理性有异议的，应当承担相应的举证责任。医疗费的赔偿数额，按照一审法庭辩论终结前实际发生的数额确定。器官功能恢复训练所必要的康复费、适当的整容费以及其他后续治疗费，赔偿权利人可以待实际发生后另行起诉。但根据医疗证明或者鉴定结论确定必然发生的费用，可以与已经发生的医疗费一并予以赔偿。

（2）误工减少的收入赔偿。根据受害人的误工时间和收入状况确定。误工时间根据受害人接受治疗的医疗机构出具的证明确定。受害人因伤致残持续误工的，误工时间可以计算至定残日前一天。受害人有固定收入的，误工减少的收入按照实际减少的收入计算。受害人无固定收入的，按照其最近三年的平均收入计算；受害人不能举证证明其最近三年的平均收入状况的，可以参照受诉法院所在地相同或者相近行业上一年度职工的平均工资计算。

（3）护理费赔偿。根据护理人员的收入状况和护理人数、护理期限确定。护理人员有收入的，参照误工费的规定计算；护理人员没有收入或者雇用护工的，参照当地护工从事同等级别护理的劳务报酬标准计算。护理人员原则上为一人，但医疗机构或者鉴定机构有明确意见的，可以参照确定护理人员人数。护理期限应计算至受害人恢复生活自理能力时止。受害人因残疾不能恢复生活自理能力的，可以根据其年龄、健康状况等因素确定合理的护理期限，但最长不超过20年。受害人定残后的护理，应当根据其护理依赖程度并结合配制残疾辅助器具的情况确定护理级别。

（4）转院治疗的交通费、住宿费的赔偿。交通费根据受害人及其必要的陪护人员因就医或者转院治疗实际发生的费用计算。交通费应当以正式票据为凭，有关凭据应当与就医地点、时间、人数、次数相符合。

（5）伙食补助费和营养费的赔偿。住院伙食补助费可以参照当地国家机关一般工作人员的出差伙食补助标准确定。受害人确有必要到外地治疗，因客观原因不能住院，受害人本人及其陪护人员实际发生的住宿费和伙食费，其合理部分应予赔偿。是否赔偿营养费，应当根据受害人伤残情况参照医疗机构的意见确定。

2.5.2.3 丧失劳动能力赔偿

劳动能力丧失是受害人健康权遭受侵害所致的严重后果，使其无法继续劳动以维持生计，因而必须予以赔偿。

对于劳动能力丧失的赔偿理论基础，依照最高人民法院人身损害赔偿司法解释，采用“收入丧失说”，赔偿的是受害人因人身损害而减少的收入。具体赔偿范围是：

（1）残疾赔偿金。根据受害人丧失劳动能力程度或者伤残等级，按照受诉法院所在地上一年度城镇居民人均可支配收入或者农村居民人均纯收入标准，自定残之日起按20年计算。但

60 周岁以上的，年龄每增加一岁减少一年；75 周岁以上的，按 5 年计算。受害人因伤致残但实际收入没有减少，或者伤残等级较轻但造成职业妨害严重影响其劳动就业的，可以对残疾赔偿金作相应调整。

（2）残疾辅助器具费赔偿。残疾辅助器具费按照普通适用器具的合理费用标准计算。伤情有特殊需要的，可以参照辅助器具配制机构的意见确定相应的合理费用标准。辅助器具的更换周期和赔偿期限，参照配制机构的意见确定。

2.5.2.4　死亡赔偿

侵害生命权致受害人死亡的，应当赔偿丧葬费、常规赔偿费用和死亡赔偿金。其中丧葬费和死亡赔偿金的赔偿属于致人死亡的特有赔偿项目。

（1）丧葬费赔偿。丧葬费按照受诉法院所在地上一年度职工月平均工资标准，以 6 个月总额计算。

（2）死亡赔偿金。最高人民法院司法解释中规定的方法，即“死亡赔偿金按照受诉法院所在地上一年度城镇居民人均可支配收入或者农村居民人均纯收入标准，按 20 年计算。但 60 周岁以上的，年龄每增加一岁减少一年；75 周岁以上的，按 5 年计算”，备受指责，但《侵权责任法》第 16 条也没有规定明确的方法，只是第 17 条规定了大规模侵权行为造成多人死亡的，可以采用相同数额确定死亡赔偿金。适用相同数额确定死亡赔偿金的规则是：第一，因同一个侵权行为造成受害人死亡，即大规模侵权；第二，死亡人数为二人以上；第三，这里规定的

"可以"，带有一定的强制性，就是在没有极为特殊的情况下，都应当以相同数额即最高赔偿数额确定死亡赔偿金。

2.5.2.5 抚慰金赔偿

最高人民法院人身损害赔偿司法解释第18条规定，受害人或者死者近亲属遭受精神损害，赔偿权利人向人民法院请求赔偿精神损害抚慰金的，适用最高人民法院《关于确定民事侵权精神损害赔偿责任若干问题的解释》予以确定。同时规定，精神损害抚慰金的请求权不得让与或者继承，但赔偿义务人已经以书面方式承诺给予金钱赔偿，或者赔偿权利人已经向人民法院起诉的除外。《侵权责任法》第22条规定精神损害赔偿责任，并没有规定具体办法，仍应参照上述司法解释的规定确定人身损害抚慰金赔偿责任。

人身损害抚慰金赔偿的范围：一是侵害身体权，应当以赔偿抚慰金作为救济的主要方法，辅之以财产损失赔偿的方法。二是侵害健康权，造成一般伤害结果或者造成残疾，应当赔偿精神损害抚慰金。三是侵害生命权，造成死亡结果的，对遭受精神损害的死者的近亲属应当赔偿精神损害抚慰金。

2.5.2.6 被扶养人的生活费赔偿

《侵权责任法》关于人身损害赔偿的规定中没有规定被扶养人生活费赔偿问题。这是因为在该法起草中原想删除这个赔偿项目，因为赔偿死亡赔偿金和残疾赔偿金所赔偿的是收入损失，再赔偿被扶养人生活费，有重复赔偿的嫌疑。但是，死亡赔偿金和残疾赔偿金所补偿的并非全部损失，不赔偿被扶养人生活费也不尽合理。因此，最高人民法院在 2010 年《关于适用〈侵权责任法〉若干问题的通知》第 4 条规定："人民法院适用侵权责任法审理民事纠纷案件，如受害人有被抚养人的，应当依据《最高人民法院关于审理人身损害赔偿案件适用法律若干问题的解释》第 28 条的规定，将被抚养人生活费计入残疾赔偿金或死亡赔偿金。"这一解释，在协调法律的问题时有重要作用，应当在司法实践中适用。

2.5.3 人格权财产利益损害赔偿

2.5.3.1 概念

人格权财产利益损害赔偿，是指侵害他人人格权益造成财产损失，对被侵权人受到的损失予以赔偿的侵权损害赔偿责任。例如，侵害他人的姓名权、肖像权、名誉权、名称权、信用权、隐私权等人格权以及其他人格利益，造成被侵权人的财产利益损失，就是人格权的财产利益损害，对这种财产利益的损害赔偿，就是人格权财产利益损害赔偿。

这种损害赔偿责任，在学理上通常称作侵害公开权的损害赔偿。公开权是指民事主体包括自然人、法人和其他组织对其具有一定声誉或吸引力的人格标识利益进行商品化利用并享有利益的权利，属于抽象人格权的范畴。

公开权保护的是能够被商业化开发的人格利益，属于人格利益中的一类。民事主体对自己的姓名、名称、肖像、信用、名誉、隐私、声音、形象等人格标识进行支配、利用，是以主体的人格的独立性、完整性与不可侵犯性为基础，同时也为了使自身的价值得到充分发挥。对人物的姓名、肖像等人格利益的商业化使用的保护，最初正是衍生于对人格利益的保护。自然人因其姓名或肖像被用于商业使用而感到窘迫和羞辱，或者因他们的姓名或肖像被投入商业使用未得到任何报酬而感到愤怒，因而才将一个人控制其姓名或肖像的商业化利用的权利称之为公开权。[①] 同时，被商品化利用的人格标识与人格的社会评价密不可分，例如知名人物的声音、形体、习惯性动作等，之所以可能成为商品化的对象，并非基于上述形象因素本身的艺术美感，而是利用了消费者对依附于其上的知名人物社会影响力所产生的信赖。对于这样的人格利益的损害，必然造成被侵权人的财产利益的损害，理应得到侵权责任法的保护，获得财产损害赔偿。这正是《侵权责任法》第 20 条规定的理论基础。

2.5.3.2 方法

对于人格权财产利益损害赔偿的方法，《侵权责任法》第 20 条规定的基本赔偿方法是：

（1）按照被侵权人受到的损失赔偿。侵害他人的人格权益造成财产利益损害的，如果其财产利益损害是能够计算的，应当按照被侵权人因此受到的损失进行赔偿。例如侵害名称权，造成了被侵权的法人或者其他组织的财产利益损失，包括直接损失和间接损失，对于这些损失都应当予以赔偿。被侵权人在

① 参见董炳和：“论形象权”，载《法律科学》1998 年第 4 期。

被侵权期间因被侵权所受到的损失，包括人格利益受到侵害造成的财产利益的直接损失，以及被侵权人为制止侵权行为所支付的合理开支。其计算方法，应当参照财产损害赔偿的一般方法进行。

（2）按照侵权人获得的利益进行赔偿。侵害他人的人格权益造成的财产损失如果难以确定，无法计算财产利益的损失数额，应当按照侵权人因此获得的利益进行赔偿。例如侵害姓名权、肖像权、隐私权以及形象利益等，被侵权人的损失无法计算，但侵权人非法利用他人的姓名、肖像、隐私、形象等做广告，因而获得了财产上的收益，应当按照侵权人获得的财产收益确定赔偿责任，进行赔偿。

（3）根据实际损害情况进行赔偿。侵害他人人格权益造成的财产损失不仅难以确定，无法按照前述两种方法计算损失数额进行赔偿，而且被侵权人和侵权人就损害数额协商不一致，向人民法院起诉的，由人民法院根据实际情况确定赔偿数额。这种酌定的赔偿方式，是人民法院按照被侵权人的人格权益的实际损害，以及侵权人实施侵权行为的实际情况进行斟酌，确定一个适中的损失数额进行赔偿。

2.5.4　财产损害赔偿

2.5.4.1　概念和种类

财产损害是指侵权行为侵害财产权，使财产权的客体遭到破坏，其使用价值和价值的贬损、减少或者完全丧失，或者破坏了财产权人对于财产权客体的支配关系，使财产权人的财产利益受到损失，从而导致权利人拥有的财产价值的减少和可得财产利益的丧失。《侵权责任法》第19条规定了基本的财产损害赔偿方法。

财产损害从其物理形态上分析，是物的本身的损害，即物的毁损和被侵占。但是，财产权的客体不仅指有形物，还包括他物权、占有权、债权、知识产权中的无形财产利益，这些无形财产对于权利人的重要性绝不亚于有形物。广义的财产权利，应当包括自物权、他物权以及债权和知识产权。因此，财产损害中的财产，不是仅指有形物，还包括他物权、债权和知识产权及其他财产利益。

从侵权法的救济手段认识财产损害，包括三种，即：侵占财产、损坏财产和损害其他财产利益。这些是财产损害的基本的表现形态。研究财产损害赔偿要从这样三种具体形态出发，研究具体救济手段。

2.5.4.2 赔偿范围

确定财产损害赔偿范围，应当以全部赔偿为原则，即财产损害赔偿数额的确定，以客观的财产、财产利益所损失的价值为客观标准，损失多少赔偿多少。

对财产损害全部赔偿包括直接损失和间接损失。直接损失是行为人的加害行为所直接造成的受害人的财产减少，如侵害财产权而造成的财物损坏、灭失，都属于直接损失，都应当全部赔偿。间接损失原则上也应当全部赔偿，因为在正常情况下受害人本应当得到这些利益，只是由于加害人的侵害才使这些可得利益没有得到。

2.5.4.3　具体赔偿方法

（1）对财物损害程度较轻的赔偿。损害程度较轻，指的是财物的主要部分没有损坏，基本功能没有受到大的影响，经过维修或者配换零件即可发挥正常效能的损害。对这种损害，应将被损害的物品加以修复，恢复原状，修理和换配零件的费用，由加害人支付。这样不仅保护了受害人的合法财产权利，对过错的一方追究民事责任，同时也能够防止受害人提出不合理要求，避免给加害人造成过重的经济负担。也可以采取由加害人出资，由受害人自行使受损害的财物恢复原状的方法进行赔偿。加害人的出资额是财物的损失价值加修理费用。

（2）对财产损害较重的赔偿。财物损害程度较重，指的是物品的损坏严重，物品的主要部件受到损坏，基本功能虽没有丧失却受到重大影响，维修后虽可正常使用但其质量和价值受到较大影响，使用寿命将缩短。对这种损害的赔偿可由加害人实事求是地按照实际损失的价值予以补偿，以弥补受害人的财产损失。

（3）对原物已经毁坏难以恢复原状的赔偿。可以采取两种方法：一是用种类和质量相同的实物赔偿：二是可以按损坏物资的实际价值折合现金赔偿。当同种类物品可以购买到而用实物赔偿的情况下，可以从两种方法中任选一种；当同种类物品不能买到因而不能用实物赔偿的情况下，只能用第二种方法处理。

《侵权责任法》第 19 条仅仅规定了财产损害赔偿的一个具体计算方法，即按照损失发生时的市场价格计算，这是最不利于保护受害人的方法。财产损失赔偿计算赔偿数额，最基本的考虑，应当是选择对受害人保护最为有利的方法计算，即应该用裁判时的市场价格计算。第 19 条最后还说了一个“其他方式计算”。按照这个规定，财产损失可以按照损失发生时的市场价格计算，也可以用其他方式计算。如果用损失发生时的市场价格计算不能保护受害人的合法权益，就选择后者，用其他方式计算。“其他方式”，包括以起诉时的市场价格、裁判时的市场价格或者侵权行为发生地的市场价格计算，以及计算财产权利和财产利益损失的计算方法。财产赔偿基本规则是，对财产造成损害的，应当赔偿受害人实际损失，包括对现有财产造成的损害以及侵权行为发生时已经预见或者可以预见到的可得利益损失。

2.5.4.4 财产损害数额的具体计算

（1）直接损失赔偿。侵害财产权的直接损失，就是指加害人侵权行为侵占或损坏受害人的财产，致使受害人现在拥有的财产价值量的实际减少。计算直接损失的赔偿范围，首先必须确定原物的价值。原物价值的确定，必须根据原物的原有价格、可以使用时间、已经使用时间等因素，综合判断。其公式是：

原物价值 = 原物价格 − 原物价格 / 可用时间 × 已用时间

（2）间接损失赔偿。财物损害的间接损失，是指加害人侵害受害人所有的财物，致使受害人在一定范围内的未来财产利益的损失，它属于“其他重大损失”的范围。

计算财产损害间接损失的赔偿范围，同样要计算间接损失的价值，以间接损失价值的数额，作为对间接损失的赔偿数额。计算间接损失价值的公式是：

间接损失价值 = 单位时间 / 增殖效益 × 影响效益 / 发挥的时间

（3）其他财产利益损失的推算。在其他财产利益的损害赔偿中，绝大部分是赔偿间接损失，且主要是预期利益损失。对于预期利益损失的计算，首先必须准确地确定预期利益的数额，在此基础上，减去已得利益额和必要支出的费用，其余额即是预期利益的赔偿数额。

2.5.4.5　对财产损失的精神损害赔偿

（1）财产损失精神损害赔偿的必要性。在侵害财产的场合不适用精神损害赔偿，曾是通例。不过，日本战后修订民法，更注重对人的权利的保护，准许财产权受到损害时，可以请求精神损害赔偿。尽管这项制度在实际的应用上还有很多的限制，对财产权受到损害场合认定抚慰金赔偿请求的判例并不多，[①] 但这说明，对财产权损害的场合完全排斥精神损害赔偿的适用是不适当的。

中国侵权法借鉴这个做法，2001 年最高人民法院《关于确定民事侵权精神损害赔偿责任若干问题的解释》确定了侵害财

① 参见于敏：《日本侵权行为法》，法律出版社 1998 年版，第 355 页。

产权精神损害赔偿的制度，认为对某些侵害财产权的侵权行为进行适当的精神损害赔偿，可以更好地保护受害人的人格利益。

（2）侵害财产权精神损害赔偿责任的构成要件。构成侵害财产权精神损害赔偿责任的条件，包括前提条件和特别条件。前提条件是某一违法行为构成侵害财产权的侵权责任。特别要件是，该侵权行为所侵害的财产是具有人格利益因素的特定纪念物品，具体要求是：第一，侵权行为所侵害的财产不是普通财产，须是具有人格象征意义的特定纪念物品。特定纪念物品，首先应当是特定的物品，物品特定的缘由，是对所有人而言不仅仅是特定物，而且还对所有人具有特别意义；其次，该特定物品还应当是纪念物品，对所有人具有相当的纪念意义。第二，在受到侵害的特定纪念物品中，须具有人格利益因素。在特定的具有人格象征意义的物品中具有人格利益因素，这种纪念物品一旦被侵害，就会造成受害人的人格利益损害。这种人格利益因素就是在一个特定的物品中渗进了人的精神利益和人格价值，使这个特定物具有了不同寻常的人的意志或品格，成为人的精神寄托、人格寄托或者人格化身。只有这样的财物受到损害后，才能够给该物品的所有人造成精神损害，须用精神损害赔偿的方式进行救济。第三，财产所具有的这种人格利益因素来源于与其相对应的人的特定关系，双方当事人在这一特定关系中赋予了特定物的人格利益因素。当人与人之间具有这种特定的关系，并且将这种关系寄托于某一种具体的纪念物品之上时，这种具体的纪念物品就具有了人格利益因素。

（3）赔偿数额的计算。应当遵循一般的侵害精神性人格权精神利益损害赔偿数额确定的方法进行，由法官斟酌案件的具体情况，确定具体的赔偿数额。对此，最高人民法院《关于确定民事侵权精神损害赔偿责任若干问题的解释》第 10 条作了原则的规定，可以按照这个规定，由法官决定具体的赔偿数额。确定精神损害赔偿数额应当斟酌的原则是：第一，能够对受害人的精神损害起到抚慰作用。第二，能够对加害人的违法行为起到制裁作用。第三，能够对社会起到一般的警示作用。符合这三项原则的赔偿数额就是一个适当的赔偿数额，而不在于具体赔偿数额的大小。

2.5.5　精神损害赔偿

2.5.5.1　概念和结构

精神损害赔偿是民事主体因其人身权益受到不法侵害，使其人格利益和身份利益受到损害或遭受精神痛苦，要求侵权人通过财产赔偿等方法进行救济和保护的民事法律制度。《侵权责任法》第 22 条规定了这种损害赔偿责任。

精神损害是指对民事主体精神活动的损害。侵权行为侵害自然人、法人的民事权利，造成自然人生理、心理上的精神活动和自然人、法人维护其精神利益的精神活动的破坏，最终导致的精神痛苦和精神利益丧失或减损。精神损害的最终表现形式，是精神痛苦和精神利益的丧失或减损。

与此相适应，精神损害赔偿分为两部分：一是精神利益损失的赔偿，二是精神痛苦的损害赔偿。精神利益的损害赔偿，主要是对精神性人格权和身份权损害的民事救济手段，保护的对象是名誉权、人身自由权、肖像权、姓名权、隐私权、性自主权以及一般人格权等人格权和身份权。精神痛苦的抚慰金赔偿，是对人格权、身份权损害造成精神痛苦的民事救济手段，保护的对象是自然人不受精神创伤的权利，因而只能对自然人适用，不能对法人适用。当自然人的人格权、身份权受到损害，除应当赔偿其财产上的损失以外，对其本人或亲属造成的精神痛苦也应予以一定数额的金钱抚慰。抚慰金赔偿制度既包括精神性人格权受侵害的救济，也包括物质性人格权受侵害的救济，同时也包括身份权受侵害的救济。

2.5.5.2 赔偿范围

精神损害赔偿的适用范围：一是侵害物质性人格权，可以请求精神损害抚慰金赔偿；二是侵害精神性人格权，可以请求精神损害赔偿；三是侵害一般人格权或者其他人格利益，可以请求精神损害赔偿；四是侵害身份权及身份利益，可以请求精神损害赔偿；五是侵害具有人格利益因素的特定纪念物品，可以请求精神损害赔偿。

精神利益损害在客观上表现为以下三种形式：

（1）精神利益损害所引起的直接财产损失。精神性人格权和身份权被侵害以后，造成人格利益和身份利益的损害，有可能导致直接的财产损失。这种直接的财产损失主要有两种：其一，身份权被侵害以后，使受扶养人的扶养请求权丧失。这种情况主要是侵害直接受害人的健康权和生命权，致使间接受害人的扶养请求权丧失，还包括扶养义务人拒不提供扶养费用，第三人断绝扶养义务人与扶养权利人之间的关系而无法提供扶养费用等。其二，精神性人格权和身份权被侵害，为恢复权利而支出的必要费用。例如，为恢复名誉、消除影响而支出的广告宣传费，为消除侵害后果而支出的其他费用等。

（2）精神利益中的财产利益因素的损失。在人格利益和身份利益中，除了扶养请求权是明显的财产权利以外，其他权利的基本利益都是精神利益。在这些精神利益中，可能具有一定的财产利益因素，有的表现很明显，如名称权、肖像权、信用权；有的表现较为明显，如姓名权、名誉权、隐私权、荣誉权、婚姻自主权等；有的则表现不甚明显，如人身自由权、性自主权、一般人格权等。当侵权行为发生以后，财产利益因素明显的权利受到侵害，其中的财产利益必遭损失，形成明显的财产损失，如肖像权、名称权或者信用权被侵害，均可造成其中财产利益的损失。财产利益较为明显的权利受到侵害，也可能引起财产利益的损失，应是精神利益中的财产利益损失。财产利益不甚明显的权利被侵害，也可能造成财产利益的损失，如人身自由权被侵害所损失的劳动收入和劳动报酬等。

（3）纯粹的精神利益的损害。纯粹的精神利益损害，是指人格利益和身份利益的非财产因素的损害。这种损害是无形损害，纯粹表现为精神利益的损害，无法用金钱衡量。

2.5.5.3　计算精神损害赔偿金的基本方法

确定精神损害赔偿金的原则有三个，其中一个是基本原则，另两个是辅助性原则。

（1）法官自由酌量原则。是确定精神损害赔偿金的基本原则，赋予法官在处理精神损害赔偿案件时，依自由裁量权确定精神损害赔偿金的具体数额。自由裁量权不是无限制的权力，并不意味着法官在确定精神损害赔偿金数额时可以随心所欲、主观臆断，须遵循一定的规则和办法。

（2）区别对待原则。在法官自由酌量原则的基础上，在具体确定精神损害赔偿金时，必须对精神损害中不同利益因素的损害予以区别对待，根据不同特点，依据不同的算定规则，各个计算出应赔偿的数额，最后酌定总的赔偿金数额。

（3）适当限制原则。在实行法官自由酌量原则的基础上，实行适当限制原则，目的是克服自由酌量原则的不利因素，防止误导人们盲目追求高额赔偿的倾向。

2.5.5.4　算定精神损害赔偿金的具体规则

（1）概算规则。对于纯精神利益损害赔偿和精神痛苦慰抚金赔偿的算定，适用概算规则。法官应将案件情况分为加害人过错程度的轻重、受害人被侵害的精神利益损害后果及所受精神痛苦程度、双方的经济负担能力、受害人的资力这四种因素，适当斟酌，确定具体的数额。

（2）比照规则。现行立法对于精神损害赔偿金算定已有明确规定的，应当比照该规定算定赔偿数额。目前立法中，只有

《国家赔偿法》对由国家的行政侵权和司法侵权行为造成的人身自由权侵害、生命权侵害和扶养请求权侵害有具体的赔偿规定，可以比照确定。

（3）参照规则。当确定精神利益中财产利益损失的数额时，可以参照其他标准确定赔偿金数额。例如《侵权责任法》第 20 条规定的“被侵权人的损失难以确定，侵权人因此获得利益的，按照其获得的利益赔偿”就是参照规则。

2.6 有关侵权损害赔偿责任的特别规则

2.6.1 侵权行为禁令

《侵权责任法》第 21 条规定，侵权行为危及他人人身、财产安全的，被侵权人可以请求侵权人承担停止侵害、排除妨碍、消除危险等侵权责任。这是对该法第 15 条规定侵权责任方式的具体应用，是将停止侵害、排除妨碍和消除危险等作为侵权行为禁令。如果受害人认为侵权行为危及自己的人身财产安全，可以请求侵权人停止侵害、排除妨碍、消除危险。

这实际上规定了侵权行为禁令。当事人请求适用侵权行为禁令，既可以在诉讼中提出，也可以在诉前提出。

2.6.2 防止侵害行为

《侵权责任法》第 23 条特别规定，因防止、制止他人民事权益被侵害而使自己受到损害的，由侵权人承担责任，侵权人逃逸或者无力承担责任，被侵权人请求补偿的，受益人应当给予适当补偿。规则是：第一，因防止、制止他人民事权益被侵害而使自己受到损害的，如果有侵权人，应当由侵权人承担责任，对见义勇为的人应当给予赔偿。第二，如果侵权人逃逸或者无力承担责任，找不着侵权人承担责任，由于见义勇为的人的权益受损害，保护了受益人的合法权益，受益人应当给予一定的补偿。

特殊情况是，他人受到损害而没有责任人，对此，受益人也应该予以适当补偿。《侵权责任法》没有作这样规定，可以参照这一规定确定适当补偿责任。

2.6.3 公平分担损失责任

2.6.3.1 公平分担损失责任的概念和意义

公平分担损失责任，也称为衡平责任，[①] 是指加害人和受害人都没有过错，在损害事实已经发生的情况下，以公平考虑作为标准，根据实际情况和可能，由双方当事人公平地分担损失的侵权责任形态。

《侵权责任法》确认公平分担损失责任，符合社会利益，既能有效地保护当事人的合法利益，又能及时地解决侵权损害赔偿纠纷，防止事态扩大和矛盾激化，促进安定团结。

---

① 例如在《葡萄牙民法典》和中国《澳门民法典》，公平分担损失责任就叫做衡平责任。

公平分担损失责任是在特定场合，基于人与人之间的共同生活规则的需要，在适用过错责任原则与无过错责任原则之外，由法官根据公平的要求，斟酌双方的财产状况和其他情况，确定合情合理的责任分担。

2.6.3.2 公平分担损失责任的适用

（1）适用范围。公平分担损失责任的适用范围，限制在当事人双方均无过错，并且不属于过错责任原则、过错推定原则和无过错责任原则调整的那一部分侵权损害赔偿法律关系。超出这个范围的，不能适用《侵权责任法》第 24 条的规定。例如，高度危险作业人证明了损害是由受害人故意造成的，那么，被告由于他的举证责任完成而免除侵权责任；然而，在被告不能证明原告具有故意的情况下，不能因为被告也没有过失转而适用公平分担损失责任，由双方当事人分担损失。

如何确定公平分担损失责任的具体适用范围，意见分歧，有的认为可以普遍适用，凡是双方当事人对于损害的发生均无过错的，都可以适用。有的认为其适用范围主要是法律明文规定的范围，例如《侵权责任法》第 32 条规定的未成年人和精神病人致人损害以及第 33 条规定的暂时丧失心智以及第 87 条建筑物抛掷物、坠落物损害责任等。多数人认为第二种意见是正确的，即使须扩大适用范围，也应与这些规定的情形基本相似。

（2）公平考虑的因素。适用公平分担损失责任所考虑的因素，是“根据实际情况”，包含以下两个主要内容：第一，受害人的损害程度。损害程度直接决定着当事人分担损失的必要性。

损害事实是指财产上的损失。如果损害达到相当的程度，不分担损失则受害人将受到严重的损害，且有悖于民法的公平、正义观念，因而必须对受害人的损失采取分担的方法予以补救。第二，当事人的经济状况，是确定公平分担损失责任考虑的基本的因素。当事人的经济状况，主要是指当事人双方的经济状况，加害人的经济负担能力强的可以多赔，能力弱的可以少赔；受害人经济承受能力强的可以少赔，经济承受能力弱的可以令加害人多赔。其他还需要考虑的因素还有社会的舆论和同情等。

（3）双方分担责任。适用公平分担损失责任的结果是根据损害程度和双方当事人的经济状况以及其他相关因素判断：在损害程度达到了应当分担损失的情况下，双方当事人的经济状况相似或相近的，可以平均分担；一方情况好而另一方情况差的，可以一方负担大部分另一方负担小部分；如果双方的实际情况相差非常悬殊的，也可以由一方承担责任。

2.6.4　一次性赔偿和定期金赔偿

2.6.4.1　基本含义

《侵权责任法》第 25 条规定，损害发生以后，当事人可以协商赔偿费用的支付方式，协商不一致的，赔偿费用应当一次性支付；一次性支付确有困难的，可以分期支付，但应当提供相应的担保。这个规定的准确含义是：在判决确定之前发生的赔偿费用，原则上一次性支付，必要时可以分期支付；在判决确定后发生的赔偿费用，可以一次性赔偿，也可以定期金赔偿。

2.6.4.2　判决确定之前发生的损害赔偿

对判决确定之前发生的损害赔偿，是侵权损害赔偿的常态。这种损害赔偿不存在定期金赔偿问题，因为是判决确定之前发生的损害，赔偿在判决时就全部确定了。适用的规则是，判决确定之前发生的损害赔偿，以一次性支付为原则，一次性支付确有困难的，可以分期支付（不是定期金赔偿），但被告应当提供相应的担保。

2.6.4.3　判决确定后发生的未来损害赔偿

判决确定后发生的损害赔偿，称为未来的损害赔偿，或者叫做未来的多次性赔偿，可以适用定期金赔偿。

定期金赔偿，是对将来的多次性给付确定为定期赔偿的损害赔偿责任制度。适用定期金赔偿的包括未来的损害赔偿：一是残疾赔偿金，二是残疾人的生活辅助具费，三是被扶养人生活费赔偿。这些都可以定期金赔偿，也可以一次性赔偿。

这几种赔偿都是从判决确定之日起向后延伸的赔偿责任，是从判决确定以后，向后发生效力，而且要延续很长时间。对这样的赔偿，是让侵权人一次性赔偿完毕，还是按年赔偿，法律规定两种方法都可以，即一次性赔偿和定期金赔偿。国外对于未来发生的赔偿，通常以定期金赔偿为原则，一次性赔偿为特例。在中国，是以一次性赔偿为常态，定期金赔偿为特例，但对定期金赔偿须提供担保。

第3章

免责事由与诉讼时效

典型案例

王某在招工登记表中签字盖章，该招工登记表中包括“工伤事故雇主概不负责任”的约定。王某在执行雇用活动拆除房梁时，被折断的房梁砸伤脚踝部，造成伤残。王某请求雇主承担赔偿责任，雇主则出示招工登记表，拒绝赔偿。王某起诉到法院，法院认为招工登记表中关于免责的约定无效，支持了王某的诉讼请求。

3.1　免责事由

3.1.1　免责事由概述

3.1.1.1　概念

免责事由是指被告针对原告的诉讼请求而提出的证明原告的诉讼请求不成立或不完全成立的事实。在侵权责任法中，免责事由是针对承担民事责任的请求提出来的，又称为免责或减轻责任的事由或者抗辩事由。①

① 王利明、杨立新:《侵权行为法》，法律出版社 1996 年版，第 76 页。

3.1.1.2 构成要件

（1）对抗性要件。是指能够对抗侵权责任构成的具体要件，破坏整个侵权责任构成的内在结构，使原告诉请的侵权责任归于不能成立的事实要件。免责事由虽然是对抗对方当事人的诉讼请求的事由，但它具体对抗的是侵权责任构成，破坏对方当事人请求权的成立，导致对方的诉讼请求在法律上不成立。被告提出的主张仅仅能证明自己的行为具有可以被谅解性，但不足以对抗对方当事人请求的，不能成为免责事由。[①]

（2）客观性要件。免责事由须具有客观性，要求免责事由必须是客观存在的、已经发生的事实，不能是主观臆断或尚未发生的情况。仅仅表明某种损害未发生，或单纯否认对方请求权存在，不能成为免责事由。

3.1.2 免责事由的分类

3.1.2.1 一般免责事由与特别免责事由

中国侵权责任法的免责事由主要是职务授权行为、正当防卫、紧急避险、受害人同意、自助行为、受害人过错、第三人过错、不可抗力和意外等。免责事由可以分为一般免责事由和特别免责事由这两大类。

一般免责事由是指损害确系被告的行为所致，但其行为是正当的、合法的。这种事由与阻却违法行为相同，例如正当防卫、紧急避险、职务授权行为、自助行为等。

---

① 参见佟柔主编:《中国民法》，法律出版社 1995 年版，第 571 页。

特别免责事由是指损害并不是被告的行为造成的，而是由一个外在于其行为的原因独立造成的，如意外、不可抗力、受害人过错和第三人过错等。

两种免责事由的主要区别是，基于一般免责事由而致人损害，被告已经实施某种行为，但其行为是正当的、合法的，排除了行为人行为的违法性，因而表明行为人是没有过错的，据此行为人应予免责。在特别免责事由存在的情况下，被告根本没有实施某种致人损害的行为，或者外来原因作用于行为人，使行为人不可避免地造成了损害，由此行为人不应承担民事责任。一般免责事由和特别免责事由能否运用于具体案件，应当根据具体案件和法律具体规定来确定。

3.1.2.2　法定免责事由和非法定免责事由

《侵权责任法》第三章仅仅规定了部分免责事由，没有规定全部的免责事由，因而可以将免责事由分为法定免责事由和非法定免责事由两种。

3.2　法定免责事由

3.2.1　过失相抵[①]

3.2.1.1　与有过失

过失相抵的基础是与有过失。与有过失是一种侵权行为形

---

① 过失相抵的性质并不是免责事由，而是损害赔偿规则，但《侵权责任法》第 26 条将其纳入免责事由体系，认为是减责事由。这是不正确的做法，混淆了免责事由与损害赔偿规则的界限，也混淆了过失相抵的法官职权主义和举证责任的特征。中国司法认识到这样的立法错误，并不会因此而改变过失相抵的适用规则。

态，是指侵权行为所造成的损害结果的发生或扩大，受害人也有过错，受害人的行为和行为人的行为对损害的发生均具有原因力的侵权行为形态。换言之，如果对于损害结果的发生或扩大，受害人也有过错且其行为也具有原因力，就是侵权法的与有过失。

与有过失的法律特征是：

（1）受害人对于损害的发生和扩大也有过错。与有过失是不仅加害人一方构成侵权责任，受害人一方也有过错，因而与共同侵权行为的共同加害人均有过错不同。

（2）损害发生的原因事实相混合。与有过失双方当事人的行为是损害结果发生的共同原因，都对损害事实的发生具有原因力，两种行为混合在一起，造成了损害结果的发生或者扩大。

（3）受害人一方受有损害。与有过失是双方当事人的过错行为或者不当行为导致一方当事人遭受损害，而不是双方受有损害以及双方当事人相互造成损害。

中国侵权法理论认为，与有过失是过错责任原则的发展和延伸，体现了过错责任提出的应依据过错确定责任的要求。根据受害人的过错而相应减轻加害人的赔偿责任，意味着无论是加害人还是受害人，最终都应对自己的过错负责，对他人的过错不负责任，既体现了公平正义要求，也体现了责任自负精神。确认与有过失，对于督促和教育当事人合理行为，促使受害人采取合理措施注意自身的财产和人身安全，从而预防和减少损害的发生，具有重要作用。

3.2.1.2　过失相抵概述

与有过失的法律后果是过失相抵。过失相抵是在损害赔偿之债中，由于与有过失的成立，而减轻加害人的赔偿责任的规则。故过失相抵实为就义务者之过失与权利者之过失，两相较量，以定责任之有无及其范围，并非两者互相抵销。①

过失相抵具有以下法律特征：

（1）过失相抵是与有过失的法律后果。过失相抵为损害赔偿之债的原则，与损益相抵并列。在侵权法中，只要对损害的发生或者扩大受害人也有过错，即发生过失相抵的法律后果。

（2）过失相抵的内容是减轻加害人的赔偿责任。其依据是受害人过错程度的轻重以及行为原因力的大小，其实质是受害人因自己的过错所造成的那一部分损害由自己负责，而不应由加害人负责。

（3）过失相抵是一种侵权责任形态。减轻加害人的侵权责任，实际上是将受害人由于自己的过错所造成的那一部分损失让他自己承担，等于将损失赔偿责任由双方当事人分担，因而既是与有过失的法律后果，也是一种侵权责任形态。

（4）过失相抵实行依职权主义。在实务中，只要成立与有过失，并符合过失相抵的构成要件，法官可以不待当事人的主张，依职权减轻加害人的赔偿责任。

---

① 史尚宽：《债法总论》，中国台湾地区荣泰印书馆 1978 年版，第 292 页。

3.2.1.3 过失相抵的构成

过失相抵的构成应从两个方面考察。对于加害人的责任，应按照侵权损害赔偿责任构成要件的要求来确定。对于受害人应负的责任，其构成须具备以下三个要件：

（1）受害人的行为系损害发生或扩大的共同原因。《侵权责任法》第26条仅规定受害人对损害的发生也有过错的适用过失相抵，没有对损害扩大也有过错也适用过失相抵作出规定。中国司法实践及理论均认为，损害的发生与扩大都是过失相抵的事由。共同原因是指受害人的行为与加害人的行为共同作用，促成了一个损害结果的发生或扩大，或者是受害人的行为作用于已经发生的损害结果上，使其继续扩大。受害人的行为是损害发生或扩大的共同原因，也包括受害人的行为是损害结果原因事实发生的原因。损害发生的原因不单包括损害本身发生的原因，也包括损害原因事实的成立或发生的助成在内。

（2）受害人的行为须为不当。构成过失相抵，受害人的行为无须违法，只为不当即可。不当行为，是为自己的利益或在伦理的观念上为不当，既可以是积极行为，也可以是消极行为。消极的不作为构成过失相抵：一是重大损害未促其注意，二是怠于避免损害，三是怠于减少损失。

（3）受害人须有过错。如果受害人的行为虽然是损害发生或扩大的共同原因，但其主观上无过错，仍然不构成过失相抵。受害人的过错，并不是固有意义的过失，而是受害人对于自己的过失，《侵权责任法》第26条规定的与有过失中的受害人过错，仍为一般的故意和过失的主观心理状态，包括对自己的过失。判断受害人过错的标准，是受害人对于自己受害的危险，应当预见或可能预见，即就其行为可生权利侵害或发生损害扩大，必须有预见；或者以为自己的事务为同一的注意，应当预见。受害人的代理人对于损害的发生或扩大有过失时，可视为受害人的过失。受害人如果是无行为能力人，虽无法确定其有无过失，但仍可确定其监护人对此有无过失，监护人的过失亦构成过失相抵。

在加害人应负无过错责任的场合，如果受害人有过错亦构成过失相抵，但须依照《侵权责任法》的特别规定。如果没有特别规定一种无过错责任是否可以适用过失相抵的，司法实践掌握的标准是，受害人具有重大过失的可以过失相抵。

3.2.1.4　过失相抵的责任分担

过失相抵的责任分担，是在过失相抵具备其要件时，法官可以不待当事人的主张，而依职权减轻加害人的赔偿责任。只有在侵权人有故意或者重大过失，而受害人只有轻微过失时，才可以不减轻侵权人的赔偿责任。

3.2.1.5　过失相抵的实行

过失相抵的实行包括两个步骤，一是比较过错，二是比较原因力。

（1）比较过错。亦称比较过失，是指在与有过失中，通过确定并比较加害人和受害人的过错程度，以决定责任承担和责任范围。比较过错的方法是，将双方当事人的过错程度具体确定为一定的比例，从而确定出责任范围。

（2）原因力比较。在确定与有过失责任范围的时候，原因力对过失相抵责任范围具有重要影响。与有过失中的损害结果是由加害人和受害人双方的行为造成的，这两种行为对于同一个损害结果来说是共同原因，每一个作为共同原因的行为都对损害事实的发生或扩大具有自己的原因力。原因力对于与有过失责任范围的影响具有相对性，主要表现在以下方面：第一，在当事人双方的过错程度无法确定时，应以各自行为的原因力大小确定各自责任的比例。适用无过错责任原则归责，可依受害人行为的原因力大小，确定减轻加害人的赔偿责任；双方当事人过错程度难以确定比例时，也可依双方行为原因力大小的比例确定责任范围。第二，在当事人双方的过错程度相等时，各自行为的原因力大小对赔偿责任起“微调”作用，应当适当调整责任范围。第三，在加害人依其过错应承担主要责任或次要责任时，双方当事人行为的原因力对过失相抵责任的确定起“微调”作用：原因力相等的，依过错比例确定赔偿责任；原因力不等的，依原因力的大小相应调整主要责任或次要责任的责任比例，确定赔偿责任。

3.2.1.6　确定过失相抵的基本方法和具体问题

确定过失相抵的基本方法，有过错决定说、原因力决定说和综合说三种主张。通说主张综合说，比较过错和原因力，以过错比较为主要的决定因素，以原因力的大小作为相对的调整因素，综合确定与有过失责任。

适用这种基本方法确定过失相抵，有以下具体问题需要说明：

（1）双方当事人的人数不等时如何确认过错比例和原因力大小。双方当事人人数不等，对过错比例的确定不发生影响，仍与确定过错比例的比较过错方法相同，如双方同为故意或重大过失，仍为同等责任，余类推。

（2）第三人过错对过失相抵的影响。第三人的过错所致损害，原则上由第三人负担赔偿责任。如果加害人、受害人以及第三人的过错行为构成共同原因的，应依照共同原因的各自原因力实行过失相抵。

（3）无民事行为能力或者限制民事行为能力的受害人的过错确定。在加害人的行为与无民事行为能力或者限制民事行为能力的受害人的行为构成共同原因时，是否构成与有过失实行过失相抵，最高人民法院采肯定说主张，学者亦持赞同意见。《侵权责任法》第 32 条的基本含义是，应认定受害人的监护人的过错比例，减轻加害人的赔偿责任。我主张，为了保护未成年受害人的合法权益，如果监护人对于受害人的监护只具有一般过失的，不应当减轻加害人的责任，使未成年受害人能够得到更为全面的救济。

3.2.2　受害人过错

3.2.2.1　概念

受害人过错，是指损害的发生或扩大不是由于加害人的过错，而是由于受害人的过错而发生的。《侵权责任法》第 27 条只规定受害人故意作为免责事由，与传统侵权法规则以及民法理论不同，即在适用过错责任原则与过错推定原则的情况下，受害人具有故意或者过失，且其故意或者过失是造成自己损害全部原因的，构成免责事由；在无过错责任原则情况下，受害人故意引起损害为免责事由。

3.2.2.2 类型

（1）受害人故意。是指受害人明知自己的行为会发生损害自己的后果，而希望或放任此种结果发生。受害人对损害的发生具有故意，表明受害人的行为是损害发生的唯一原因，而使加害人免责。无论适用过错责任原则还是无过错责任原则，只要受害人故意造成损害，加害人即可免责。

（2）受害人重大过失。是指受害人对于自己的人身和财产安全毫不顾及，极不注意，以至于造成了自身的损害。如果损害完全是由受害人的重大过失所致，加害人对损害的发生没有任何过错，加害人不承担责任。

（3）受害人过失。是指加害人致受害人损害，受害人对损害的发生具有过失。受害人的过失是损害发生的全部原因，也构成免责事由。

3.2.3 第三人过错

3.2.3.1 概念和特点

《侵权责任法》第 28 条规定了第三人过错的一般规则，即损害是因第三人造成的，第三人应当承担侵权责任。

第三人过错是指除受害人和加害人之外的第三人，对受害人损害的发生或扩大具有过错的情形。第三人过错的主要特征是主体上的特殊性，其过错形式则与其他类型的过错没有区别，包括故意和过失。

第三人过错的特点是：

（1）过错主体是第三人。第三人对于损害的发生有过错，造成损害的过错不属于加害人或受害人任何一方。

（2）第三人与当事人没有过错联系。如果第三人和被告之间基于共同的意思联络（如第三人为被告的帮助人）而致原告损害，将作为共同侵权行为人而对受害人负连带责任。

（3）是免除加害人责任的依据。构成第三人过错，即应免除加害人的赔偿责任。

3.2.3.2　一般规则

第三人过错的法律后果是第三人承担赔偿责任，免除加害人的赔偿责任。其条件是：第三人过错为损害发生的唯一原因，被告对此没有过错的，被告应当免责，而由第三人承担责任。如果第三人的过错与侵权人的过错构成损害发生的共同原因，则第三人的过错减轻侵权人的赔偿责任，不适用第三人过错免责的规则。

3.2.3.3　特殊规则

《侵权责任法》在第 37 条、第 46 条、第 68 条和第 83 条以及第 44 条、第 85 条和第 86 条第 1 款分别规定了第三人过错的特殊规则。对于这些第三人过错的特殊规则应当优先适用，不适用《侵权责任法》第28条规定。

3.2.4 不可抗力

3.2.4.1 概念

不可抗力是指人力所不可抗拒的力量，包括自然原因（如地震、台风、洪水、海啸等）和社会原因（如战争等）。不可抗力是独立于人的行为之外，并且不受当事人的意志所支配的现象，是通行的免责事由。

不可抗力作为免责事由的根据是，让人们承担与其行为无关而又无法控制的事故的后果，不仅对责任的承担者来说是不公平的，也不能起到教育和约束人们行为的积极作用。依据这样的价值观念，将不可抗力作为免责事由必须是构成损害结果发生的全部原因。只有在损害完全是由不可抗力引起的情况下，才表明被告的行为与损害结果之间毫无因果关系，同时表明被告没有过错，因此应被免除责任。

3.2.4.2 确定

确定不可抗力有三种不同学说：一是客观说，主张应以事件的性质和外部特征为标准，凡属于一般人无法防御的重大的外来力量，均为不可抗力。二是主观说，主张以当事人的预见力和预防能力为标准，凡属于当事人虽尽最大努力仍不能防止其发生者，为不可抗力。三是折中说，认为应采主客观相结合的标准，凡属基于外来因素而发生的，当事人以最大谨慎和最大努力仍不能防止的事件为不可抗力。[①]《侵权责任法》采纳第三种学说，确定不可抗力须符合以下要求：

（1）不可预见。是指根据现有的技术水平，一般人对某种事件的发生无法预料。不可预见的标准不能依某个人的标准，须以一般人的预见能力而不是当事人的预见能力为标准，来判断对某种现象是否可以预见。不过，不可预见作为不可抗力的要件并非绝对，例如尽管有可能已经预见地震但无法避免，仍成立不可抗力。

（2）不可避免并不能克服。是指当事人已经尽到最大努力和采取一切可以采取的措施，仍然不能避免某种事件的发生并克服事件造成的损害后果。不可避免和不能克服，表明事件的发生和事件造成损害具有必然性。某种事件是否不能避免并不能克服，要根据具体情况决定。

（3）属于客观情况。是指事件外在于人的行为的自然性。不可抗力作为独立于人的行为之外的事件，不包括单个人的行为。

3.2.4.3 适用

因不可抗力造成损害的，当事人一般不承担民事责任。不可抗力导致免责须不可抗力为损害发生的唯一原因，当事人对损害的发生和扩大不产生任何作用。

《侵权责任法》规定不可抗力作为免责事由的除外条款，不可抗力不作为免责事由。例如，《邮政法》第 48 条规定，保价

① 王利明、杨立新：《侵权法》，法律出版社 1996 年版，第 93 页。

的给据邮件的损失即使是因不可抗力造成的，邮政企业也不得免除赔偿责任。在法律有特别规定的时候，不可抗力作为免责事由，还要附加其他条件。例如，环境保护法规定了不可抗力附加“经及时采取合理措施仍然不能避免损害”条件，如《海洋环境保护法》第92条、《水污染防治法》第42条和《大气污染防治法》第63条的规定。

3.2.5 正当防卫

3.2.5.1 概念和构成

正当防卫是一般免责事由，是指当公共利益、他人或本人的人身或者其他利益遭受不法侵害时，行为人所采取的防卫措施。正当防卫是保护性措施，是一种合法行为。对于因此造成的损害，防卫人不负赔偿责任。

构成正当防卫须具备以下要件：

（1）必须有侵害事实。侵害的事实在先，防卫行为在后；侵害是防卫的前提，防卫是侵害导致的结果。没有侵害事实，不得进行防卫。对侵害事实的要求是须为现实的侵害，特点是已经着手，正在进行，尚未结束。对想象中的侵害、未发生的侵害、实施终了的侵害，都不能实施防卫行为。

（2）侵害须为不法。正当防卫的对象必须是不法侵害，对执行职务的“有权损害”不能进行防卫，如逃犯就不得以正当防卫为借口而拒捕。

（3）须以合法防卫为目的。防卫人在防卫时，不仅应当意识到不法侵害为现实存在，而且须意识到其防卫行为的目的，即把防卫公共的、他人的或本人的权益免受侵害作为防卫的目的。以防卫为借口而施以报复的行为或防卫挑拨的行为是违法行为，构成侵权行为。

（4）防卫须对加害人本人实行。对加害人的防卫反击，根据制止不法侵害的需要，可以是对人身的，也可以是对财产的。但任何防卫行为都不能对第三人实施。

（5）防卫不能超过必要限度。造成的损害没超过必要限度，防卫人不负赔偿责任。必要限度是为了制止不法侵害所必须具有的，足以有效制止侵害行为的强度，只要是为了制止侵害所必需的，就不能认为是超越了正当防卫的必要限度。

3.2.5.2　适用规则

适用正当防卫的基本规则是：第一，构成正当防卫的，防卫人不承担侵权责任。第二，正当防卫超过必要限度，是防卫过当。

对于防卫过当的把握，关键在于对正当防卫必要限度的判断，民法上的正当防卫行为只能与不法侵害相适应，而一般不应超过不法侵害的强度。

判断防卫是否过当，主要是确认防卫是否超过必要限度。判断必要限度通常应当考虑两个方面：第一，不法侵害的手段和强度，凡是侵害行为本身强度不大，只需要用较缓和的手段就足以制止或排除其侵害而采用较强烈的手段的，即为超出必要限度。例如，为阻止不法侵害人偷窃而致其轻伤，是正当防卫；重伤或杀死小偷就超过了必要限度。第二，所防卫权益的性质，所防卫的权益应当与防卫反击行为的强度相适应，使用严重损害侵害者的反击方法来保卫较小的财产利益，或者用较重的反击行为来保护较小的财产利益，都不相适应，是超过必要限度。

正当防卫超过必要限度造成不应有的损害的，应当承担适当的民事责任，包括三种情况：第一，防卫过当不能免除民事责任。承担适当的民事责任的含义是承担责任，而不是免责，这是因为民事责任是一种财产责任，赔偿具有补偿和制裁的双重性质。第二，对于防卫过当造成的损害应当减轻责任。承担适当的责任中的“适当”，要求赔偿既要与防卫过当的损害后果适当，又要与案情适当，而且后者更为重要，因此适当减轻防卫人的责任。第三，故意加害行为的赔偿责任，防卫人在防卫过程中故意对不法侵害者采取加害行为的，对其超出必要限度的损害应当全部赔偿。这是因为，防卫人已经明知会超出必要限度而故意为之，是故意的违法行为，应当负担全部责任。

防卫过当的赔偿范围，应当是超出防卫限度的那部分损害，即“不应有”损害。

3.2.6 紧急避险

3.2.6.1 概念

为了社会公共利益、自身或者他人的合法利益免受更大的损害，在不得已的情况下而采取的造成他人少量损失的紧急措施，称为紧急避险。紧急避险是一种合法行为，是在两种合法利益不可能同时都得到保护的情况下，不得已而采用的牺牲其中较轻利益、保全较重大利益的行为。

3.2.6.2　构成要件

（1）危险正在发生并威胁公共利益、本人或者他人的利益。对于尚未发生的危险、想象的危险，都不得实施避险行为；虽有危险发生但危险已经消除，或者危险已经发生但不会造成合法利益的损害，也不得采取紧急避险。

（2）采取避险措施须为不得已。所谓不得已，是指不采取紧急避险措施就不能保全更大的法益，是指避险确有必要，而不是指避险人只能采取某一种而不能采取另一种措施避险。强调不得已，不是说避险人选择的手段只能是唯一的，而是指可以采取多样的措施进行避险。只要避险人的避险行为造成的损害小于可能发生的损害，避险措施就是适当的。

（3）避险行为不得超过必要限度。紧急避险的必要限度，是指在面临紧急危险时，避险人应采取适当的措施，以尽可能小的损害保全较大的法益。民法要求，紧急避险行为所引起的损害应轻于所避免的损害，两者的利益衡量中，前者明显轻于后者。如果避险行为不仅没有减少损害，反而使造成的损害大于或等于可能发生的损害，避险行为就失去了意义，就超过了必要的限度。

3.2.6.3　紧急避险与正当防卫的异同

紧急避险与正当防卫的共同点是：（1）两者都是阻却违法

行为；（2）两者成立的前提都是合法权利受到严重危险；（3）两者活动的目的都是为了保护公共利益、公民和本人的合法利益；（4）两者都造成了一定的损害。区别是：（1）紧急避险的危险来源多种多样，正当防卫的危险来源只是不法侵害人的非法侵害；（2）紧急避险造成的损害是排除危险的唯一方法，而正当防卫则不在此限；（3）紧急避险所造成的损害必须小于危险造成的损害，正当防卫则要求相适应即可；（4）正当防卫只能对不法侵害的本人实施，而紧急避险可以对第三者实施。

3.2.6.4 适用规则

（1）引起险情发生的人的责任。在一般情况下，如果有引起险情发生的人，应由引起险情发生的人承担民事责任。其中，险情发生系由紧急避险人引起的，由紧急避险人对自己的过错负责；险情发生系避险行为的受害人引起的，避险受害人对自己的过错负责；险情发生系由第三人引起的，第三人对自己的过错负责。他们对自己过错负责的范围，应以紧急避险必要限度或避险措施得当所造成的损失为标准，超过部分不应由他们负担。

（2）自然原因引起险情的责任。如果危险是由自然原因引起，没有引起险情发生的人，民事责任的承担规则，一是在一般情况下，紧急避险人不承担民事责任，对造成的损失不予赔偿；二是在特殊情况下，避险人也可以承担适当的民事责任，按照《侵权责任法》第24条关于公平分担损失责任的规定，在当事人双方都没有过错的情况下，根据实际情况分担民事责任。

实际情况主要指当事人双方的经济情况，“适当”主要依双方的经济状况适当确定。

（3）超过必要限度的赔偿。紧急避险采取措施不当或者超过必要限度，造成不应有损害的，避险人应当承担适当的民事责任。适当责任，首先是不应免除责任；其次是可以减轻责任，也可以对过当部分全部负责。在造成危险的行为人与受害人是同一人时，应当减轻避险过当人的责任；受避险损害人无过错而遭受损害的，则应由避险行为人负担全部责任，对避险必要限度以内的损害，由危险行为人负担责任。

（4）受益人适当补偿。如果既没有第三者的过错，也没有实施紧急避险行为人本身的过错，而遭受损害的人与受益人又不是同一个人的，则受益人应当适当补偿受害人的损失。这是因为受益人的利益得到保全或者减少了损失，是以牺牲受害人的利益为前提的。

3.3　非法定免责事由

3.3.1　职务授权行为

3.3.1.1　概念和性质

职务授权行为也称为依法执行职务，是指依照法律授权或者法律规定，在必要时因行使职权而损害他人的财产和人身的行为。为了保护社会公共利益和公民的合法权益，法律允许工作人员在必要时执行自己的职务，“损害”他人的财产和人身。

由于职务授权行为是一种合法行为，因而对造成的损害不负赔偿责任。执行职务不正当造成损害，应当负赔偿责任。

3.3.1.2 构成

（1）行为须有合法授权。职务授权行为之所以能成为免责事由，是因为这种行为有合法的授权，授权的目的是为了保护社会公共利益和自然人的合法权益。没有合法授权的行为不是职务授权行为。

（2）执行职务的行为须合法。只有合法授权尚不足以构成免责事由，行为人还必须在法律规定的范围内履行职责，才对损害后果不负责任。超越法定授权的行为，或行为所依据的法律和法规已经失效或被撤销，或行为本身不符合法律要求，不构成职务授权行为。行为合法包括执行职务的程序和方式合法，程序不合法或方式不合法而致他人损害，构成侵权行为。

（3）执行职务的行为须为必要。法律要求职务授权行为的执行职务活动是必要的，只有在不造成损害就不能执行职务时，执行职务的行为才是合理的。如果造成的损害可以避免或者减少，不构成或者不完全构成免责事由。

3.3.2 受害人承诺

3.3.2.1 概念

受害人承诺是指受害人容许他人侵害其权利，自己自愿承担损害结果，且不违背法律和公共道德的一方意思表示。

权利人有权处分自己的权利。权利人自行侵害自己的权利，只要不违反法律和善良风俗，是行使权利的行为。权利人允许他人侵害自己的权利，在一般情况下，法律并未予以禁止。

3.3.2.2　构成要件

（1）受害人须有处分该权利的能力与权限。允许他人侵害权利，必须权利人对于该项权利有处分的能力与权限，否则不构成免责事由。

（2）须遵守一般的意思表示规则。受害人承诺的意思表示须具备一般意思表示的生效要件。在一般情况下，承诺侵害自己的财产权利，应当为有效；承诺侵害自己的人身权利，则应区分具体情况，如承诺他人将自己身体致轻微伤害，属正当的意思表示；如果嘱托他人帮助自杀，或者承诺他人将自己杀死或重伤，受事先免责条款效力规则的限制，不是正当的免责事由。

（3）受害人须明确承诺。承诺侵害自己的权利应当采用明示方式，或者发表单方面的声明，或者制定免责条款。权利人没有明示准许侵害自己权利的承诺，不得推定其承诺。如果受害人明知或预见到其权利可能受到损害，但其并未向加害人承诺，不构成免责事由。

（4）受害人事前放弃损害赔偿请求权。承诺侵害自己的权利和放弃损害赔偿请求权是两个问题。放弃损害赔偿请求权不必采取明示方法，只要有准许侵害自己的权利的承诺，没有明示其放弃该请求权的，可以推定其放弃，明示不放弃损害赔偿请求权的除外。

3.3.2.3 效力

受害人承诺作为免责事由，应当特别注意受害人承诺与事先免责条款的关系。事先免责条款是指双方当事人预先达成一项协议，免除将来可能发生损害的赔偿责任，分为违反合同的免责条款和侵权行为的免责条款。

侵权行为的事先免责条款的形式为以下四种：一是全部免责条款，未来的受害人放弃将来对本应承担责任的人提出的全部赔偿请求。二是部分免责条款，受害人事先同意接受以特定方式计算的，不超过一定数额的有限赔偿。三是以时间限制的免责条款，约定受害人必须在有限的时间内提出自己的请求，逾期不再享有请求赔偿的权利。四是通过罚款的免责条款，当事人同意在以后发生损害时将支付一笔固定数额的款项给予受害人，即可免除责任。

我国《合同法》规定了事先免责条款无效规则。该法第53条规定："合同中的下列免责条款无效：（一）造成对方人身伤害的；（二）因故意或者重大过失造成对方财产损失的。"凡是在合同中约定人身伤害事先免责条款的，为无效。合同约定免除因故意或者重大过失造成对方财产损失的责任的，也无效。

3.3.3 自助行为

3.3.3.1 概念和性质

自助行为是指权利人为保护自己的权利，在情事紧迫而又不能及时请求国家机关予以救助的情况下，对他人的财产或人身自由施加扣押、拘束或其他相应措施，而为法律或社会公德所认可的行为。

自助行为的性质属于私力救济。其与正当防卫和紧急避险的区别在于，自助行为保护的是自己的权利，而正当防卫和紧急避险包括保护他人的权利；自助行为在实施前，通常在当事人之间已经存在一种债的关系，而正当防卫和紧急避险在尚未实施之前没有这种关系。

3.3.3.2　构成和必要措施

构成自助行为须具备的要件是：（1）须为保护自己的合法权利；（2）须情况紧迫而来不及请求有关国家机关的援助；（3）自助方法须为保障请求权所必须；（4）须为法律或公共道德所许可；（5）不得超过必要限度。

行为人在实施自助行为之后，须立即向有关机关申请援助，请求处理。行为人无故申请迟延，应立即释放被拘束自由的人或把扣押的财产归还给债务人，造成损害的还应负赔偿责任。行为人的自助行为如果不被有关国家机关事后认可，则须立即停止侵害并对受害人负赔偿责任。

3.3.4　意外

3.3.4.1　概念和意义

意外是指非因当事人的故意或过失，由于当事人意志以外的原因而偶然发生的事故。

《侵权责任法》没有规定意外为免责事由，但在司法实践中把意外作为免责事由对待，原因在于意外造成损害时，行为人主观上没有过错，依照过错责任原则的要求，意外不是因当事人的故意和过失而发生，而是偶然发生的事故，是外在于当事人的意志和行为的事件，表明当事人没有过错，因而应使当事人免责。

3.3.4.2 构成

（1）意外须为不可预见。确定意外的不可预见性适用主观标准，即应以当事人为标准，即当事人是否在当时的环境下，通过合理的注意能够预见。

（2）意外是归因于行为人自身以外的原因。行为人已经尽到了他在当时应当尽到和能够尽到的注意，或者行为人采取合理措施仍不能避免事故的发生，从而表明损害是由意外事故而不是当事人的行为所致。

（3）意外是偶然事件。意外是偶然发生的事件，不包括第三人的行为，因而意外的发生机率很低，当事人尽到通常的注意是不可预防的。

3.3.5 自甘风险

3.3.5.1 一般规则

在中国司法实践中，一些法院的判例也确认英美法系侵权法的自甘风险规则，发生免责的后果。

自甘风险也叫做危险之自愿承担、自愿者非为不当，是指在原告提起的过失或者严格责任的侵权责任诉讼中，要求原告承担其自愿承担的所涉风险。[①]其一般规则是：原告就被告之过失或者鲁莽弃之不顾行为而致伤害的危险自愿承担者，不得就该伤害请求赔偿。[②]

3.3.5.2　中国司法实践对自甘风险规则的适用

中国法院把自甘风险分为明示的自甘风险和默示的自甘风险。不论何种自甘风险，构成自甘风险均须具备以下三个要件：（1）受害人知悉或者鉴识危险；（2）受害人有自愿承担之必要；（3）不违反成文法的规定。具备这些要件，就构成自甘风险，免除行为人的侵权责任。在举证责任上，如果被告原应对原告负责的（例如有过失），原告自愿承担危险的举证责任则应由被告承担。[③]

3.4　侵权行为诉讼时效

3.4.1　侵权行为一般诉讼时效

3.4.1.1　侵权行为诉讼时效的含义

《侵权责任法》没有规定侵权行为的诉讼时效，是根据《民法通则》的规定确定侵权行为的诉讼时效。

关于诉讼时效的最终法律后果究竟是消灭胜诉权还是合理

---

① 《最新不列颠法律袖珍读本·侵权行为法》，冯兴俊译，武汉大学出版社2003年版，第231～235页。

② 参见美国法学会：《美国侵权行为法重述（第二次）》，第496A条。

③ 参见美国法学会：《美国侵权行为法重述（第二次）》，第496D、496E、496F条。

抗辩的问题,《民法通则》的规定是消灭胜诉权，即诉讼时效期间届满，消灭胜诉权而不消灭起诉权，使权利人的权利变为自然权利。按照这样的规定，诉讼时效是一个强制性的规定，在诉讼中不待当事人主张，法官依职权即可以适用，宣告权利人丧失胜诉权。这不符合诉讼时效制度的设立目的。中国司法实践确认，诉讼时效完成后发生的是永久抗辩权，享有该权利的当事人在对方当事人所享有请求权超过了诉讼时效期间没有行使，请求权人要求行使时，请求权的义务人有权依据诉讼时效已经超过法定期间而进行抗辩。正当行使抗辩权，就可以直接对抗这个请求权，使请求权人的请求无效，免除侵权人的责任。如果侵权人不主张诉讼时效的抗辩权，则侵权人应当承担侵权责任。

《民法通则》规定的一般诉讼时效，对侵权行为同样适用。侵权行为的一般诉讼时效为 2 年。侵权损害赔偿请求权人应当在 2 年以内行使该请求权。

3.4.1.2 侵权行为一般诉讼时效的计算

侵权行为一般诉讼时效期间的起始计算，“从知道或者应当知道权利被侵害时起计算”。适用这一规定，对于财产权利的损害，期间起始的计算较为简单，什么时候财产权利遭受损害，就从什么时间起算。

对于侵害名誉权等精神性人格权的侵权行为，诉讼时效的起算，也应当从知道或者应当知道侵权行为侵害其权利之时起计算。侵害名誉权等侵权行为一经发生，受害人的名誉权等权利就立即受到损害，受害人知道或者应当知道权利被侵害时，诉讼时效就开始计算。

对于侵害生命健康权的侵权行为，诉讼时效期间的起算，最高人民法院《关于贯彻执行〈民法通则〉若干问题的意见（试行）》第 168 条规定：“人身损害赔偿的诉讼时效期间，伤害明显的，从受伤害之日起算；伤害当时未曾发现，后经检查确诊并能证明是由侵害引起的，从伤势确诊之日起算。”侵害身体权的，侵权行为一经实施完了，当事人知道或者应当知道权利被侵害，诉讼时效就开始计算。侵害健康权的，其受伤害之日起计算诉讼时效期间；某些受侵害之时不能发现的伤害，经检查确诊伤害的，从确诊之日起计算诉讼时效期间。对于造成重伤丧失劳动能力的，仅仅按照该司法解释处理还不够准确，须在确认劳动能力丧失的程度时，即受害人不仅知道或者应当知道自己权利受侵害，而且知道或者应当知道权利受到侵害的程度时，才开始计算诉讼时效期间。对于侵害生命权的，应当从受害人死亡之日起计算诉讼时效期间。

3.4.2 侵权行为的特殊诉讼时效

3.4.2.1 特殊诉讼时效期间

特殊诉讼时效期间，是指按照《民法通则》第 136 条规定，人身损害赔偿的诉讼时效期间适用特殊时效，期间为一年的诉讼时效期间。

3.4.2.2 适用特殊诉讼时效期间应当注意的问题

（1）人身伤害的范围。《民法通则》第136条规定的“身体受到伤害要求赔偿”，指的是对侵害健康权行为的赔偿请求，但也有的认为凡是人身损害赔偿都应当适用特殊时效。我们认为，应当从有利于保护受害人的利益出发，解释要从严。既然条文讲的就是身体受到伤害，就是侵害健康权的侵权行为。对于侵害身体权和侵害生命权的侵权行为，应当按照一般诉讼时效的规定执行。

（2）精神损害赔偿的诉讼时效期间是否适用特殊时效。同样，《民法通则》第136条只规定人身伤害的赔偿适用特殊诉讼时效，没有对精神损害赔偿作这种特别规定，因此侵害精神性人格权的精神损害赔偿不适用特殊时效，适用一般诉讼时效。但是在侵害健康权所确定的财产损失赔偿同时确定的精神抚慰金的赔偿，则应当受到特殊时效的限制。

（3）掌握侵权普通法和侵权特别法对诉讼时效期间的不同规定。侵权特别法对侵权行为的诉讼时效期间有不同规定的，一律按照特别法的规定执行。例如，《国家赔偿法》规定的请求国家赔偿的诉讼时效期间为2年，其时效起算的时间是行政行为被确认为违法之日起算，并且羁押期间不计算在内。《产品质量法》规定的诉讼时效期间一律适用2年的诉讼时效期间。《环境保护法》规定的诉讼时效期间是3年，无论污染损害的是财产还是人身，一律适用该特别诉讼时效期间。

3.4.3 侵权行为最长诉讼时效

侵权责任最长时效,《民法通则》规定为20年。如果受害人不能知道自己的权利受到损害的事实,从权利被侵害之日起,受害人在20年内不提出诉讼请求的,人民法院不再予以保护。

对于侵权行为的最长时效,侵权特别法也有特殊规定。《产品质量法》第45条第2款规定,“因产品存在缺陷造成损害要求赔偿的请求权,在造成损害的缺陷产品交付最初消费者满十年丧失;但是,尚未超过明示的安全使用期的除外。”按照这一规定,产品侵权责任的最长时效为10年,不适用20年的最长时效,并且最长诉讼时效期间届满,消灭的是请求权的实体权利,而不是胜诉权。计算最长时效时应当注意,在10年诉讼时效范围内,如果某种产品的安全使用期超过10年的,则应以该产品的安全使用期的期限,计算最长时效期间。

第 4 章

关于责任主体的特殊规定

典型案例

王某与死者姜某于 2006 年 2 月 22 日登记结婚。2007 年 12 月 29 日晚，姜某从自己的 24 层住宅跳楼自杀。自杀前，姜某在自己的博客中以日记形式记载了自杀前 2 个月的痛苦心情，将王某与某女性的合影贴在博客中，认为二人有不正当性关系。姜某自杀后，其博客被打开。姜某的大学同学张某得知该信息，注册了非经营性网站“北飞的候鸟”，张某、姜某的亲属及朋友先后在该网站上发表纪念姜某的文章，张某还将该网站与天涯网、新浪网进行链接。姜某的博客日记被一名网民阅读后，转发在天涯网的社区论坛中，又不断被其他网民转发至不同网站上。张某的网站开办后，该网站上有关姜某的文章也被不断转载、传播。一些网民在天涯网等网站上发起对王某的“人肉搜索”，使王某的姓名、工作单位、家庭住址等详细个人信息被披露；一些网民在网络上对王某进行谩骂；部分网民到王某和其父母住处进行骚扰，在王某家门口墙壁上刷写、张贴“无良王家”、“逼死贤妻”、“血债血偿”等标语。王某认为“北飞的候鸟”网站上刊登的部分文章中披露了其隐私，包含有侮辱和诽谤的内容，要求网络服务提供者承担侵害隐私权和名誉权的侵权责任。法院判决网络服务提供者张某承担侵权责任。[①]

4.1 监护人责任

4.1.1 概念和特征

监护人责任是指无民事行为能力人或者限制民事行为能力人因自己的行为致人损害，由其监护人承担赔偿责任的特殊侵权责任。

《侵权责任法》第32条规定的监护人责任有以下法律特征：

（1）监护人责任是对人的替代责任。无民事行为能力人或者限制民事行为能力人实施具体的侵害行为，造成了被侵权人的人身损害或者财产损害，侵害了被侵权人的权利，承担侵权责任的不是造成损害的行为人，而是行为人的监护人，是监护人替代实施加害行为的行为人承担侵权责任。

（2）监护人责任是过错推定责任。监护人责任的过错并没有表现在行为人身上，而是体现在行为人的监护人身上。监护人的过错是其对未成年人或者精神病人没有尽到监护责任的过错，并将其作为侵权责任构成的过错要件。

① 本案例的宗旨，是适用《侵权责任法》第36条第2款确认网络侵权责任，被侵权人通知后，网络服务提供者未及时采取措施，判决其对损害扩大部分承担连带责任。

（3）监护人责任的承担受行为人财产状况的制约。其他国家侵权法对监护人责任的确定，是依据行为人的责任能力，没有责任能力的未成年人或者心智丧失之人不承担侵权责任，由他们的监护人承担责任。中国立法不同于这种规则，确定监护人责任的承担，受无行为能力或限制行为能力的行为人有无财产的制约。行为人自己有财产的，先从他自己的财产中支付赔偿金，赔偿不足部分由其监护人承担补充责任。行为人没有财产的，则由其监护人承担赔偿责任。

（4）监护人责任以公平分担损失责任为补充。监护人责任实行过错推定原则，但在监护人能够证明自己对于实施加害行为的未成年人或者精神病人已经善尽监护职责时，并不免除监护人的侵权责任，而是“可以减轻其侵权责任”，这是对《侵权责任法》第 24 条规定的公平分担损失责任的适用。

4.1.2　归责原则

4.1.2.1　监护人责任实行过错推定原则

确定监护人责任适用过错推定原则，即从行为人致人损害的事实中推定其监护人有疏于监护的过失。监护人认为自己无过错，实行举证责任倒置，监护人可以举证证明自己无过错。不能证明自己无过错的，监护人应当承担侵权替代责任。

4.1.2.2　以公平分担损失责任作为补充

监护人能够证明自己已尽监护责任而无过错，本应免除监护人的侵权责任，但为了平衡当事人之间的利益关系，则按照法律的规定，适用公平分担损失责任进行调整，合理确定赔偿责任归属。在公平分担损失时，应注重考虑当事人的财产状况、经济收入、必要的经济支出和负担、造成损害的程度等因素。

4.1.3 构成要件

4.1.3.1 违法行为

监护人责任违法行为要件的特点，是行为人与责任人相脱离，是责任人为行为人承担赔偿责任。

构成监护人责任的行为人的行为，是无民事行为能力人或者限制民事行为能力人自己实施的行为，而不是他人利用无民事行为能力人或者限制民事行为能力人而实施侵权行为。教唆、帮助无民事行为能力人或者限制民事行为能力人实施侵权行为的，适用《侵权责任法》第 9 条第 2 款规定。无民事行为能力人或者限制民事行为能力人实施的加害行为应当具有违法性，否则不构成监护人责任。

监护人的行为是未尽监护职责的行为，主要表现为不作为的行为方式。法律规定监护人对于无民事行为能力人或者限制民事行为能力人负有监护义务，性质是作为义务，监护人必须履行。监护人没有履行监护义务，没有教育、管教好无民事行为能力人或者限制民事行为能力人，使之造成他人的损害，构成不作为的违法行为。

4.1.3.2 损害事实

监护人责任的损害事实要件，是被侵权人的人身损害和财产损害，与其他侵权责任构成要件中的损害事实没有区别。

4.1.3.3　因果关系

监护人责任构成中的因果关系具有双重性。

（1）加害行为人的行为与损害事实之间须具有因果关系，即损害事实须因行为人的行为所引起，两者之间有引起与被引起的客观联系。无此联系，不构成侵权责任。判断的标准，应以相当因果关系理论衡量。

（2）监护人的疏于监护责任与损害事实之间须有因果关系。这种因果关系在因果关系链上相距较远，监护人的疏于监护职责行为，是行为人即被监护人实施加害行为的原因，被监护人因为监护人疏于监护而实施加害行为，并因此而导致被侵权人的权利被侵害。疏于监护职责与损害事实之间的因果关系非为直接却必须具备，否则不构成监护人责任。

4.1.3.4　过错

监护人责任构成的过错要件的主要特点，是过错与行为人相分离，即过错不是行为人的过错，而是对行为人负有监护职责的监护人的过错，即监护过失，具体表现为疏于教养、疏于监护或者疏于管理。这些都是监护人应当注意而未能注意，因而为过失的心理状态。监护人责任构成中的过错要件采推定形式。监护人认为自己无过错，则举证责任倒置，由监护人自己举证证明已尽监护责任。

4.1.4 监护人责任法律关系与当事人

4.1.4.1 法律关系

监护人责任的赔偿法律关系的当事人，是被侵权人和监护人。被侵权人为侵权法律关系的赔偿权利主体，监护人为侵权法律关系的赔偿义务主体。监护人作为赔偿义务主体，是为他人的侵权行为承担责任的自然人。如果致人损害的被监护人即无民事行为能力人或者限制民事行为能力人有财产，则该加害行为人亦为当事人。

4.1.4.2 当事人

（1）责任人。监护人侵权法律关系中的赔偿义务主体是监护人。监护人包括四种，一是未成年人的亲权人，二是丧失亲权监护的未成年人的监护人，三是精神病患者的监护人，四是其他无民事行为能力人或者限制民事行为能力人的监护人。

行为人致人损害时没有明确的监护人，应当按照监护顺序指定由顺序在前的监护人承担赔偿责任。《民法通则》第 16 条第 2 款和第 17 条第 1 款规定，未成年人的监护顺序是：除了父母是亲权人行使监护权之外，一是祖父母、外祖父母；二是兄姐；三是关系密切的其他亲属、朋友。精神病人的监护顺序是：一是配偶；二是父母；三是成年子女；四是其他近亲属；五是关系密切的其他亲属、朋友。依照顺序，由顺序在前的监护人作为赔偿责任人。

（2）行为人。监护人责任案件中的行为人，是实际致人损害的未成年人和精神病人以及无民事行为能力人和限制民事行为能力的成年人。对于未成年人，应当按照《民法通则》第 11 条和第 12 条的规定，不满 10 周岁的人为无民事行为能力人，已满 10 周岁不满 18 周岁的人为限制民事行为能力人，其中已满 16 周岁不满 18 周岁，以自己的劳动收入为主要生活来源的人，视为完全民事行为能力人，作为独立的侵权人。对于精神病人，应当按照《民法通则》第 13 条规定确认其民事行为能力。

（3）被侵权人。在监护人侵权法律关系中，被侵权人是赔偿权利人，法律没有作特别的规定和要求，只要具备一般被侵权人的资格即可。

4.1.5　法律适用规则

4.1.5.1　确定责任的规则

无民事行为能力人、限制民事行为能力人造成他人损害的，由监护人承担侵权责任。从无民事行为能力人或者限制民事行为能力人致人损害的事实中，推定监护人有过错，推定成立的，由监护人承担赔偿责任。

监护人尽到监护责任的，可以减轻其侵权责任。监护人证明自己没有过失，即证明自己已尽监护责任的，适用公平分担损失责任的规则，减轻其责任，由双方当事人分担损失。

4.1.5.2　承担责任的规则

有财产的无民事行为能力人、限制民事行为能力人造成他人损害的，不论是未成年人还是精神病人以及丧失或者部分丧失民事行为能力的成年人自己有财产的，就不必由监护人承担赔偿责任，在行为人的财产中直接支付赔偿金。

被监护人的财产承担赔偿责任的不足部分，由监护人补充赔偿，只要行为人不能承担的部分，全部由监护人补充承担。

4.2 暂时丧失心智损害责任

4.2.1 概念和构成

4.2.1.1 概念

暂时丧失心智损害责任也叫暂时丧失意思能力的致害责任，[①]是指完全民事行为能力人因过错引起暂时心智丧失，或者因醉酒或者滥用麻醉、精神药品暂时丧失心智，造成他人损害，应当承担的特殊侵权责任。《侵权责任法》第33条规定了这种侵权责任。

4.2.1.2 归责原则

暂时丧失心智损害责任适用过错推定原则，即被侵权人已经证明其他责任构成要件后，法官推定侵权人对其心智丧失有过错，丧失心智的行为人如果主张自己没有过错，应当举证证明。不能够证明自己没有过错的，侵权责任成立，应当承担赔偿责任。

4.2.1.3 责任构成

（1）侵权人是完全民事行为能力人。与监护人责任不同，只有完全民事行为能力人才存在暂时丧失心智的情形，需要专

① 王利明：《侵权责任法研究》下卷，中国人民大学出版社2011年版，第63页。

门规定规则。

（2）被侵权人须受到实际损害。侵权人造成的实际损害，既可以是人身损害，也可以是财产损害。

（3）侵权人造成他人损害时暂时丧失心智。侵权人须在暂时丧失心智状态下，无法控制自己的行为，因此造成被侵权人的损害，有因果关系。暂时丧失心智与间歇性精神病不同，间歇性精神病造成损害的责任应当适用《侵权责任法》第 32 条规定，为监护人责任。

（4）侵权人暂时丧失心智是因自己的过错所致。构成这种特殊侵权责任，侵权人须具有过错，即侵权人自己的心智暂时丧失是基于自己的过失而发生。丧失心智的过错，除了《侵权责任法》第 33 第 2 款规定的醉酒、滥用麻醉药品或者精神药品之外，其他故意或者过失所为都包括在内，构成这种特殊侵权责任。

4.2.2　法律适用

4.2.2.1　侵权人承担过错责任

完全民事行为能力人由于自己的过错，导致暂时心智丧失，因而造成他人损害的，应当为自己的过错所造成的损害负责，对被侵权人承担侵权责任。

4.2.2.2　醉酒等属于侵权人的过错

因醉酒、滥用麻醉药品或者精神药品对自己的行为暂时没有意识或者失去控制造成他人损害的，应当由侵权人承担赔偿责任。这种情形同样是侵权人的过错所为，应当由自己承担侵权责任。

病理性醉酒属于精神疾病的一种，又称为特发性酒精中毒，是指所饮不足以使一般人发生醉酒的酒量而出现明显的行为和心理改变，在饮酒时或其后不久突然出现激越、冲动、暴怒、以及攻击或破坏行为，可造成自伤或伤人后果。《侵权责任法》第 33 条规定的“醉酒”不包括病理性醉酒，不能因为病理性醉酒而认定行为人有过错。如果行为人知道自己是病理性醉酒仍然饮酒，导致对自己的行为暂时没有意识或者失去控制造成他人损害的，属于有过错而使自己丧失心智，应当依照第 33 条规定承担侵权责任。如果纯粹属于病理性醉酒暂时丧失心智造成他人损害的，应当适用《侵权责任法》第 32 条规定的监护人责任规则，监护人有过错的，监护人承担侵权责任，监护人没有过错的，根据行为人的经济状况对受害人适当补偿。

4.2.2.3 没有过错的公平分担损失责任

完全民事行为能力人对自己暂时心智丧失没有过错的，依照公平分担损失规则，根据行为人的经济状况等情形，对受害人予以适当补偿。

4.3 用人者责任

4.3.1 用人者责任概述

4.3.1.1 概念

用人者责任是一种特殊侵权责任，也称为用工责任，[①] 是指

① 王利明:《侵权责任法研究》下卷，中国人民大学出版社 2011 年版，第 72 页。

用人单位的工作人员或者劳务派遣人员以及个人劳务关系中的提供劳务一方，因执行工作任务或者因劳务造成他人损害，用人单位或者劳务派遣单位以及接受劳务一方应当承担赔偿责任的特殊侵权责任。《侵权责任法》第 34 条和第 35 条规定的是用人者责任，包括用人单位责任、劳务派遣责任和个人劳务责任。

4.3.1.2　特征

（1）三种用人者责任类型都是因执行工作任务或者因劳务而致人损害。无论是用人单位责任、劳务派遣责任还是个人劳务责任，都是工作人员因执行工作任务发生的侵权行为，是一方支配另一方的劳动。将因执行工作任务和因劳务称为执行职务，更为简洁、准确。

（2）行为人与责任人相脱离。这种侵权责任为替代责任，造成损害的直接行为人是用人单位的工作人员，或者是提供劳务一方，而承担责任的是对他们有支配关系的用人者。

（3）行为人造成损害的行为与责任人监督、管理不力的行为相关联。用人者责任存在两个行为，一是造成损害的工作人员或者提供劳务一方的行为，是造成损害的具体行为；二是用人单位、劳务派遣单位或者接受劳务一方监督不力、管理不当的行为。因为存在造成损害的直接原因和间接原因，两种原因行为相结合才能构成侵权责任。

（4）责任人过错与行为人过错的作用不同。构成用人者责任，对过错的直接要求是用人者的过错，没有用人者的过错不构成用人者责任。但也要考察工作人员、提供劳务一方的过错，尽管对侵权责任构成不发生作用，但在确定追偿关系上发挥决定作用。

4.3.1.3 类型及意义

用人者责任分为用人单位责任、劳务派遣责任和个人劳务责任。区别用人者责任类型的意义在于：第一，三种用人者责任的劳务关系性质不同。用人单位责任的劳务合同，是工作单位和工作人员形成的单一的劳务关系，工作人员因执行工作任务造成了他人损害，用人单位必须负责。而劳务派遣责任存在两种合同关系，既有劳务派遣单位和劳动者的合同关系，又有接受劳务派遣的用工单位与劳务派遣单位的合同关系，并且接受派遣单位在实际上支配工作人员的劳动。个人劳务尽管也是劳务关系，但内容较为简单，关系明确。第二，三种用人者责任的规则不同。《侵权责任法》第 34 条和第 35 条作出了不同的规定都是有针对性的，具有特点。

4.3.2 用人单位责任

4.3.2.1 概念和特征

用人单位责任是指用人单位的工作人员因执行工作任务造成他人损害，由用人单位作为赔偿责任主体，为其工作人员致害的行为承担损害赔偿责任的用人者责任。《侵权责任法》第 34 条第 1 款规定这种用人者责任。

用人单位责任的基本特征是：（1）其实施侵权行为的主体特定化，只有用人单位的工作人员造成侵权后果时，才能成立这种侵权行为。（2）其侵权行为发生的场合特定化，只有用人单位的工作人员因执行工作任务造成他人损害，才能构成这种侵权行为。（3）被侵权人即损害赔偿权利人特定化，只有用人单位的工作人员因执行工作任务造成第三人的损害，才能构成这种侵权责任。（4）责任形态是替代责任，用人单位工作人员造成第三人损害，承担责任的不是行为人即用人单位的工作人员，而是用人单位，是典型的替代责任形态。

4.3.2.2　归责原则

用人单位责任适用过错推定原则，从工作人员致被侵权人损害的事实中推定用人单位疏于选任、监督之责的过错，实行举证责任倒置，由用人单位举证证明自己已尽相当的注意，无须被侵权人举证证明而直接推定用人单位的过失，因而使被侵权人处于有利地位，使其合法权益能够得到更好保护。①

4.3.2.3　构成要件

（1）违法行为。用人单位的法定代表人、负责人及其他工作人员须有执行职务行为，且该行为违反法律。用人单位的概念，是指依法成立的法人，以及没有法人资格的其他组织。凡不是个人劳务关系、劳务派遣关系以及不在国家赔偿法调整范围内的国家机关、社会团体等，都是用人单位责任的主体。

---

① 也有的认为用人单位责任适用无过错责任原则或者严格责任，参见王胜明主编：《中华人民共和国侵权责任法释义》，中国法制出版社 2010 年版，第 149 页；王利明：《侵权责任法研究》下卷，中国人民大学出版社 2011 年版，第 91 页。

用人单位工作人员的行为须是执行职务的行为。工作人员是否执行职务，依用人单位的明确指示为准；没有明确指示的，中国司法实践采用客观说，即以执行职务的外在表现形态为标准，如果行为在客观上表现为与用人单位指示办理的事件要求相一致，就应当认为是属于执行职务的范围。下列行为不属于执行职务范围：一是超越职责行为，工作人员执行职务包括为了实现其职责的一切行为在内，但工作人员超越了他的职责范围而实施的行为，用人单位不承担责任。二是擅自委托行为，工作人员未经授权，擅自将自己应做的事委托他人去办，用人单位对于该人所为的侵权行为不负责任。三是违反禁止行为，用人单位明令禁止的行为工作人员而为之，不属于执行职务行为。四是借用机会行为，工作人员利用职务提供的机会，趁机处理私事而发生的损害，行为与执行职务没有关联，不属于执行职务范围。

行为违法性要件主要表现在具体的行为人方面，即用人单位的法定代表人、负责人、工作人员的执行职务行为具有违法性，造成了他人的损害，由用人单位承担侵权责任。

（2）损害事实。用人单位责任的损害事实要件，包括侵害人身权益和财产权益造成的损害后果，包括人身损害事实、精神损害事实和财产损害事实。

（3）因果关系。执行职务行为是损害事实的原因，该损害事实确系该执行职务行为造成的客观结果。判断这种因果关系以相当因果关系为判断标准，即直接实施加害行为的行为人的行为（即用人单位的法定代表人、负责人和工作人员的行为）与损害事实之间的因果关系，用人单位的疏于选任、监督、管理等行为与损害事实之间只具有间接因果关系。

（4）过错。用人单位的过错是指用人单位对于选任、监督、管理其工作人员上的过失。工作人员的过错不是侵权责任构成要件的要求，而是对用人单位对于造成损害的工作人员是否构成追偿权的要件。

4.3.2.4　用人单位的替代责任

用人单位责任是替代责任，其赔偿法律关系具有赔偿主体与行为人相脱离的特点，直接行为人是用人单位的工作人员，赔偿责任主体为用人单位，直接对被侵权人承担责任，而不是由行为人承担责任。用人单位承担了赔偿责任后，对有过错的工作人员可以依法追偿。

4.3.2.5　举证责任

法院受理赔偿权利主体的起诉，不要求原告举证证明用人单位有过错，而以证明违法行为、损害事实、工作人员执行职务行为与损害结果有因果关系、加害人为用人单位工作人员为已足。用人单位欲免除自己责任的，应当证明其选任工作人员及监督工作人员职务的执行已尽相当的注意。

选任工作人员已尽相当的注意，是指在选任之初，对工作人员的能力、资格与对所任的职务能否胜任已经作了详尽考察，所得结论符合实际情况。监督其职务执行已尽相当注意，是指用人单位对工作人员执行职务的总体行为是否予以适当的教育和管理，其标准应以客观情况决定。用人单位如果能够证明上列事项确实已尽相当注意，即可证明用人单位并无过失，可以免除其赔偿责任。

用人单位不能证明自己没有过失，应承担赔偿责任。工作人员致人损害有过错，用人单位赔偿被侵权人的损失以后，即对工作人员取得求偿权，工作人员应当赔偿用人单位因赔偿被侵权人的损失所造成的损失，此时形成一个新的损害追偿法律关系。工作人员没有过错，则由用人单位单独承担赔偿责任，用人单位对工作人员不取得求偿权。尽管《侵权责任法》第 34 条没有规定追偿关系的规则，但替代责任的追偿关系是必然的规则，是不可以否认的。

4.3.3 劳务派遣责任

4.3.3.1 劳务派遣的概念和法律关系

劳务派遣又称为劳动派遣、人力派遣或人才租赁，是指劳务派遣单位与接受劳务派遣单位签订派遣协议，将工作人员派遣至接受劳务派遣单位，在接受劳务派遣单位指挥、监督下提供劳动的劳务关系。

劳务派遣的典型特征是劳动力雇佣与劳动力使用相分离，被派遣的工作人员不与接受劳务派遣单位签订劳动合同，不建立劳动关系，而是与劳务派遣单位存在劳动关系，但却被派遣至接受劳务派遣单位劳动，形成“有关系没劳动，有劳动没关系”的特殊用工形态。

4.3.3.2　劳务派遣责任的概念和构成

劳务派遣责任是指在劳务派遣期间，被派遣的工作人员因执行工作任务造成他人损害，由接受劳务派遣单位承担责任，劳务派遣单位承担补充责任的用人者责任。

构成劳务派遣责任应当具备以下要件：

（1）在当事人之间存在劳务派遣劳动关系。在劳务派遣单位与被派遣的工作人员之间有劳动合同关系，劳务派遣单位与接受劳务派遣单位有劳务派遣合同关系，根据上述两个合同关系，被派遣的工作人员在接受劳务派遣单位提供劳动。

（2）被派遣的工作人员在劳务派遣工作过程中造成他人损害。劳务派遣责任中的损害事实要件是致他人损害，包括人身损害和财产损害，该损害发生在被派遣的工作人员因执行派遣工作任务中，即被派遣的工作人员因执行工作任务造成他人损害。被派遣的工作人员在去往派遣单位的途中尚未到达接受劳务派遣单位即造成损害，或者在完成派遣任务回到派遣单位途中造成他人损害，不构成劳务派遣责任，由劳务派遣单位承担责任。

（3）损害事实的发生与被派遣工作人员的执行职务行为有因果关系。造成他人损害的行为，应当是被派遣的工作人员执行派遣工作的职务行为所致，二者之间有因果关系。

（4）接受劳务派遣单位在指挥、监督工作人员工作中有过失。过失表现为接受劳务派遣单位在指挥、监督工作人员执行职务行为中，应当注意而未尽注意义务。确定接受劳务派遣单位的过失应当采用推定方式，在被侵权人已经证明前述三个要件的基础上，推定接受劳务派遣单位存在上述过失。接受劳务派遣单位认为自己没有过失的，应当自己提供证据证明。能够证明自己没有过失的，不承担侵权责任。不能证明的，过失推定成立，应当承担赔偿责任。劳务派遣单位在派遣工作人员中有过错的，例如选任、培训、资质等不符合派遣工作人员的要求，是劳务派遣单位承担相应的补充责任的要件，不是确定接受劳务派遣单位责任的要件。

4.3.3.3 责任承担

《侵权责任法》第 34 条第 2 款分别规定了劳务派遣责任的两种责任：

（1）接受劳务派遣单位的责任。具备前述劳务派遣责任构成要件的，成立接受劳务派遣单位的责任，接受劳务派遣单位应当承担赔偿责任。之所以在劳务派遣责任中不由劳务派遣单位承担责任，而由用人单位承担责任，原因在于接受劳务派遣单位在支配工作人员的劳动，工作人员是在接受劳务派遣单位的指挥、监督下，直接为接受劳务派遣单位进行劳动。

（2）劳务派遣单位的补充责任。派遣的工作人员因执行工作任务造成他人损害，派遣单位也有过错的，由于派遣单位与被派遣的工作人员之间有劳动关系，劳务派遣单位应当承担相应的补充责任。这种补充责任要点，一是补充责任是补充接受派遣单位的责任，如果接受派遣单位能承担全部赔偿责任，就不存在补充责任，在接受派遣单位不能承担或者不能全部承担赔偿责任时，才由劳务派遣单位补充赔偿；二是相应的责任与劳务派遣单位的过错程度和行为原因力相适应，即以过错程度和原因力的作用，确定应当承担的补充责任。

4.3.4　个人劳务责任

4.3.4.1　概念和特征

个人劳务责任是指在个人之间形成的劳务关系中，提供劳务一方因劳务造成他人损害，接受劳务一方应当承担赔偿责任的用人者责任。《侵权责任法》第 35 条前段规定的是个人劳务责任，后段规定的是个人劳务的工伤事故责任。各国侵权法都将用人单位责任和个人劳务责任包括在雇主责任中。中国由于用人体制的区别，将用人者责任作出区分，将个人劳务责任单列。

个人劳务责任与其他侵权责任相比较，有以下法律特征：（1）接受劳务一方与提供劳务一方之间具有个人劳务关系。（2）提供劳务一方因劳务所造成的损害等于是接受劳务一方的行为造成的损害。（3）个人劳务责任的侵权责任形态是替代责任。

4.3.4.2　归责原则和构成要件

个人劳务责任适用过错推定原则。被侵权人只须证明损害事实、损害结果与行为人的行为之间有因果关系、行为人与被告的个人劳务关系即可，不必证明被告是否对行为人实施的侵权行为有过错。被告则须反证其对损害的发生没有过错。

构成个人劳务责任应当具备以下要件：

（1）接受劳务一方与提供劳务一方之间须有劳务关系。接受劳务一方与提供劳务一方之间的劳务关系表现为，提供劳务一方在受雇期间实施的行为，直接为接受劳务一方创造经济利益以及其他物质利益，接受劳务一方承受这种利益，提供劳务一方据此得到报酬。

（2）接受劳务一方须处于特定地位。接受劳务一方应当处于支配他人劳动的地位，支配地位产生于劳务合同，由于接受劳务一方购买的是提供劳务一方的劳动力，因而接受劳务一方就取得了对提供劳务一方劳动的支配权。

（3）提供劳务一方在造成第三人的损害中须处于特定状态。该特定状态是提供劳务一方在造成损害时是因劳务行为。考察提供劳务一方致人损害时是否执行劳务的规则，一是接受劳务一方有明确指示授权的，按照接受劳务一方的明确指示确定。接受劳务一方指定提供劳务一方做什么，提供劳务一方按照接受劳务一方的指示所做的工作，就是执行职务。二是超出接受劳务一方授权的范围，即接受劳务一方没有明确指示的，以从事劳务活动的外在表现形态为标准，如果行为在客观上表现为与接受劳务一方指示办理的事件要求相一致，属于从事劳务活动的范围。

（4）接受劳务一方在主观上有过错。接受劳务一方的过错表现在接受劳务一方的选任、监督、管理上的疏于不注意的心理状态。提供劳务一方在主观上是否有过错对责任构成没有意义，只是在确定接受劳务一方对提供劳务一方是否享有求偿权时，才考察提供劳务一方的过错。接受劳务一方的过错内容，表现在对提供劳务一方的选任、监督、管理上的疏于注意义务。如果接受劳务一方故意指使提供劳务一方侵害他人权利，则是共同侵权行为，而不是接受劳务一方的替代责任。确定接受劳务一方的过错采推定形式。

4.3.4.3　责任承担

接受劳务一方的赔偿责任确定之后，接受劳务一方承担替代责任应当按照下列步骤进行：

（1）确定损害赔偿的责任主体。个人劳务责任既然是替代责任，其责任主体就是接受劳务一方，而不是提供劳务一方。

（2）接受劳务一方承担赔偿责任。在证明构成个人劳务损害责任后，接受劳务一方即应承担赔偿责任。

（3）接受劳务一方的追偿权。接受劳务一方为提供劳务一方承担替代责任后，如果提供劳务一方对损害的发生有重大过失或故意，接受劳务一方对其享有追偿的权利，以弥补接受劳务一方的损失，同时规范提供劳务一方，要求其在执行职务的过程中谨慎行事，减少损害的发生。

4.3.4.4　提供劳务一方因劳务造成自己损害的责任

《侵权责任法》第 35 条后段规定的是个人劳务关系中的工伤事故责任，规则与一般的工伤事故责任规则不同。其区别是个人劳务关系原则上不进行工伤保险，因而确定提供劳务一方在劳务过程中自己的伤害，应当根据双方各自的过错承担相应的责任。提供劳务一方因劳务受到伤害，是否由接受劳务一方承担责任，实行过错责任原则，有过错的承担责任，没有过错的不承担责任。相应的责任，就是与过错程度相应，与原因力相应。①

个人劳务工伤事故的责任承担有三种情形：

（1）接受劳务一方有过错。接受劳务一方对于提供劳务一方在提供劳务过程中造成自己损害有过错，而提供劳务一方没有过错的，应当由接受劳务一方承担全部赔偿责任，提供劳务一方有权请求损害赔偿。

（2）提供劳务一方自己有过错。提供劳务一方在提供劳务的过程中造成自己损害，是因为自己的过错造成，接受劳务一方没有过错的，应当对自己的过错承担后果，接受劳务一方不承担责任。

（3）提供劳务一方和接受劳务一方均有过错。在这种情况下，构成过失相抵，应当按照双方过错程度和原因力，确定各自应当承担的责任。

4.4 网络侵权责任

4.4.1 网络侵权责任概述

4.4.1.1 概念和特征

网络侵权责任是指在互联网等网络上，网络用户、网络服

① 《侵权责任法》的这一规定受到批评，原因是这样规定违反了对劳动者劳动安全的必要保护，使这一部分劳动者的安全无法得到必要保障。

务提供者以及他人故意或者过失借助网络侵害他人民事权益的特殊侵权责任。网络侵权责任的特征是：

（1）网络侵权行为主体多样化。由于网络的使用范围极为广泛，利用网络从事各种活动的主体极多，因而实施网络侵权行为的主体呈多样化。网络侵权责任主体主要是网络服务提供者和网络用户。

（2）网络侵权行为智能化。网络运营和使用都要求较强的技术能力，因此实施网络侵权的行为人多为能够熟练应用电脑、网络的人，因而网络侵权行为呈智能化特点。

（3）网络侵权行为的隐蔽性。网络侵权行为的载体为电子化、数字化的现代化工具，以网络为主要载体，通常情况下只需点击鼠标等就能够实施侵权行为，不像传统书面材料那样容易留下痕迹，证据容易消失，被侵权人不易举证。

（4）网络侵权行为实施的时间短促、损害范围广。电脑运行快捷的特点成为网络侵权行为的特点，具有实施侵权行为快捷、损害后果迅速扩展、影响大、范围广的特点。

（5）行为人的主观心理状态多为故意。网络侵权行为的构成要求为过错，过失可能构成侵权责任，但故意运用网络侵害他人的人身、财产权益的为网络侵权过错的常态。

4.4.1.2　网络服务提供者

网络服务提供者是指依照其提供的服务形式有能力采取必要措施的信息存储空间或者提供搜索、链接服务等网络服务提供者，也包括在自己的网站上发表作品的网络内容提供者，主要有网络经营服务商（ISP）、网络内容服务商（ICP），以及其他参与网络活动的各种主体。[①]

4.4.1.3 保护范围

网络侵权责任的保护范围，《侵权责任法》第36条规定为“利用其网络服务侵害他人民事权益”。对于“民事权益”的理解，为凡是在网络上实施侵权行为能够侵害的一切民事权益，其中主要包括人格权益以及知识产权（特别是著作权）。《侵权责任法》第36条根据中国网络侵权行为的实际情况，把侵害著作权和侵害其他民事权益的网络侵权责任都适用通知规则（避风港原则）和知道规则（红旗原则），有助于增强网络服务提供者保护民事主体民事权益的责任感和自觉性，更好地保护民事主体的民事权益不受侵害。

4.4.2 网络侵权责任的基本规则

网络侵权责任包括两种：一是网络用户和网络服务提供者在网站上实施侵权行为承担的自己责任；二是网络服务提供者在何种情形对网络用户在自己的网站上实施的侵权行为承担连带责任，包括通知规则和知道规则。

4.4.2.1 网络用户和网络服务提供者自己实施侵权行为的责任

网络用户或者网络服务提供者利用网络侵害他人民事权益，

① 参见方美琪：《网络概论》，清华大学出版社1999年版，第324页。

应当承担侵权责任。这是网络用户或者网络服务提供者自己实施的侵权行为，应当由自己承担侵权责任，属于一般侵权行为，适用过错责任原则。

4.4.2.2　网络服务提供者对网络用户实施侵权行为承担连带责任

在两种情况下，网络服务提供者应当对网络用户在自己的网站上实施的侵权行为承担连带责任，分别是通知规则和知道规则。通知规则和知道规则分别借鉴的是《美国千禧年数据版权法案》（DMCA）规定的“避风港原则”和“红旗原则”。

（1）通知规则。网络用户利用网络服务实施侵权行为，被侵权人发现后，有权通知网络服务提供者采取删除、屏蔽、断开链接等必要措施，消除侵权行为以及影响。这不是网络服务提供者实施的侵权行为，而是网络用户利用网络服务提供者的网络实施侵权行为，被侵权人可能找不到侵权人，或者不去找侵权人，直接通知网络服务提供者将其网站上的该信息采取必要措施，消除侵权后果。网络服务提供者接到通知以后，有义务按照被侵权人的要求删除、屏蔽或者断开链接。如果网络服务提供者采取了必要措施，就进到了“避风港”，与该侵权行为就没有关系了。如果网络服务提供者接到通知后没有及时采取必要措施，使侵权损害后果继续扩大，对损害扩大的部分，网络服务提供者与该侵权的网络用户承担连带责任。

被侵权人提出通知要求采取必要措施的要求是：被侵权人应当采用书面通知方式进行。通知应当包含下列内容：一是被侵权人的姓名（名称）、联系方式和地址；二是要求采取必要措施的侵权内容的网络地址或者足以准确定位侵权内容的相关信息；三是构成侵权的初步证明材料；四是被侵权人对通知书的真实性负责的承诺。如果被侵权人发送的通知不能满足上述要求，则视为未发出有效通知，不发生通知的后果。

网络服务提供者接到被侵权人的有效通知后，应当根据实际情况和被侵权人的要求，及时采取删除、屏蔽或者断开链接等必要措施。“及时”的要求，一般理解为不超过 48 小时，必要时不得超过 24 小时。

（2）反通知规则。存在通知规则就必须存在反通知规则，否则就会限制言论自由。尽管《侵权责任法》第 36 条第 2 款没有明确规定反通知规则，但在逻辑上是存在的。网络服务提供者接到被侵权人的通知后采取了必要措施，如果发送争议信息的网络用户认为不侵权，采取必要措施不当，有权向网络服务提供者提出反通知，要求恢复自己发布的信息，追究“被侵权人”的侵权责任。网络服务提供者接到反通知后，负有按照反通知的要求，恢复网络用户发布的信息的义务。网络服务提供者按照被侵权人的要求采取屏蔽或者断开链接等必要措施，侵害了其他相关网络用户的民事权益，其他相关网络用户也享有反通知权利，主张保护自己的权利。

反通知的规则是：网络用户接到网络服务提供者转送的通知书后认为其提供的内容未侵犯“被侵权人”权利，或者其他网络用户认为按照通知采取的必要措施侵害了其民事权益的，可以向网络服务提供者提交书面反通知，要求恢复被删除的内容，或者取消屏蔽、恢复被断开链接的内容。反通知应当包含下列内容：一是网络用户的姓名（名称）、联系方式和地址；二是要求恢复的内容、名称和网络地址；三是不构成侵权的初步证明材料；四是反通知发送人承诺对反通知的真实性负责。

网络服务提供者接到网络用户的书面反通知后，应当及时恢复被删除的内容，或者取消屏蔽，或者恢复与被断开的内容的链接，同时将网络用户的反通知转送通知发送人。发送通知的"被侵权人"不得再通知网络服务提供者采取删除、屏蔽或者断开链接等措施。有异议的，可以向人民法院起诉。

通知发送人发出通知不当，网络服务提供者据此采取删除、屏蔽或断开链接等必要措施，给网络服务提供者或网络用户以及其他网络用户造成损失的，通知发送人应当依照《侵权责任法》第 6 条第 1 款规定承担赔偿责任。

（3）知道规则。是指网络服务提供者知道网络用户利用其网络实施侵权行为侵害他人民事权益，未采取必要措施的，应当与该实施侵权行为的网络用户承担连带责任的侵权法规则。知道包括明知和已知。明知是能够证明行为人明确知道，故意而为；已知是证明行为人只是已经知道了而已，并非执意而为，基本属于放任的主观心理状态。下述五种情形应当认定为网络服务提供者为已知：一是在网站首页上进行推荐；二是在论坛中置顶；三是作为网刊发布；四是网络用户在网站专门主办的活动中实施侵权行为；五是对其他网站发表的侵权作品转载。

网络服务提供者明知网络用户在其网络上实施侵权行为，未采取必要措施的，对该侵权行为所造成的全部损害，与侵权的网络用户承担连带责任。

4.5 违反安全保障义务的侵权责任

4.5.1 违反安全保障义务的侵权行为概述

违反安全保障义务的侵权行为，是指依照法律规定或者约定对他人负有安全保障义务的人违反该义务，直接或者间接地造成他人人身或者财产权益损害，应当承担损害赔偿责任的侵权行为。

违反安全保障义务的侵权行为的特征是：（1）行为人是对受保护人负有安全保障义务的人，受保护人是进入到行为人公共场所或者群众性活动领域之中的人。（2）行为人对于受安全保障义务保护的相对人违反安全保障义务。（3）受安全保障义务人保护的相对人遭受了人身损害或财产损害。（4）违反安全保障义务的行为人承担侵权损害赔偿责任。

4.5.2 主体及安全保障义务来源

4.5.2.1 义务主体

最高人民法院《关于审理人身损害赔偿案件适用法律若干问题的解释》第6条规定，负有安全保障义务的义务主体是经营者和其他社会活动的组织者，包括自然人、法人和其他组织。

《侵权责任法》第 37 条将违反安全保障义务侵权责任的义务主体范围界定为“宾馆、商场、银行、车站、娱乐场所等公共场所的管理人或者群众性活动的组织者”，即“公共场所的管理人或者群众性活动的组织者”。这个范围比原来司法解释规定的范围窄，不利于保护受保护的人的利益。2003 年《消费者权益保护法》第 18 条将对消费者承担安全保障义务的义务人规定为“宾馆、商场、餐馆、银行、机场、车站、港口、影剧院等经营场所的经营者”。既然经营场所的经营者负有安全保障义务，其违反安全保障义务造成消费者损害的，应当承担违反安全保障义务的侵权责任。将上述法律和司法解释的规定综合起来，应当将违反安全保障义务的侵权责任的义务主体，界定为经营场所的经营者和群众性活动的组织者，更为准确。

4.5.2.2 权利主体

安全保障义务的权利主体是受安全保障义务保护的当事人，法律规定的概念是“他人”，即经营活动或者其他社会活动的相关人。

4.5.2.3 安全保障义务的来源

确定违反安全保障义务的侵权责任，最重要的是确定行为人是否负有安全保障义务。经营活动的经营者或者群众性活动的组织者的安全保障义务来源主要有三个方面：

（1）法律直接规定。法律直接规定是最直接的安全保障义务的来源。《消费者权益保护法》第 18 条第 3 款规定：“宾馆、商场、餐馆、银行、机场、车站、港口、影剧院等经营场所的经营者，应当对消费者尽到安全保障义务。”

（2）合同约定的主义务。如果在当事人约定的合同义务中规定，合同的一方当事人对另一方当事人负有安全保障义务的，合同当事人应当承担安全保障义务。例如订立旅客运输合同，旅客的人身安全保障义务就是合同的主义务，当事人必须履行这种义务。[①]

（3）法定的或者约定的合同附随义务。按照诚信原则，一方当事人应该对另一方当事人提供安全保障义务，该方当事人也应该负有安全保障义务。如餐饮业、旅馆业向顾客提供服务，按照诚信原则解释，应当保障接受服务的客人的人身安全。

4.5.2.4 安全保障义务性质

经营活动的经营人或者群众性活动的组织者承担的安全保障义务的基本性质有两种，一是法定义务，二是合同义务，在多数情况下两种义务是竞合的。例如，经营者的安全保障义务既是法律规定的义务，也是合同约定的义务，经营者违反这种安全保障义务，既可能构成侵权责任，也可能构成违约责任，会发生侵权责任与违约责任竞合，被侵权人产生两个损害赔偿的请求权，应当按照《合同法》第122条规定，由赔偿权利人进行选择，选择一个最有利于自己的请求权行使，救济自己的权利损害。

---

① 崔建远主编:《合同法》，法律出版社2003年版，第414页。

4.5.3　归责原则和构成要件

4.5.3.1　归责原则

违反安全保障义务侵权责任适用过错推定原则。推定的事实基础，是被侵权人已经证明了经营者或者组织者的行为违反了安全保障义务，进而推定其有过错。经营者或者组织者如果否认自己的过失，则举证责任由违反安全保障义务的行为人自己承担，证明自己没有过失的事实。如果能够证明自己没有过失，则推翻过错推定，免除其侵权责任；如果不能证明其没有过错，或者证明不足，则过错推定成立，应当承担侵权责任。

4.5.3.2　构成要件

（1）违反安全保障义务的行为。在实践中判断义务人是否违反安全保障义务的客观标准是：

第一，法定标准。法律对于安全保障的内容和安全保障义务人必须履行的行为有直接规定时，应当严格以法律、法规的明确规定为判断。如公安部《高层建筑消防管理规则》规定："建筑物内的走道、楼梯、出口等部位，要经常保持畅通，严禁堆放物品。疏散标志和指示灯要保证完整好用。"违反这个标准，造成了被保护人的人身损害或财产损害，构成违反安全保障义务。

第二，特别标准。对于未成年人的安全保障义务应当采用特别标准，即如果在一个经营活动领域或者一个社会活动领域存在对儿童具有诱惑力的危险时，经营者或者组织者必须履行最高的安全保障义务，或者消除这个危险使之不能发生，或者使未成年人与该危险隔绝使其无法接触这个危险；或者采取其他措施保障不能对儿童造成损害。没有实施这些保障措施，即为违反安全保障义务。

第三，善良管理人的标准。如果法律没有规定确定的标准，是否履行了安全保障义务的判断标准，要高于侵权法上的一般人的注意标准，以交易上的一般观念，认为具有相当知识经验的人，对于一定事件的所用注意作为标准认定。行为人有无尽此注意的知识和经验，以及他向来对于事务所用的注意程度，均不过问，只有依其职业斟酌，所用的注意程度应比普通人的注意和处理自己事务为同一注意要求更高。①

第四，一般标准。一方面，经营者或者组织者对于一般的被保护人，例如主动进入经营场所或社会活动场所的人或者非法进入者，承担的义务是对于隐蔽性危险负有告知义务。对这种告知义务没有履行，构成违反安全保障义务。另一方面，经营者或者组织者对于受邀请者进入经营领域或者社会活动领域的一般保护事项，例如商场、列车、公共交通工具遭受窃贼侵害的危险，负有一般的告知义务和注意义务，并非遭受窃贼损害都是义务人违反安全保障义务。

按照上述标准，以下四种行为是违反安全保障义务的行为：第一，怠于防止侵害行为，对于负有防范制止侵权行为的安全保障义务的人，没有对发生的侵权行为进行有效的防范或制止。

① 杨立新:《侵权行为法专论》，高等教育出版社2005年版，第112页。

第二，怠于消除人为的危险情况，是对于管理服务等人为的危险状况没有进行消除。第三，怠于消除经营场所或者活动场所具有伤害性的自然情况，如设施、设备存在的不合理危险，没有采取合理措施予以消除。第四，怠于实施告知行为，对于经营场所或者社会活动场所中存在的潜在危险和危险因素，没有尽到告知义务，亦未尽适当注意。对于上述安全保障义务标准，如果超出了合理限度范围，则即使造成了进入经营或者活动领域的人的损害，也不应当承担损害赔偿责任。

（2）负有安全保障义务的相对人受到损害。构成违反安全保障义务侵权责任，应当具备损害事实要件，包括人身损害和财产损害，由于这种侵权责任侧重保护的是人身安全，因而主要的损害事实是人身损害。

（3）损害事实与违反安全保障义务行为之间具有因果关系。由于违反安全保障义务的侵权行为的类型不同，这种因果关系的要求也不相同。第一，在违反安全保障义务行为直接造成损害事实的情况下，对因果关系的要求应当是直接因果关系或者相当因果关系，违反安全保障义务行为是损害发生的原因。在设施、设备违反安全保障义务的侵权行为、服务管理违反安全保障义务的侵权行为和对儿童违反安全保障义务的侵权行为中，违反安全保障义务的行为就是引起受保护人损害事实的原因。第二，在防范、制止侵权行为违反安全保障义务的侵权行为中，对于违反安全保障义务的行为与损害后果之间因果关系的要求，比前三种侵权行为的要求为低，构成间接因果关系即成立因果关系要件。这是因为，侵权人对受保护人所实施的侵权行为，就是直接针对受保护人的，并且直接造成了受保护人的损害。该侵权行为是受保护人受到损害的全部原因。但是，安全保障义务人的违反安全保障义务行为也是造成受保护人的损害的全部原因，因为如果其尽到了保护义务，就会完全避免这种损害。

（4）违反安全保障义务行为的行为人有过失。违反安全保障义务人的过错性质是未尽注意义务的过失，不包括故意。这种过失是应当注意而没有注意，表现在其违反安全保障义务的行为中，应当通过对其行为的考察做出判断。违反安全保障义务的行为人有无过错的标准是，行为人是否达到了法律、法规、规章等所要求达到的注意义务，或者是否达到了同类公共场所管理人或者群众性活动组织者所应当达到的注意程度，或者是否达到了诚信、善良的公共场所管理人或者群众性活动组织者所应当达到的注意程度。[①] 过错采取推定方式，实行举证责任倒置，只要被侵权人证明义务人未尽安全保障义务，并且已经造成了被侵权人的损害，就直接从损害事实和违反安全保障义务的行为中推定义务人有过失。如果义务人认为自己没有过错，应当自己举证，证明自己没有过错。证明自己没有过错的，推翻过错推定，义务人不承担侵权责任；反之，不能证明或者证明不足的，过错推定成立，构成侵权责任。

---

① 张新宝:《侵权责任法原理》，中国人民大学出版社2005年版，第281页。

4.5.4　责任类型

4.5.4.1　设施、设备违反安全保障义务

经营者或者组织者在设施、设备方面的安全保障义务，主要是不违反相关的安全标准。经营场所或者社会活动场所的设施、设备必须符合国家的强制标准要求，没有国家的强制标准的，应当符合行业标准或者达到进行此等经营活动所需要达到的安全标准。设置的硬件没有达到保障安全的要求，存在缺陷或者瑕疵，造成了他人的损害，经营者或者组织者应当对被侵权人承担人身损害赔偿责任。

4.5.4.2　服务、管理违反安全保障义务

经营者或者组织者在服务、管理方面的安全保障义务主要包括：一是加强管理，提供安全的消费、活动环境；二是坚持服务标准，防止出现损害，按照确定的服务标准进行，不得违反服务标准；三是进行必要的提示、说明、劝告、协助义务。

服务、管理违反安全保障义务，是经营者或者组织者的工作人员违反上述安全保障义务，存在瑕疵或者缺陷，因此造成他人损害，构成侵权责任。

4.5.4.3　对儿童违反安全保障义务

儿童是祖国的未来，是民族的未来，法律对儿童须予以特别的关照和保护，适用特别标准，经营者或者组织者必须竭力做到保护儿童的各项措施，以保障儿童不受场地内具有诱惑力危险的侵害。经营者或者组织者对儿童违反安全保障义务造成

儿童的损害，应当承担赔偿责任。

4.5.4.4 防范、制止侵权行为违反安全保障义务

对于他人负有安全保障义务的经营者或者组织者，在防范和制止他人侵害方面未尽义务，造成受保护人损害的，也构成违反安全保障义务的侵权责任，是一种特定的类型。例如，王某住进某酒店，防范疏忽，致使侵权人全某闯入王某住的房间，抢劫财产，杀死王某。王某父母向法院起诉，要求酒店承担违反安全保障义务的侵权责任，法院判决予以支持。

4.5.5 责任形态

4.5.5.1 自己责任

自己责任，是违法行为人对自己实施的行为所造成的他人人身损害和财产损害的后果由自己承担的侵权责任形态。经营者或者组织者在经营或者社会活动中违反安全保障义务，造成受保护人的人身损害，自己承担责任。设施设备违反安全保障义务的侵权行为、服务管理违反安全保障义务和对儿童违反安全保障义务的侵权行为，违反安全保障义务的行为人是单一的自然人主体，就要承担自己责任。

4.5.5.2 替代责任

如果经营者或者组织者是用人单位，违反安全保障义务的具体行为人是经营者或者组织者的工作人员，符合用人单位责任的要求，设施设备违反安全保障义务的侵权行为、服务管理违反安全保障义务和对儿童违反安全保障义务的侵权行为的责

任形态是替代责任，由作为经营者或者组织者的用人单位承担责任。

4.5.5.3　补充责任

在违反安全保障义务的侵权行为中，防范、制止侵权行为违反安全保障义务的一方当事人承担的赔偿责任是补充责任。防范、制止侵权行为违反安全保障义务的补充责任，是指第三人侵权导致被侵权人损害，不能承担或者不能承担全部赔偿责任的，由有过错的违反安全保障义务人承担的相应的补充赔偿责任。

相应的补充责任的规则是：

（1）在防范、制止侵权行为未尽安全保障义务中，直接侵权人是直接责任人，违反安全保障义务人为补充责任人。被侵权人应当首先向直接责任人请求赔偿，直接责任人应当承担侵权责任。直接责任人承担了全部赔偿责任后，补充责任人的赔偿责任终局消灭，被侵权人不得向其请求赔偿，直接责任人也不得向其追偿。

（2）被侵权人在直接责任人不能赔偿、赔偿不足或者下落不明无法行使第一顺序的赔偿请求权时，可以向补充责任人请求赔偿。补充责任人应当满足被侵权人的请求。补充责任人的赔偿责任范围，并不是直接责任人不能赔偿的部分，而是“相应”的部分。相应的补充责任应当与违反安全保障义务人的过错程度和行为的原因力“相应”，不承担超出相应部分之外的赔偿责任。

（3）相应的补充责任还意味着其责任只是补充性的，如果直接责任人有能力全部赔偿，则应当承担赔偿责任，违反安全保障义务的人不承担补充责任，因为不存在补充的必要。补充责任中“补充”的含义是，直接责任人承担的赔偿责任是第一顺序的责任，补充责任人承担的赔偿责任是第二顺序的责任，故补充责任是补充直接侵权人责任的侵权责任形态。

4.6 学生伤害事故责任

4.6.1 学生伤害事故责任概述

4.6.1.1 概念

学生伤害事故责任是指无民事行为能力或者限制民事行为能力的学生在幼儿园、学校或者其他教育机构学习、生活期间，受到人身损害，应当由幼儿园、学校或者其他教育机构承担赔偿责任的特殊侵权责任。

界定学生伤害事故，应当准确界定以下概念：

（1）学生伤害事故中的学生。包括各类全日制学校的全日制未成年学生、幼儿园的幼儿和儿童、在全日制学校注册和在其他教育机构就读的其他无民事行为能力人或限制民事行为能力人。

（2）在幼儿园、学校或者其他教育机构学习生活期间。幼儿园、学校或者其他教育机构是指所有的这类机构。被保护的学生在其中学习生活期间，应当采用“门至门”的原则，即学生从进校门到出校门期间参加的学校教育教学活动，但学校组织的校外活动不在此限；学校或者幼儿园有接送校车的，应当以校车的门为限，包括上下车的安全保护。

4.6.1.2　法理基础

幼儿园、学校或者其他教育机构与在校学生的关系，基本性质是依据《教育法》成立的教育关系，不是依据合同而是依据法律成立。《教育法》是幼儿园、学校或者其他教育机构与在校学生发生法律关系的基础。在学校等教育机构对学生的教育、管理和保护的法律关系中，学校对学生有教育、管理的权利，负有保护义务；学生有接受教育、接受管理的义务，享有受到保护的权利。

4.6.2　归责原则和构成要件

4.6.2.1　归责原则

《侵权责任法》第 38 条至第 40 条明确规定，对于学生伤害事故采用不同的归责原则确定侵权责任：（1）对于无民事行为能力人在幼儿园、学校或者其他教育机构学习、生活期间受到人身损害的，适用过错推定原则；（2）对于限制民事行为能力人在幼儿园、学校或者其他教育机构学习、生活期间受到人身损害的，适用过错责任原则；（3）对于第三人的行为造成学生受到损害的，适用过错责任原则。学生伤害事故责任不适用《侵权责任法》第 24 条规定的公平分担损失责任。

4.6.2.2 构成要件

（1）学生遭受人身损害的客观事实。学生伤害事故的损害事实，主要表现为学生的人身伤害和死亡，以及由此产生的财产性损失，主要如医疗费、护理费、交通费、住宿费、营养费、住院伙食补助费、伤残用具费和丧葬费等费用支出；还包括所导致的精神损害。

（2）教育机构在学生伤害事故中存在违法行为。教育机构在学生伤害事故中的违法行为，是指学校在实施教育和教学活动中，违反或者未正确履行《教育法》等法律法规关于学校对学生的教育、管理和保护职责的行为。一是疏于管理的行为，即教育机构在教育和教学活动中对学校活动疏于管理；二是疏于保护的行为，教育机构对在校的未成年学生负有安全保护义务，因为疏忽和懈怠而使学生受到人身伤害，构成疏于对学生安全保护的注意义务；三是疏于教育的行为，教育机构对学生的教育中没有尽到教育职责，使学生在教学活动中造成他人的人身伤害。教育机构的上述行为，既包括教育机构的行为，也包括负该种责任的教师的行为。

（3）教育机构的违法行为与事故发生有因果关系。判断标准采用相当因果关系。

（4）教育机构在学生伤害事故中有过失。疏于管理、疏于保护、疏于教育，都是疏于注意义务的过失。确定该种过失的标准，是对履行《教育法》规定的教育、管理和保护的职责是否尽到了必要注意义务。第一，教育机构对学生是否负有注意义务。注意义务的来源既包括基于法律法规、行政规章等规定而产生的法定性的注意义务，也包括基于有关部门颁布的教育教学管理规章、操作规程等规定而产生的一般性注意义务，以及教育机构与学生家长签订合同约定的注意义务。第二，教育机构对学生是否尽了相当注意义务。尽了相当注意义务，是指教育机构按照法律法规、规章规程等以及合同要求的注意而付出必要的努力，尽到了对学生人身健康安全的合理、谨慎的注意。第三，教育机构是否能尽相当注意义务。认定教育机构在学生伤害事故中的过错，要考虑其预见能力，如果教育机构不具有预见能力，不应该预见也无法预见，即损害结果无可预见性，教育机构就无法尽相当的注意义务采取合理行为避免损害结果的发生，因而主观上也就没有过失。

4.6.3　责任类型

4.6.3.1　无民事行为能力人受到损害的教育机构责任

《侵权责任法》第 38 条规定，幼儿园、学校或者其他教育机构对无民事行为能力人承担过错推定责任。被侵权人主张教育机构承担侵权责任，应当证明违法行为、损害事实和因果关系要件。证明成立的，推定幼儿园、学校等教育机构有过失。幼儿园、学校等教育机构主张无过失的，举证责任倒置，由自己举证证明自己没有过错。幼儿园、学校或者其他教育机构不能证明自己没有过失的，应当承担侵权责任；能够证明尽到了教育、管理职责的，不承担侵权责任。

4.6.3.2 限制民事行为能力人受到损害的教育机构责任

对于限制民事行为能力的未成年学生在学校受到人身损害，确定学校等教育机构的责任，实行过错责任原则，有过错的承担赔偿责任，没有过错的不承担赔偿责任。确定过错，须由被侵权人承担举证责任。

4.6.3.3 第三人在教育机构伤害学生的责任

第三人在教育机构伤害无民事行为能力或者限制民事行为能力学生的责任，是指学生伤害事故的发生不是由于学校的过错，而是由于第三人的过错行为引起，应当由第三人承担侵权责任的事故责任。

无民事行为能力人或者限制民事行为能力的学生在幼儿园、学校或者其他教育机构学习、生活期间，受到幼儿园、学校或者其他教育机构以外的第三人侵害造成人身损害的，由侵权的第三人承担侵权责任。这种第三人责任，与《侵权责任法》第28条规定的“损害是因第三人造成的，第三人应当承担侵权责任”基本相同，在此基础上，以教育机构相应的补充责任为补充。

确定第三人造成学生人身伤害，应当根据造成学生伤害的具体侵权行为类型，适用不同的归责原则：造成学生伤害事故的第三人实施的侵权行为是一般侵权行为，应当依照《侵权责任法》第6条第1款规定，适用过错责任原则；造成学生伤害事故的第三人实施的侵权行为是法律规定适用过错推定责任的侵权行为，则应当按照《侵权责任法》的有关具体规定，参照《侵权责任法》第6条第2款确定第三人的责任；造成学生伤害事故的第三人实施的侵权行为是法律规定应当适用无过错责任原则的侵权行为，则应当按照《侵权责任法》有关的具体规定，参照《侵权责任法》第 7 条规定确定第三人的责任。

第三人造成学生人身损害，第三人能够承担全部赔偿责任，按照该规定，由第三人承担全部赔偿责任，不存在学校的相应的补充责任问题。

幼儿园、学校或者其他教育机构未尽到管理职责的，承担相应的补充责任，是在第三人无力承担赔偿责任的情形下，教育机构承担相应的补充责任。

教育机构承担相应的补充赔偿责任，除了具备学生伤害事故责任的构成要件之外，还必须具备以下三个要件：（1）学生的人身损害是由于第三人的原因所致；（2）幼儿园、学校或者其他教育机构有过错；（3）幼儿园、学校或者其他教育机构的过错与第三人的致害应当有间接的或者直接的因果关系，如果不存在因果关系，教育机构不承担补充责任。补充责任的“相应”，是与教育机构的过错程度和原因力相适应。

4.6.4　赔偿责任承担规则

4.6.4.1　学生伤害事故的赔偿当事人

教育机构承担赔偿责任，在实体法律关系上，教育机构是赔偿责任主体，受到伤害的学生向教育机构请求损害赔偿。

教育机构赔偿责任的权利主体是受到伤害的学生，受害学生的亲权人或者监护人是法定代理人。

教育机构应当承担赔偿责任。订立有学生伤害事故保险合同的，应当先依照保险合同确定赔偿关系。保险公司赔偿不足部分需要教育机构承担赔偿责任的，教育机构是赔偿责任主体，赔偿权利主体可以继续向教育机构请求承担赔偿责任。

4.6.4.2 免责事由

凡是符合《侵权责任法》第三章规定的不承担责任或者减轻责任法定情形的，应当免除教育机构责任。

除此之外，由于学生及其监护人责任引发的人身损害，教育机构也不承担责任。学生及其监护人责任事故，是指学生伤害事故的发生，教育机构没有过错，而是由于学生自己的过失，或者是由于其监护人没有尽到监护责任造成的，损害应当自己负担的事故责任。监护人应当是亲权人以及其他监护人。中国教育部《学生伤害事故处理办法》第 10 条规定，未成年学生监护人由于过错，有下列情形之一，造成学生伤害事故，应当依法承担相应的责任：一是学生违反法律法规的规定，违反社会公共行为准则、学校的规章制度或者纪律，实施按其年龄和认知能力应当知道具有危险或者可能危及他人的行为的；二是学生行为具有危险性，学校、教师已经告诫、纠正，但学生不听劝阻、拒不改正的；三是学生或者其监护人知道学生有特异体质，或者患有特定疾病，但未告知学校的；四是未成年学生的身体状况、行为、情绪等有异常情况，监护人知道或者已被学校告知，但未履行相应监护职责的；五是未成年学生的监护人有其他过错的，应当由未成年学生的监护人承担。

第5章

产品责任

典型案例

某市居民丁某经营蛋糕房，某日购买3瓶喷雾杀虫剂，指示两位员工打烊前打扫卫生、喷洒杀虫剂。两位员工过量喷洒含有石油气的杀虫剂，关灯时发生空气爆炸，把员工炸伤。受害人向法院起诉，要求该杀虫剂的生产者和销售者承担赔偿责任。法官认为，尽管该杀虫剂有警示和说明，但其中关于“使用本品，每10平方米喷洒15秒，关上门窗20分钟，效果最佳”的说明不充分，并不是说明对一个有合理危险的产品如不这样使用就会发生危险，而是这种方法是最经济的使用方法。故判决生产者承担60%的赔偿责任；因受害人在使用杀虫剂时有重大过失，实行过失相抵，40%责任由受害人自己承担。

5.1 产品责任概述

5.1.1 概念和特征

产品责任是指产品生产者、销售者因生产、销售缺陷产品致使他人遭受人身伤害、财产损失或有致使他人遭受人身、财产损害之虞而应承担的赔偿损失、消除危险、停止侵害等责任的特殊侵权责任。

产品责任具有以下法律特征：

（1）产品责任发生在产品流通领域。产品进入流通领域的标志，是产品经过交易、转让等合同行为，由生产者、销售者之手，转入消费者之手。产品责任发生在这个领域中。

（2）致人损害的产品须存在缺陷。构成产品责任的核心要件是产品存在缺陷。产品责任并不是产品自身质量问题和自身损坏造成的产品本身损失，而是产品因缺陷造成使用人的人身伤害或者缺陷产品以外的其他财产损害。

（3）产品责任是特殊侵权责任。产品责任的性质属于物件致人损害。缺陷产品致人损害时，与该致害产品有关联的人即生产者、销售者对造成的损害承担赔偿责任。

5.1.2 产品缺陷

5.1.2.1 概念

确定产品责任的最基本概念是产品缺陷。对于缺陷，《侵权责任法》没有规定，适用《产品质量法》第46条规定："本法所称缺陷，是指产品存在危及人身、他人财产安全的不合理的危险；产品有保障人体健康和人身、财产安全的国家标准、行业标准的，是指不符合该标准。"

缺陷的具体含义是：

（1）缺陷是一种不合理的危险。合理的危险不是缺陷。在产品的耐用期限内，在通常或合理的可能预见的使用状态下，产品须无任何危险；或虽具有危险性，但该危险性是被容许的，与每个人的安全与健康保护相互一致。

（2）这种危险危及人身和产品之外的其他财产安全。产品缺陷表现的人身危险，是使用人的生命或者健康所面临的危险，财产危险是使用人所拥有的除了缺陷产品之外的其他财产所面临的危险。危险一旦发生，必将造成使用人的人身损害和财产损害。

（3）缺陷是产品不符合保障人身、财产安全的标准。当产品有保障人体健康和人身、财产安全的国家标准、行业标准时，产品的缺陷是指不符合该标准。违反安全标准，是产品缺陷最简单的评判准则。

5.1.2.2　种类

（1）制造缺陷。是指产品在制造过程中产生的不合理危险。导致危险的原因多样，包括质量管理不善、技术水平差等。此种缺陷可能发生于从原材料、零部件的选择到产品的制造、加工和装配工序等各个环节。

（2）设计缺陷。是指产品的设计如产品结构、配方等存在不合理危险。[①] 考察设计缺陷，应当结合产品的用途，如果将

---

① 张新宝:《中国侵权行为法》，中国社会科学出版社1998年版，第493页。

产品用于所设计的用途以外，即使存在不合理危险，也不能认为其存在设计缺陷。

（3）警示缺陷。是指产品存在合理危险，销售产品时没有适当的警示与说明。警示是对产品所具有的危险性运用标志或文字所作的提示，说明是对产品的主要性能、正确的使用方法以及错误使用可能招致的危险等所做的文字表述。凡是具有合理危险的产品，就须进行充分的警示说明。

（4）跟踪观察缺陷。是指在发展风险中，生产者将新产品投放市场后，违反对新产品应当尽到的跟踪观察义务，致使该产品造成使用人的人身损害或者财产损害的不合理危险。

5.2 责任构成与责任承担

5.2.1 归责原则和构成要件

5.2.1.1 归责原则

产品责任适用无过错责任原则。确定这种侵权责任不考察生产者和销售者的过错，无论其有无过错，只要受害人能够证明产品具有缺陷，即构成侵权责任。

5.2.1.2 构成要件

（1）产品存在缺陷。《侵权责任法》对产品的概念未作规定，应当适用《产品质量法》第 2 条第 2 款规定，即产品是指“经过加工、制作，用于销售的产品”。产品须符合两个条件：一是经过加工、制作，未经过加工制作的自然物不是产品；二是用于销售，是可以进入流通领域的物。上述产品存在缺陷，就构成本要件。

（2）人身、财产受到损害。产品责任的损害事实包括人身损害、财产损害和精神损害。人身损害包括致人死亡和致人伤残。财产损失不是指缺陷产品本身的损失（即购买该产品所付价金的损失），是指缺陷产品以外的其他财产的损失。

（3）因果关系。要求产品的缺陷与受害人的损害事实之间存在的引起与被引起的关系。确认产品责任的因果关系要由受害人证明，证明的内容是，损害是由于使用或消费有缺陷的产品所致。

5.2.2 法律关系主体

5.2.2.1 权利主体

产品责任法律关系的权利主体，是缺陷产品造成人身损害或者财产损害的消费者和他人，包括因产品存在缺陷造成人身伤害或者财产损害的一切受害者。

5.2.2.2 义务主体

（1）生产者。是产品的制造者，包括：一是成品生产者，是产品责任的主要承担者；二是零部件生产者、原材料生产者，产品缺陷由零部件生产者、原材料生产者造成的，受害人向其请求损害赔偿时，应承担侵权责任；三是准生产者，对他人制造的产品像自己制造的产品一样进行销售或者以其他形式经营，视为生产者。

（2）销售者。是生产者之外的产品经销商。产品责任中的销售者应满足的条件是：一是以经营该产品为业的人，例如私车转让人不是销售者；二是此种经营应是长期的，而不是临时或偶尔进行销售；三是不要求该致害产品是其主营业或唯一的营业，例如影院出售的爆米花。销售者的范围根据产品提供或经营方式，主要包括批发商、零售商、出租人、行纪人等。

5.2.3　不真正连带责任

5.2.3.1　一般规则

《侵权责任法》第 41 条至第 43 条规定生产者与销售者在承担产品责任的基本责任形态是不真正连带责任。

不真正连带责任是指多数行为人对一个受害人实施加害行为，或者不同的行为人基于不同的行为而致使受害人的权利受到损害，各个行为人产生的同一内容的侵权责任，各负全部赔偿责任，并因行为人之一的履行而使全体责任人的责任归于消灭的侵权责任形态。按照这样的规则，不论受害人向法院起诉生产者还是起诉销售者，只要生产或者销售的产品有缺陷，造成了损害，就应当由被起诉的被告承担责任，如果起诉的是销售者，而产品缺陷是生产者造成的，销售者在承担了侵权责任之后，可以向生产者求偿；反之亦然。

5.2.3.2　对外关系

产品责任不真正连带责任的对外关系，是“因产品存在缺陷造成损害的，被侵权人可以向产品的生产者请求赔偿，也可以向产品的销售者请求赔偿”。第一，被侵权人对于产品生产者或者销售者均享有损害赔偿请求权，可以从中选择一个作为侵权责任人。在这种情况下责任人承担的责任，是中间责任而不是最终责任。第二，不论是生产者还是销售者承担中间责任，都适用无过错责任原则。在被侵权人主张销售者承担中间责任时，销售者不得以自己对产品缺陷的产生无过错进行抗辩。第三，不真正连带责任的中间责任不分份额，须由主张的责任人承担全部责任。

5.2.3.3 对内关系

产品责任不真正连带责任的对内关系，是承担中间责任的一方向应当承担最终责任的一方的追偿关系，即“产品缺陷由生产者造成的，销售者赔偿后，有权向生产者追偿。”“因销售者的过错使产品存在缺陷的，生产者赔偿后，有权向销售者追偿。”第一，“产品缺陷由生产者造成的，销售者赔偿后，有权向生产者追偿”，是销售者对产品缺陷的产生没有过错，而产品缺陷是由生产者造成的，在被侵权人向销售者主张损害赔偿请求权，销售者承担了中间责任之后，可以向生产者主张追偿。第二，“因销售者的过错使产品存在缺陷的，生产者赔偿后，有权向销售者追偿”，是销售者对产品缺陷的产生有过错，生产者承担了中间责任之后，对销售者享有承担最终责任的追偿权。生产者行使该追偿权，可以向销售者追偿，请求承担最终责任。

5.2.4　免责事由与诉讼时效

5.2.4.1　免责事由

（1）特有免责事由。《产品质量法》第41条规定，产品生产者能够证明有下列情形之一的，不承担赔偿责任：一是“未将产品投入流通”。投入流通包括任何形式的出售、出租、租赁以及抵押、出质、典当等。未投入流通的产品，即使有缺陷并造成了他人损害，生产者也不承担产品责任。二是“产品投入流通时，引起损害的缺陷尚不存在”。投入流通，是指产品从生产厂家出厂进入流通环节，将产品交付给使用者之前。如果生产者将产品投入流通时，产品无缺陷而在销售中形成缺陷，则不适用该免责事由，生产者与销售者应当承担不真正连带责任。三是“将产品投入流通时的科学技术水平尚不能发现缺陷的存在”。这是发展风险抗辩，即生产者无法控制的产品致损风险。对此，应当与《侵权责任法》第46条规定的跟踪观察缺陷相联系，即“将产品投入流通时的科学技术水平尚不能发现缺陷的存在的”，应当确定其生产者以跟踪观察义务为强制性义务，发现危险或者损害必须召回，否则构成跟踪观察缺陷，应当承担产品责任。

（2）一般免责事由。在实践中，以下事由也可据以抗辩：第一，受害人故意引起的损害，产品的销售者或者生产者不承担损害赔偿责任。第二，超过有效期间的旧产品造成损害的，免除责任，产品出售人只对产品在有效期限内造成的损害负责。[①] 第三，明显的危险无警告义务。明显的危险性就是指公众普遍认知或意识到的产品危险性。法律要求制造人对于产品的可预见的危险予以警告以避免损害的发生，但不应不合理地要求制造人对产品引起的每一损害承担责任，如刀刃锋利可以伤人等。

5.2.4.2 诉讼时效

中国产品责任的诉讼时效按照《产品质量法》第 45 条确定，即因产品存在缺陷造成损害请求赔偿的诉讼时效期间为 2 年，自当事人知道或者应当知道其权益受到损害时起计算。因产品存在缺陷造成损害要求赔偿的请求权，在造成损害的缺陷产品交付最初消费者满 10 年丧失；但是，尚未超过明示的安全使用期的除外。

5.3 关于产品责任的特别规定

5.3.1 产品责任的第三人责任

《侵权责任法》第 44 条规定的第三人过错的责任形态，称为先付责任，是指在第三人的过错致使产品存在缺陷造成他人损害时，由缺陷产品的生产者或者销售者先承担赔偿责任，生产者或者销售者承担了赔偿责任之后，再向第三人追偿的产品责任形态。[②]

---

① 参见朱克鹏、田卫红："论产品责任法上的产品缺陷"，载《法学评论》1994 年第 6 期。

① 杨立新："多数人侵权行为及责任理论的新发展"，载《法学》2012 年第 7 期。

先付责任构成时，产品存在缺陷，已经造成了他人的损害，存在因果关系，但产品缺陷的形成不是因生产者或者销售者的过错，而是由于运输者、仓储者等第三人的过错所致。具体规则是：

（1）生产者或者销售者承担的产品责任属于中间责任，无论有无过错都应当对被侵权人承担赔偿责任。因而不适用《侵权责任法》第 28 条关于第三人造成损害由第三人承担侵权责任的规则，由生产者或者销售者按照先付责任承担中间责任。

（2）生产者或者销售者承担了中间责任之后，对有过错的仓储者或者运输者等第三人享有追偿权。

（3）第三人的范围，法律规定为运输者和仓储者以及其进口商等。凡属于生产者、销售者之外的其他对缺陷产生具有过错的人，都是第三人。

5.3.2 跟踪观察缺陷产品责任

为了克服发展风险抗辩所招致的损害分配有违公平正义的弊端，更好地保护消费者的合法权益，中国侵权法确立生产者的跟踪观察义务，须对所生产产品的性能以及实际使用效果进行不间断的了解，必要时应做出警示，直至召回产品。产品生产者对于投放市场的新产品没有尽到跟踪观察义务，应当发现而没有发现新产品存在的缺陷，或者已经发现新产品的缺陷而没有及时召回，或者没有进行必要的警示说明，致使消费者受到侵害的，构成跟踪观察缺陷，应当承担侵权责任。

跟踪观察缺陷侵权责任适用过错推定原则。这是因为，根据《侵权责任法》第46条规定，凡是“未及时采取补救措施或者补救措施不力”的产品生产者，就具有过失。产品跟踪观察缺陷的侵权责任构成要件包括以下四个方面：

（1）违法行为。违反产品跟踪观察义务的不法行为包括不履行跟踪观察义务和不当履行跟踪观察义务的行为。没有警示、召回是违反法定义务，构成行为不法；不当警示、召回是生产者虽然实施了警示、召回措施，但违反通常标准采取补救措施不力，同样也是违法行为。警示、召回的区别是：对于跟踪观察的产品发现有合理危险的，应予警示；对发现有不合理危险的产品，应予召回。

（2）已经造成损害。主要是对生命、健康权的损害，以及由此而生的财产损失和精神痛苦。

（3）因果关系。跟踪观察缺陷产品责任的因果关系确定，应当适用相当因果关系规则确定。

（4）生产者或者销售者未尽跟踪观察义务有过失。判断生产者违反产品跟踪观察义务中的过失的判断标准，应当采取“理性人”的分析方法，同时适用消费者合理期待的标准。以理性人的标准要求生产者在履行产品跟踪观察义务时未尽到善尽交易上的注意（以善良管理人的注意为妥），即可认定为有过失。

跟踪观察缺陷产品责任的损害赔偿，应当按照《侵权责任法》第41条至第43条规定的规则进行。

5.3.3 恶意产品责任的惩罚性赔偿

5.3.3.1 必要性

《侵权责任法》第 47 条规定了恶意产品责任的惩罚性赔偿制度，但没有规定计算方法，应当分别适用 2013 年《消费者权益保护法》第 55 条第 2 款或者 2015 年《食品安全法》第 148 条第 2 款规定计算。

设立恶意产品责任的惩罚性赔偿制度，目的在于参酌英美法系惩罚性赔偿制度，以惩罚不法行为，吓阻不法行为再度发生，维护消费者的合法权益。[①] 目前在中国实行这样的规定效果良好。

5.3.3.2 责任构成要件

（1）明知产品存在缺陷。是生产者或者销售者已经确定地知道生产的或者销售的产品存在缺陷，具有损害他人生命或者健康的危险。

（2）仍然生产、销售。生产者或者销售者继续将缺陷产品投入流通，并且希望其流通到消费者的手中。仍然生产、销售，是明知之后或者明知当中所为，也包括在生产销售之后，通过已经发生损害之后的明知。

（3）造成他人生命健康损害。恶意产品责任须具备本要件，

---

① 戴志杰：“两岸《消保法》惩罚性赔偿金制度之比较研究”，载《台湾大学法学论丛》第 53 期。

造成其他损害的，不适用惩罚性赔偿责任。

5.3.3.3　计算方法

对于一般的恶意产品责任的惩罚性赔偿，适用《消费者权益保护法》第 55 条第 2 款关于"经营者明知商品或者服务存在缺陷，仍然向消费者提供，造成消费者或者其他受害人死亡或者健康严重损害的，受害人有权要求经营者依照本法第 49 条、第 51 条等法律规定赔偿损失，并有权要求所受损失二倍以下的惩罚性赔偿"的规定。确定方法是：首先，应当确定侵权人承担造成损害的人身损害赔偿责任和精神损害赔偿责任。其次，在此基础上，确定惩罚性赔偿责任，即前述人身损害赔偿和精神损害赔偿责任总和的二倍，作为惩罚性赔偿责任的数额。因此，恶意产品责任的惩罚性赔偿，就是实际造成的损害赔偿责任再加上两倍的惩罚性赔偿，因而可以达到总共三倍的赔偿金。

对于食品的恶意产品损害责任，则可以依照《食品安全法》第 148 条第 2 款关于"生产不符合食品安全标准的食品或者经营明知是不符合食品安全标准的食品，消费者除要求赔偿损失外，还可以向生产者或者经营者要求支付价款十倍或者损失三倍的赔偿金；增加赔偿的金额不足一千元的，为一千元"的规定，请求这种数额的惩罚性赔偿，惩罚性赔偿数额更高。

第 6 章

机动车交通事故责任

典型案例

王某将机动车转让给秦某，车款两清，但未办过户手续。某雨夜，秦某驾驶该车运输玉米，途中发生交通事故，将行人张某撞成重伤，交通事故认定书认定秦某负全部责任。张某向秦某、王某索赔无果，诉至法院。法院审理认为，王某将机动车转让给秦某，虽未办理过户手续，但秦某已经实际取得并占有了该车，对该车有管理、使用和收益的权利。王某已经失去对该车的支配权，也不能从该车运营中获得利益，对事故无法控制和预防，故判决由车辆受让人秦某承担损害赔偿责任，王某不承担责任。

6.1　机动车交通事故责任的基本规则

6.1.1　机动车交通事故责任概述

6.1.1.1　概念和特征

机动车交通事故是指机动车与非机动车驾驶人、行人、乘车人以及其他在公路、城市道路和虽在单位管辖范围但允许社会机动车通行的地方，以及广场、公共停车场等用于公众通行的场所，进行交通活动的人员，因违反《道路交通安全法》和其他道路交通管理法规、规章的行为，过失或者意外造成的人身伤亡或者财产损失的事故。

机动车交通事故责任的特征是：（1）机动车交通事故责任发生在道路交通领域；（2）责任人与受害人在事故发生之前不存在相对性的民事法律关系；（3）机动车交通事故责任的主要形式是人身损害赔偿但亦有财产损害赔偿；（4）机动车交通事故责任既受特别法调整也受基本法调整。

6.1.1.2 构成机动车交通事故的要素

（1）车的要素。包括机动车和非机动车。机动车是指以动力装置驱动或者牵引，上道路行驶的供人员乘用或者用于运送物品以及进行工程专项作业的轮式车辆。非机动车是指以人力或者畜力驱动，上道路行驶的交通工具，以及虽有动力装置驱动但设计最高时速、空车质量、外形尺寸符合有关国家标准的残疾人机动轮椅车、电动自行车等交通工具。

（2）人的要素。人的要素是主体要素，是该法律关系的责任主体、行为主体和权利主体要素。一是机动车保有人，是指保有机动车并且对机动车享有支配权和利益归属的法人、其他组织或者自然人。二是机动车驾驶人，是指符合国务院公安部门规定的驾驶许可条件，依法取得机动车驾驶资格，在道路上正在驾驶机动车的自然人。三是非机动车驾驶人，包括年满12

周岁，在道路上驾驶自行车、三轮车的人；年满 16 周岁，在道路上驾驶电动自行车、残疾人机动轮椅车的人；年满 16 岁，在道路上驾驭畜力车的人；驾驶设计时速不超过 20 公里的轮式手扶拖拉机的人。四是行人，是在道路上行走的自然人。五是受害人，是损害赔偿法律关系的权利主体，享有侵权损害赔偿的请求权，有权向机动车交通事故责任人请求承担侵权责任。

（3）道路与交通的要素。道路是指公路、城市道路和虽在单位管辖范围但允许社会机动车通行的地方，包括广场、公共停车场等用于公众通行的场所。交通是指机动车、非机动车以及行人在道路上往来通达，实现交往沟通目的的社会活动。

（4）事故与责任的要素。交通事故是指车辆在道路上因过错或者意外造成的人身伤亡或者财产损失的事件。机动车交通事故责任中的责任，是损害赔偿责任，是民事责任、侵权责任、财产责任。侵权法研究机动车交通事故责任都是民事责任，不包括其他法律责任。

6.1.2　确定机动车交通事故责任的基本规则

《侵权责任法》第 48 条规定："机动车发生交通事故造成损害的，依照道路交通安全法的有关规定承担赔偿责任。"该条指代的是《道路交通安全法》第 76 条："机动车发生交通事故造成人身伤亡、财产损失的，由保险公司在机动车第三者责任强制保险责任限额范围内予以赔偿；不足的部分，按照下列规定承担赔偿责任：（一）机动车之间发生交通事故的，由有过错的一方承担赔偿责任；双方都有过错的，按照各自过错的比例分担责任。（二）机动车与非机动车驾驶人、行人之间发生交通事故，非机动车驾驶人、行人没有过错的，由机动车一方承担赔偿责任；有证据证明非机动车驾驶人、行人有过错的，根据过错程度适当减轻机动车一方的赔偿责任；机动车一方没有过错的，承担不超过百分之十的赔偿责任。交通事故的损失是由非机动车驾驶人、行人故意碰撞机动车造成的，机动车一方不承担赔偿责任。”该条规定了机动车交通事故以下五项规则。

6.1.2.1 保险优先原则

机动车发生交通事故，首先由机动车交通事故强制保险赔付。在强制保险范围内，不适用侵权法的规则，不问过错，只按照机动车强制保险的规则进行。机动车强制保险赔付不足部分，始适用侵权责任法的规则处理。

6.1.2.2 二元归责原则体系

机动车交通事故责任适用两个归责原则：（1）机动车造成非机动车驾驶人或者行人人身损害的，适用过错推定原则，实行过错推定；（2）机动车相互之间造成损害，以及其他机动车交通事故责任，适用过错责任原则。

6.1.2.3 适当的过失相抵规则

机动车与非机动车驾驶人或者行人在交通事故中各有过失的，构成与有过失，实行过失相抵。由于实行“优者危险负担”规则，在按照过错程度和原因力规则确定了机动车一方的责任后，应当适当增加百分之十。例如双方责任为同等责任，则机动车一方应当承担百分之六十的责任。

6.1.2.4　机动车一方无过失

机动车一方无过失，损害是由非机动车驾驶人或者行人一方的过失引起的，亦实行“优者危险负担”规则，机动车一方承担不超过百分之十的责任。具体数额，可以按照非机动车驾驶人或者行人的过错程度具体确定，最低不低于百分之五，在百分之五至百分之十之间，根据非机动车驾驶人或者行人的过失程度，确定具体的赔偿数额。

6.1.2.5　受害人故意引起损害

交通事故损失是因非机动车驾驶人或者行人的故意引起的，机动车一方不承担责任。

6.1.3　构成要件及责任形态

6.1.3.1　构成要件

（1）违法行为。在道路交通中，道路交通参与人违反法律规定的不可侵义务，以及以保护他人为目的的法律所规定的义务，实施的作为和不作为，具有违法性。在机动车作为一方的机动车交通事故责任中，机动车处于“运行状态”是成立违法行为的必要条件。

（2）损害事实。由于道路交通参与人的过失行为造成的权利主体的人身权利以及财产权利的损害，主要是人身权利受到侵害，也存在财产权利受到侵害的情况。

（3）因果关系。机动车交通事故责任的因果关系复杂、多样，确定机动车交通事故责任中的因果关系在理论上和实践中具有重要意义，机动车交通事故责任中因果关系的判断可以采纳直接因果关系规则、相当因果关系规则等确定。

（4）过失。机动车交通事故责任的过错表现为过失。故意以交通肇事伤害他人，构成刑事犯罪。

6.1.3.2 责任形态

机动车交通事故责任主要是损害赔偿责任，其基本责任形态是替代责任和自己责任。替代责任是常态，凡是机动车保有人与机动车驾驶人相分离的机动车交通事故责任，都属于替代责任；而机动车保有人自己驾驶机动车造成交通事故致人损害的，是自己责任。

（1）机动车交通事故责任中的替代责任。机动车交通事故的替代责任，是指机动车保有人作为责任主体，为机动车驾驶人的过失行为造成的机动车交通事故责任致他人人身损害或者财产损害，应当承担赔偿责任；机动车保有人承担了赔偿责任之后，有权向有过失的机动车驾驶人追偿的侵权责任形态。

（2）机动车交通事故责任中的自己责任。机动车交通事故责任的自己责任，是机动车保有人自己驾驶机动车，或者家庭成员驾驶家庭保有的机动车，由于自己的过失造成机动车交通事故责任致他人人身损害或者财产损害，应当由自己或者家庭承担赔偿责任的机动车交通事故责任的责任形态。

（3）机动车交通事故责任中的连带责任。机动车交通事故责任构成共同侵权行为，应当承担连带责任。机动车交通事故责任的共同侵权有两种：一是，两个以上的机动车因共同过失造成同一个受害人损害，其因果关系具有同一性，造成的损害不可分割，两个以上的机动车构成共同侵权行为。二是，共有的机动车发生机动车交通事故致人损害，数个机动车共有人应当承担的责任也是连带责任。

6.2　机动车交通事故的特殊责任主体

6.2.1　确定机动车交通事故特殊责任主体的依据

机动车交通事故责任中的特殊侵权责任主体，讨论的是机动车保有人和机动车使用人究竟应当由谁承担侵权责任的问题。

6.2.1.1　运行支配与运行利益

在机动车保有人与机动车使用人相分离的情形下，应当从机动车运行支配和运行利益两个方面进行考量：首先考量机动车的运行支配，即谁有能力来控制发生事故的机动车的风险；其次考量谁对机动车的运行享有利益，即谁从机动车的运行利益中获利。只有将两个方面结合考虑，才能正确确定机动车交通事故责任的特殊主体。

6.2.1.2　确定机动车交通事故特殊责任主体的基本考虑

确定机动车交通事故特殊责任主体，须寻求利益关系的平衡。法律将其规定过于宽泛，不利于社会效率的进步；规定过于狭窄，则不利于社会的公平。在确定责任主体的过程中，公平确定侵权责任，保障社会效率和社会公平。

6.2.2 出租、出借机动车损害责任

6.2.2.1 机动车光车出租

光车出租是出租公司仅出租机动车，不附带驾驶人。对此，应当按照《侵权责任法》第 49 条规定的规则确定责任。承租人租用机动车使用，发生交通事故，承租人作为使用人，应当承担赔偿责任。如果出租人有过错，应当承担相应的赔偿责任。确定相应的赔偿责任，应当由出租人的过错程度以及行为的原因力确定。

6.2.2.2 带驾驶人出租

带驾驶人的出租机动车，发生交通事故致人损害的，性质属于承揽合同，承租人为定作人，出租人为承揽人，承揽的事项是按照承租人的指示提供车辆并且按照指示进行运行。因此，所谓承租人其实就是定作人，出租的也不是车，而是连人带车一起为承租人服务。确定侵权责任，不适用《侵权责任法》第 49 条规定，应按照最高人民法院《关于审理人身损害赔偿案件适用法律若干问题的解释》第 10 条关于“承揽人在完成工作过程中对第三人造成损害或者造成自身损害的，定作人不承担赔偿责任。但定作人对定作、指示或者选任有过失的，应当承担相应的赔偿责任”的规定确定责任承担。

6.2.2.3 出借机动车损害责任

《侵权责任法》第 49 条将机动车出租和出借两种情形规定在一起，适用同样的规则。首先，借用人借用他人机动车造成

交通事故，借用人应当自己承担损害赔偿责任，机动车的出借人不承担责任。其次，机动车所有人即出借人对损害的发生有过错的，承担相应的赔偿责任。

6.2.2.4　认定出租人和出借人过失的规则及后果

适用《侵权责任法》第 49 条确定机动车所有人有过失，最高人民法院《关于审理道路交通事故损害赔偿案件适用法律若干问题的解释》提出了四条标准，即：一是知道或者应当知道机动车存在缺陷，且该缺陷是交通事故发生原因之一的；二是知道或者应当知道驾驶人无驾驶资格或者未取得相应驾驶资格的；三是知道或者应当知道驾驶人因饮酒、服用国家管制的精神药品或者麻醉药品，或者患有妨碍安全驾驶机动车的疾病等依法不能驾驶机动车的；四是其他应当认定机动车所有人或者管理人有过错的。

对于未经允许驾驶他人机动车发生交通事故造成损害的，如果当事人依照《侵权责任法》第 49 条的规定请求由机动车驾驶人承担赔偿责任的，人民法院应予支持；如果机动车所有人或者管理人有上述内容的过错的，应当承担相应的赔偿责任，但具有《侵权责任法》第 52 条规定情形，即盗窃、抢劫、抢夺机动车的除外。

出租出借机动车损害责任的责任后果，是单向连带责任。相应责任是机动车所有人对于损害的发生，按照自己的过错程度或者原因力，承担与其相适应的责任比例，而不是全部赔偿。被侵权人只起诉承租人或者借用人，令其承担全部赔偿责任；

只起诉机动车所有人的，机动车所有人按照过失程度和原因力，承担相应的责任，不承担全部责任。被侵权人一并起诉借用人或者承租人以及机动车所有人的，法院根据按份责任的规则确定各自的赔偿责任份额，机动车使用人承担连带责任，机动车所有人承担按份责任。

6.2.3 买卖未办理过户登记的机动车损害责任

在二手机动车买卖中，原机动车所有人（登记机动车保有人，也叫登记车主）将机动车交付给买受人（实际机动车保有人，也叫事实车主）后，并未按照规定办理过户手续，致登记机动车保有人和实际机动车保有人相分离。此时机动车发生交通事故致人损害，由于连环购车未办理过户手续，机动车已交付，原机动车保有人既不能支配该车的运营，也不能从该车的运营中获得利益，故原机动车保有人不应对机动车发生交通事故致人损害承担责任。《侵权责任法》坚持这样的立场。

适用上述规则的要件是：（1）当事人之间已经以买卖等方式转让并交付机动车，交付的含义就是转移所有权。（2）双方当事人未办理所有权转移登记，登记并不是转移机动车所有权的手续，而是行政管理的手续。（3）转让的机动车发生交通事故致人损害。（4）交通事故责任属于机动车一方责任，即事实车主的责任。符合这四个条件，由机动车的受让人承担赔偿责任，机动车出让人即使仍然是登记在册的机动车所有人，也不承担责任。

6.2.4　非法转让拼装或者报废机动车损害责任

中国政府严禁拼装机动车，也严禁转让达到报废标准的机动车。违反法律规定，非法转让拼装的机动车或者已经达到报废标准的机动车，属于严重的违法行为，在转让人和受让人的主观上都具有故意违法的意图。非法转让拼装机动车或者达到报废标准的机动车，发生交通事故造成损害的，无论是造成他人损害，还是造成自己的损害，在转让人和受让人之间具有间接故意，构成共同侵权行为，由转让人和受让人承担连带责任。

这种机动车交通事故责任是绝对责任，即无论买卖拼装车还是报废车，只要造成他人损害，出卖人和买受人就必须承担连带责任，并且不论经过几手转卖，都应当如此。同时，承担这种绝对责任不得主张减轻责任和免除责任。

6.2.5　盗抢机动车损害责任

在盗窃、抢夺或者抢劫驾驶机动车的情况下，机动车处于非法持有者的完全控制之下，原机动车保有人此时对机动车既不存在实际的运行支配，又没有对机动车享有运行利益，因此，非法持有机动车的人既是机动车的运行支配者又是运行利益的归属者，为损害赔偿的责任主体，由盗窃人、抢劫人或者抢夺人承担赔偿责任。

盗窃、抢夺、抢劫机动车发生肇事后罪犯逃逸，受害人无法得到赔偿。由于该机动车车主有强制保险，强制保险应当在保险责任范围内垫付抢救费用，对肇事的责任人取得追偿请求权，当肇事的责任人出现时，有权向其追偿。

6.3 机动车驾驶人肇事逃逸的责任负担

6.3.1 机动车交通事故强制保险

机动车驾驶人发生交通事故后逃逸，该机动车参加强制保险的，由保险公司在机动车强制保险责任限额范围内予以赔偿。保险公司不得以任何理由予以拒绝。

6.3.2 机动车交通事故责任社会救助基金

机动车不明或者该机动车未参加强制保险，需要支付被侵权人人身伤亡的抢救、丧葬等费用的，由机动车交通事故责任社会救助基金垫付。“机动车不明”是指机动车的权属不明，即不知道该机动车归属于谁所有。为了保护受害人的合法权益，使其损害得到及时救济，法律规定由机动车交通事故责任社会救助基金垫付被侵权人的人身伤亡的抢救、丧葬等费用。

机动车交通事故责任社会救助基金垫付后，其管理机构有权向交通事故责任人追偿，取得受害人的损害赔偿请求权，有权向交通事故责任人追偿。机动车交通事故责任社会救助基金享有追偿权的，仅仅是其已经垫付的部分；没有垫付的其他损害的请求权仍由被侵权人享有，仍然有权向侵权人行使。

6.4　最高人民法院司法解释的补充规定

2015 年 12 月 21 日，最高人民法院公布实施了《关于审理道路交通事故损害赔偿案件适用法律若干问题的解释》，对机动车交通事故责任的实体法适用，提出了具体规则。

6.4.1　关于主体责任的认定

对于机动车交通事故的责任主体，司法解释作出了详细规定。

（1）以挂靠形式从事道路运输经营活动的机动车发生交通事故造成损害，属于该机动车一方责任，当事人请求由挂靠人和被挂靠人承担连带责任的，人民法院应予支持。

（2）被多次转让但未办理转移登记的机动车发生交通事故造成损害，属于该机动车一方责任，当事人请求由最后一次转让并交付的受让人承担赔偿责任的，人民法院应予支持。

（3）套牌机动车发生交通事故造成损害，属于该机动车一方责任，当事人请求由套牌机动车的所有人或者管理人承担赔偿责任的，人民法院应予支持；被套牌机动车所有人或者管理人同意套牌的，应当与套牌机动车的所有人或者管理人承担连带责任。

（4）拼装车、已达到报废标准的机动车或者依法禁止行驶的其他机动车被多次转让，并发生交通事故造成损害，当事人请求由所有的转让人和受让人承担连带责任的，人民法院应予支持。

（5）接受机动车驾驶培训的人员，在培训活动中驾驶机动车发生交通事故造成损害，属于该机动车一方责任，当事人请求驾驶培训单位承担赔偿责任的，人民法院应予支持。

（6）机动车试乘过程中发生交通事故造成试乘人损害，当事人请求提供试乘服务者承担赔偿责任的，人民法院应予支持。试乘人有过错的，应当减轻提供试乘服务者的赔偿责任。

（7）因道路管理维护缺陷导致机动车发生交通事故造成损害，当事人请求道路管理者承担相应赔偿责任的，人民法院应予支持，但道路管理者能够证明已按照法律、法规、规章、国家标准、行业标准或者地方标准尽到安全防护、警示等管理维护义务的除外。依法不得进入高速公路的车辆、行人，进入高速公路发生交通事故造成自身损害，当事人请求高速公路管理者承担赔偿责任的，适用侵权责任法第 76 条的规定。

（8）因在道路上堆放、倾倒、遗撒物品等妨碍通行的行为，导致交通事故造成损害，当事人请求行为人承担赔偿责任的，人民法院应予支持。道路管理者不能证明已按照法律、法规、规章、国家标准、行业标准或者地方标准尽到清理、防护、警示等义务的，应当承担相应的赔偿责任。

（9）未按照法律、法规、规章或者国家标准、行业标准、地方标准的强制性规定设计、施工，致使道路存在缺陷并造成交通事故，当事人请求建设单位与施工单位承担相应赔偿责任的，人民法院应予支持。

（10）机动车存在产品缺陷导致交通事故造成损害，当事人请求生产者或者销售者依照侵权责任法第五章的规定承担赔偿责任的，人民法院应予支持。

（11）多辆机动车发生交通事故造成第三人损害，当事人请求多个侵权人承担赔偿责任的，人民法院应当区分不同情况，依照侵权责任法第 10 条、第 11 条或者第 12 条的规定，确定侵权人承担连带责任或者按份责任。

6.4.2　关于赔偿范围的认定

该司法解释还规定了赔偿范围的有关问题，一是规定，《道路交通安全法》第 76 条规定的“人身伤亡”，是指机动车发生交通事故侵害被侵权人的生命权、健康权等人身权益所造成的损害，包括《侵权责任法》第 16 条和第 22 条规定的各项损害。二是规定，《道路交通安全法》第 76 条规定的“财产损失”，是指因机动车发生交通事故侵害被侵权人的财产权益所造成的损失。

该司法解释还规定，因道路交通事故造成下列财产损失，当事人请求侵权人赔偿的，人民法院应予支持：一是维修被损坏车辆所支出的费用、车辆所载物品的损失、车辆施救费用；二是因车辆灭失或者无法修复，为购买交通事故发生时与被损坏车辆价值相当的车辆重置费用；三是依法从事货物运输、旅客运输等经营性活动的车辆，因无法从事相应经营活动所产生的合理停运损失；四是非经营性车辆因无法继续使用，所产生的通常替代性交通工具的合理费用。

第7章

医疗损害责任

典型案例

未婚女青年小红前往北京某体检中心进行健康体检，负责检查的医生未对其履行妇科检查的告知义务，进行阴道扩张检查，造成小红处女膜破裂并大出血，经治疗方愈。小红与该体检中心发生争执并起诉。法院以体检中心违反了医疗机构的特定告知义务存在过错为由，判令体检中心赔偿小红精神损害抚慰金 1 万元、交通费和医疗费若干元。①

7.1　医疗损害责任的概念和类型

7.1.1　概念和意义

医疗损害责任是指医疗机构及医务人员在医疗过程中因过失，或者在法律规定的情况下无论有无过失，造成患者人身损害或者其他损害，应当承担的以损害赔偿为主要方式的侵权责任。

① 本案例要旨是，医务人员未尽告知义务，造成患者损害，应当承担医疗伦理损害责任，赔偿受害患者的人身损害和精神损害。

医疗损害责任的基本特征是：（1）医疗损害责任的责任主体是医疗机构；（2）医疗损害责任的行为主体是医务人员；（3）医疗损害责任发生在医疗活动之中；（4）医疗损害责任是因医疗机构及医务人员过失医疗行为造成患者人身等权益损害而发生的责任；（5）医疗损害责任的基本形态是替代责任。

医疗损害责任分为三种类型，即医疗伦理损害责任、医疗技术损害责任和医疗产品损害责任。

7.1.2 医疗伦理损害责任

7.1.2.1 概念和特征

医疗伦理损害责任是指医疗机构及医务人员违背医疗良知和医疗伦理的要求，违背医疗机构和医务人员的告知义务，具有医疗伦理过失，造成患者知情权、自我决定权、隐私权损害以及人身损害，应当承担赔偿责任的医疗损害责任。《侵权责任法》第55条规定了这种医疗伦理损害责任。

医疗伦理损害责任的法律特征是：

（1）构成医疗伦理损害责任以医疗过失为前提。即医疗机构与医务人员承担该种侵权责任，须有过失。

（2）医疗伦理损害责任的过失是医疗伦理过失。医疗伦理损害责任所要具备的过失不是医疗技术过失，不是违反当时的医疗水平所确定的高度注意义务，而是违反医疗良知和医疗伦理，违反告知义务等伦理性义务的疏忽或者懈怠。

（3）医疗伦理过失的认定方式是过错推定。只要受害患者一方已经证明了医疗机构及医务人员违反了告知义务，法官即推定医疗机构及医务人员具有医疗伦理过失。

（4）构成医疗伦理损害责任的损害包括人身损害和其他民事权益损害。其他民事权益的损害事实，主要是知情权、自我决定权、隐私权等的损害，且是医疗伦理损害责任主要的损害事实。

7.1.2.2　类型

（1）违反资讯告知损害责任。是医疗机构及医务人员没有善尽对患者所负的告知义务、说明义务、建议义务等积极提供医疗资讯义务的过失，侵害患者知情权的侵权行为。

（2）侵害自我决定权损害责任。是指医疗机构及医护人员违反其应当尊重病患自主决定意愿的义务，未经病患同意，即积极采取某种医疗措施或者消极停止继续治疗的医疗损害责任。

（3）违反保密义务损害责任。在医患关系中，医生掌握患者的病患、病史以及其他个人信息，医疗机构及医务人员负有保密义务，泄露患者隐私或者未经患者同意公开其病历资料，造成患者损害的，应当承担侵权责任。

7.1.2.3　告知义务及其意义

违反资讯告知和侵害自我决定权医疗伦理损害责任的基础，是医疗机构和医务人员负有的告知义务，确定过失的基准都是医疗机构及医务人员违反其告知义务。《侵权责任法》第 55 条规定，医务人员告知义务分为三种形式：一是一般告知义务，医务人员在一般诊疗活动中应当向患者简要说明病情和医疗措施。二是特殊告知义务，需要实施手术、特殊检查、特殊治疗的，医务人员应当及时向患者说明病情、医疗措施、医疗风险、替代医疗方案等情况，并取得其书面同意。三是不宜向患者说明的，医务人员应当向患者的近亲属说明，并取得其书面同意。

7.1.2.4 构成要件

（1）违法行为。医疗机构和医务人员的告知等义务是一种法定义务，违反这些法定义务，行为具有违法性。违反告知义务包括：一是未履行告知义务；二是未履行充分告知义务；三是错误告知；四是迟延履行告知义务；五是履行了告知义务但未经同意而实施医疗行为。能够证明医疗机构及医务人员违反了告知等义务，就具有违法性。

（2）损害事实。医疗伦理损害责任的损害事实，主要表现为侵害患者的知情权、自我决定权、隐私权等，因此造成患者现实权益损害和期待利益的损害，也包括人身损害事实。

（3）因果关系。主要表现为未善尽告知义务的行为与知情权、自我决定权、隐私权、身份权以及相关利益受到损害之间的引起与被引起的关系。对此，受害患者一方承担举证责任。

（4）医疗伦理过失。医疗伦理损害责任构成的过失要件采推定规则，即存在未善尽告知义务，即推定医疗机构和医务人员具有过失。

7.1.2.5 责任形态和赔偿范围

医疗伦理损害责任是替代责任。医务人员在执行职务中，造成患者人身损害或者其他损害，构成医疗伦理损害责任的，由医疗机构承担侵权责任。受害患者一方应当向医疗机构请求赔偿。医疗机构承担了侵权责任之后，可以向有过错的医务人员进行追偿。

医疗伦理损害责任的赔偿范围，由于其损害事实主要不是人身损害事实（尽管也有人身损害事实），而是知情同意权、自我决定权、隐私权等的损害，因而主要是精神损害赔偿，造成人身损害的也包括人身损害赔偿责任。规则是：第一，违反告知等义务造成患者人身损害的，应当承担人身损害赔偿责任；第二，违反告知等义务没有造成患者人身损害，只造成了知情权、自我决定权、隐私权等精神性权利损害的，则应当承担精神损害赔偿责任；第三，如果造成了财产损害，也应当承担财产损害赔偿责任。

7.1.3 医疗技术损害责任

7.1.3.1 概念和特征

医疗技术损害责任是指医疗机构及医务人员在医疗活动中，违反医疗技术的高度注意义务，具有违背当时的医疗水平的技术过失，造成患者人身损害的医疗损害责任。《侵权责任法》第57条规定的是医疗技术损害责任。

医疗技术损害责任的法律特征是：

（1）构成医疗技术损害责任以有医疗过失为前提。医疗机构及医务人员不存在医疗过失，不构成医疗技术损害责任。

（2）医疗技术损害责任的过失是医疗技术过失。这以当时的医疗水平所确定的医疗机构及医务人员所应当承担的高度注意义务为标准，是违反临床医学上和医疗技术上应尽的高度注意义务的疏忽或者懈怠。

（3）医疗技术过失的认定方式主要是原告证明。受害患者一方不仅要证明医疗违法行为、损害事实以及因果关系要件的成立，还须证明医疗机构及医务人员有医疗技术过失。只有符合法律规定的推定过错事由的，才可以推定医疗机构及医务人员有医疗技术过失。

（4）医疗技术损害责任的损害事实只包括人身损害事实。医疗技术损害责任的损害事实只包括受害患者的人身损害事实，以及由人身损害事实引发的精神损害，不包括其他民事权益的损害。

7.1.3.2 类型

（1）诊断过失损害责任。最典型的诊断过失是误诊，判断标准是，一个理性的医师在疾病诊断中，作出了不符合当时的医疗水平的对患者疾病的错误判断，而如果是一个理性的医师是不可能出现这样的错误，就是诊断过失。

（2）治疗过失损害责任。在治疗中未遵守医疗规范、规章、规程，未尽高度注意义务，实施错误的治疗行为，造成患者人身损害的，为医疗过失损害责任。

（3）护理过失损害责任。医护人员在护理中违反高度注意义务，造成患者人身损害，也构成医疗技术损害责任。

（4）感染传染损害责任。医疗机构及医务人员未善尽高度注意义务，出现院内感染或者传染，造成患者感染新的疾病，损害生命健康的，应当承担医疗过失损害责任。[①]

（5）孕检损害责任。在妇产科医疗机构中，对胎儿状况的检查存在医疗疏忽或者懈怠，应当发现的胎儿畸形而未发现，使胎儿出生后才发现畸形造成损害的医疗技术损害责任。

（6）组织过失损害责任。医疗机构在医疗组织中，违反医院管理规范，疏于及时救助义务，或者延误治疗时间等，构成组织过失损害责任。

7.1.3.3　构成要件

《侵权责任法》明确规定，医疗技术损害责任适用过错责任原则。确定医疗机构承担侵权赔偿责任，须具备侵权责任的一般构成要件，实行一般的举证责任规则，即“谁主张，谁举证”。

构成医疗技术损害责任，应当具备以下四个要件。

（1）违法行为。医疗机构及医护人员的违法行为必须发生在医疗活动过程中，例如诊断、治疗、护理、管理等，都是发生医疗技术损害的违法行为的场合。违法性是指医疗机构违反了对患者的生命权、健康权、身体权不得侵害的法定义务。

（2）人身损害事实。医疗机构及医护人员在医疗活动中，造成患者人身损害的事实，包括受害人的生命权、健康权或者

① 参见侯英泠：《论院内感染之民事契约责任》，中国台湾地区正典出版文化有限公司 2004 年版。

身体权受到侵害，其具体表现形式是生命的丧失或者人身健康、身体的损害等。

（3）因果关系。医疗违法行为与患者人身损害后果之间须有因果关系。确定因果关系的标准为相当因果关系。

（4）医疗技术过失。构成医疗技术损害责任，医疗机构须具备医疗技术过失。医疗机构及医务人员没有过错，医疗机构不承担医疗技术损害责任。

7.1.3.4 责任形态

医疗技术损害责任的责任形态是替代责任。医务人员在执行职务中，由于违反技术规范等，造成患者人身损害，构成医疗技术损害责任的，其直接责任人是医疗机构，而不是医务人员。医疗机构对医务人员造成的损害承担责任，受害患者一方应当直接向医疗机构请求赔偿。医疗机构承担了侵权责任之后，可以向有过错的医务人员进行追偿，赔偿自己因承担赔偿责任而造成的损失。

7.1.4 医疗产品损害责任

7.1.4.1 概念和性质

医疗产品损害责任是指医疗机构在医疗过程中使用有缺陷的药品、消毒药剂、医疗器械以及不合格的血液等医疗产品或者准产品，造成患者人身损害，医疗机构或者医疗产品生产者、销售者应当承担的医疗损害赔偿责任。《侵权责任法》第59条规定的是医疗产品损害责任。

医疗产品损害责任既是医疗损害责任，也是产品责任，兼有两种性质。由于医疗产品损害责任具有产品责任性质，应当适用无过错责任原则。

7.1.4.2 责任构成

医疗机构与医疗产品生产者、销售者承担中间责任，均适用无过错责任原则。医疗机构承担医疗产品损害责任的最终责任时，须有过错要件存在；医疗机构不能指明缺陷医疗产品的生产者，也不能指明缺陷产品的供货者，或者医疗机构就是医疗产品生产者的，承担无过错责任。

医疗产品损害责任的构成，应当符合产品侵权责任的要求，须具备以下要件：

（1）医疗产品为缺陷产品。构成医疗产品损害责任的首要条件是医疗产品有缺陷。医疗产品包括四种，即药品、消毒药剂、医疗器械以及不合格的血液。

（2）患者人身损害事实。须将医疗产品应用于患者，由于医疗产品存在缺陷，造成了患者的人身损害。

（3）因果关系。医疗产品损害责任中的因果关系，是指医疗产品的缺陷与受害人的损害事实之间存在的引起与被引起的关系，医疗产品缺陷是原因，损害事实是结果。确认医疗产品责任的因果关系要由受害人证明。

7.1.4.3 责任形态

医疗产品造成患者损害的责任形态是不真正连带责任，其基本规则是：

（1）责任主体是医疗机构和医疗产品的生产者、销售者。第一，医疗机构直接使用医疗产品于患者身上，造成损害的，医疗机构是责任主体，应当承担责任；如果医疗机构不能指明缺陷医疗产品的生产者，也不能指明缺陷产品的供货者的，应当承担无过错责任。第二，医疗产品生产者制造了缺陷医疗产品，造成了患者的损害，应当承担责任。第三，医疗产品的销售者对于缺陷产品造成损害具有过失，不论其是否为产品缺陷的生产者，都应当承担侵权责任；如果销售者不能指明缺陷产品的生产者也不能指明缺陷产品的供货者，则销售者应当承担无过错责任。

（2）受害患者可以选择请求医疗机构、生产者或者销售者承担中间责任。受害患者有权在上述三种侵权责任主体中，选择对自己有利的一个行使请求权。受害患者可以选择医疗机构作为索赔主体，也可以选择医疗产品的生产者或者销售者承担赔偿责任。

（3）最终责任规则，准许承担中间责任的一方向缺陷医疗产品生产者、销售者追偿。[①] 医疗机构在承担了赔偿责任后，其取得对缺陷医疗产品生产者、销售者的追偿权。医疗机构可以向其请求承担因缺陷医疗产品造成损害的全部赔偿责任。这种赔偿是全额赔偿，包括在前手诉讼中造成的所有损失。

---

① 《侵权责任法》第59条没有明确规定有销售者，但根据产品责任的一般规则，责任主体应当包括缺陷医疗产品的销售者。

7.2　医疗过失的证明及举证责任

7.2.1　医疗过失的概念和类型

7.2.1.1　概念

医疗损害责任中的过错要件，表现为医疗机构及医务人员在诊疗护理中的过失，而不是故意。

医疗过失是指医疗机构在医疗活动中，医务人员未能按照当时的医疗水平通常应当提供的医疗服务，或者按照医疗良知、医疗伦理应当给予的诚信、合理的医疗服务，没有尽到高度注意义务，违反医疗卫生管理法律、行政法规、部门规章、医疗规范或常规，或者未尽法定告知、保密义务等的医疗失职行为，作为标准进行判断的主观心理状态，以及医疗机构存在的对医务人员疏于选任、管理、教育的主观心理状态。简言之，医疗过失就是医疗机构及医务人员未尽必要注意义务的疏忽和懈怠。

7.2.1.2　分类

（1）医疗技术过失。是指医疗机构及医务人员在病情的检验、诊断，治疗方法的选择，治疗措施的执行，以及病情发展过程的追踪，术后照护等医疗行为中，不符合当时的医疗专业知识或技术水平的疏忽或者懈怠。确定这种医疗过失，适用当时的医疗水平标准，适当考虑地区、医疗机构资质和医务人员资质，通常以医疗法律、法规、规章以及医疗诊断规范和常规的违反为客观标准。其表现形式是：

医疗技术过失 = 当时的医疗水平→高度注意义务→违反义务

（2）医疗伦理过失。是指医疗机构及医护人员在实施医疗行为时，未对病患充分告知或者说明其病情，未对病患提供及时有用的医疗建议，未保守与病情有关的各种隐私、秘密，或未取得病患同意即采取某种医疗措施或停止继续治疗等，违反医疗职业良知或职业伦理上应遵守的告知、保密等法定义务的疏忽和懈怠。这种医疗过失的判断标准是医疗良知和医疗伦理，通常为违反法律、法规、规章、规范规定的医务人员应当履行的告知、保密等法定义务为标准，违反之即有过失。法官可依据已知的事实作出推定。其表现形式是：

医疗伦理过失 = 医疗职业良知和职业伦理→告知保密等义务→未履行

7.2.2 医疗技术过失的证明及举证责任

7.2.2.1 医疗技术过失的认定标准是当时的医疗水平

医疗技术过失是合理的医师未尽高度注意义务。认定医疗技术过失的注意义务，应当采纳当时的医疗水平为标准确定。

医疗水平是指已由医学水平加以解明的医学问题，基于医疗实践的普遍化并经由临床经验研究的积累，且由专家以其实际适用的水平加以确定的，已经一般普遍化的医疗可以实施的目标，并在临床可以作为论断医疗机关或医师责任基础的医疗水平。确定医疗过失，应以医疗当时的医疗水平为标准，同时参考地区、医疗机构资质和医务人员资质，确定医疗机构和医务人员应当达到的高度注意义务。违反这样的注意义务，就是医疗过失。“当时的国家标准 + 差别”原则，能够解决标准和个性化的冲突，应以医疗时的医疗水平为基本的判断基准，是合理的医师标准，并且在诊断和治疗时也是合理的，而不是后来审判时的水平。[①]

7.2.2.2 原告证明的程度

在医疗技术损害责任诉讼中，受害患者一方承担举证责任。其证明程度应当区分情况，采取以下两个不同方法：

（1）受害患者一方能够证明医疗机构存在医疗过失。在医疗技术损害责任纠纷诉讼中，受害患者一方可以举出足够的证据，证明医疗机构具有医疗过失。原告提供这样的医疗过错责任鉴定，且经医疗机构质证，法官审查确信的，即可确认医疗过失。

（2）受害患者一方的证明符合表见证据规则。表见证据规则是指依据经验法则，有特定事实，即发生特定典型结果者，则于出现该特定结果时，法官在不排除其他可能性的情形下，得推论有该特定事实的存在。在此情况下，实行举证责任缓和。

7.2.2.3 原告举证责任缓和

受害患者一方承担举证责任达到表见证据规则要求的，法官即可推定医疗机构的医疗过失。实行举证责任缓和，将举证

---

① 张新宝：“大陆医疗损害赔偿案件的过失认定”，载朱柏松等：《医疗过失举证责任之比较》，元照出版公司 2008 年版，第 93 页。

责任转换由医疗机构承担。医疗机构能够证明自己没有过失的，不构成侵权责任；不能证明自己没有过失的，成立过错要件。

7.2.2.4 推定医疗过失事由

按照《侵权责任法》第58条规定，受害患者能够证明医疗机构存在法定情形，推定医疗过失：

（1）医疗机构及医务人员违反法律、行政法规、规章等有关诊疗规范的规定的。违反法律、行政法规、规章等有关诊疗规范的规定的就是有过失，因为证明医疗技术过失的标准就是违反有关诊疗规范的规定。符合本项规定的要求的，为有技术过失。

（2）医疗机构及医务人员隐匿或者拒绝提供与纠纷有关的医学文书及有关资料的。医疗机构及医务人员在发生医疗损害责任纠纷时，隐匿或者拒绝提供上述医学文书及有关资料的（主要是病历），推定存在医疗技术过失，原告不必再举证证明。

（3）医疗机构及医务人员伪造或者销毁医学文书及有关资料的。医疗机构及医务人员对医学文书及有关资料采取积极行为，进行伪造或者销毁，毁损证据，同样推定医疗机构有医疗技术过失。

符合医疗过失推定事由要求的，推定为医疗过失，医疗机构可提出证据推翻医疗过失推定。

7.2.2.5 医疗机构的证明程度及医疗损害责任鉴定的举证承担

在举证责任缓和情况下，医疗机构的证明程度，是推翻医疗过失的推定，证明自己没有过失。能够证明自己没有过失的，即否认医疗机构的过失，不构成医疗损害责任。不能证明者，医疗过失推定成立，构成医疗技术损害责任。

在医疗损害责任纠纷诉讼中，通常通过提供医疗过错鉴定的方法，证明医疗过失或者否定医疗过失。应当按照医疗过失举证责任规则，谁负有举证责任，就由谁提供医疗过失鉴定结论：（1）在一般情况下，应当是受害患者一方的举证责任范围。（2）如果受害患者一方的证明符合表见证据规则要求，符合医疗过失举证责任缓和要求的，则由医疗机构承担举证责任，证明自己没有过失的，医疗过错责任的鉴定结论则是医疗机构一方证明自己的医疗行为与受害人的人身损害后果之间没有因果关系，或者医疗机构的医疗行为不存在过失的证据。

7.2.3　医疗伦理过失的证明及举证责任

医疗伦理过失的具体表现是未对病患充分告知或者说明其病情，未对病患提供及时有用的医疗建议，未保守与病情有关的各种隐私、秘密，或未取得病患同意就采取某种医疗措施或停止继续治疗，或者违反管理规范造成患者其他损害。事实上，医疗伦理过失就是医疗机构及医务人员未善尽告知、保密等法定义务的过失。

对医疗伦理过失实行过错推定。受害患者在举出证据证明自己的损害和医疗行为具有违法性，并证明因果关系成立之后，法官推定医疗机构及医务人员具有医疗伦理过失。

医疗机构如果认为自己的医疗行为没有过失，实行举证责任倒置规则，由医疗机构举证证明自己已经履行法定义务，不具有医疗过失。能够证明的，不构成侵权责任，不能举证证明的，过错推定成立，构成医疗损害责任。

7.3 医疗机构的免责事由和对患者与医疗机构的特别保护

7.3.1 医疗机构的免责事由

7.3.1.1 法律规定的免责事由

由于医疗活动和医疗损害的特殊性，医疗损害责任的免除事由与一般侵权责任免除事由并不相同。《侵权责任法》第60条规定了三项免责事由。

（1）患者或者其近亲属不配合医疗机构进行符合诊疗规范的诊疗。由于患者及其家属的原因而延误治疗，造成患者的人身损害后果，说明受害患者一方有过错。按照过错责任原则，损害后果完全是由于患者及其家属延误治疗造成的，就证明医疗机构对损害的发生没有过错，免除医疗机构的赔偿责任。如果患者及其家属不配合治疗是构成医疗损害后果的原因之一，医护人员也有医疗过失，构成与有过失，应当依据《侵权责任法》第26条关于过失相抵的规定，减轻医疗机构的赔偿责任。

（2）医务人员在抢救生命垂危的患者等紧急情况下已经尽

到合理诊疗义务。为了挽救患者生命，对紧急措施可能出现的不良后果不再考虑，两项衡量，抢救生命是第一位的，只要医务人员已经尽到合理注意义务的，即使造成不良后果，对患者的身体有一定的损害，也不认为构成医疗损害责任，医疗机构不承担赔偿责任。

（3）限于当时的医疗水平难以诊疗的。医疗技术和医学水平总有局限性。限于当时的医疗水平难以诊疗的病症，医务人员无法治愈是正常的。在当时的医疗水平条件下，医疗机构对所发生的不良医疗后果无法预料，或者已经预料到了但没有办法防免，因而造成的不良后果，不构成医疗技术损害责任，医疗机构不承担赔偿责任。

7.3.1.2　按照一般性规定应当免责的事由

（1）不可抗力造成不良后果。《侵权责任法》第 29 条规定的不可抗力是普遍适用的免责事由。在医疗损害责任中，如果由于不可抗力造成不良后果，应当依据《侵权责任法》第 29 条规定免除责任或者减轻责任。

（2）医疗意外。医疗意外是指医务人员无法预料的原因造成的，或者根据实际情况无法避免的医疗损害后果。构成医疗意外，能够证明医疗机构没有过失，医疗机构不承担侵权责任。因此，医疗意外即使没有明文规定为免责事由，但由于医疗损害责任实行过错责任原则，医疗意外证明医疗机构及医务人员没有过失，当然没有责任。

7.3.2 《侵权责任法》对患者权利和医疗机构权益的特别保护

7.3.2.1 医疗机构对医学文书资料的保管查询义务

医学文书和资料要在医疗机构保管，有的医务人员甚至医疗机构把医学文书和资料当成是私有财产，随意处置，拒绝提供，甚至进行隐匿、伪造、销毁、篡改等。这是违法行为。违反该义务的后果，《侵权责任法》第 58 条规定为可以推定医疗过失。

7.3.2.2 不必要检查的防范与责任

《侵权责任法》第 63 条规定“医疗机构及其医务人员不得违反诊疗规范实施不必要的检查”的内容，针对的是医疗机构的防御性医疗行为。这样的防御性医疗行为对患者极为不利，是必须纠正的。

7.3.2.3 患者不得干扰医疗秩序和医务人员工作生活的义务

《侵权责任法》第 64 条规定，医疗机构及其医务人员的合法权益受法律保护。干扰医疗秩序，妨害医务人员工作、生活的，应当依法承担法律责任，警示患者遵守法律，保护好医疗机构和医务人员的合法权益，禁止“医闹”行为，违反者应当依法承担法律责任。

第 8 章

环境污染责任

典型案例

张某与罗某签订协议，租用其6口鱼池，人工饲养珍稀经济鱼类长吻鮠，取水地点为盘渡河。5月4日至5日，该县境内普降大雨，盘渡河水涌入张某鱼池，致池中长吻鮠在半小时内全部死亡，经勘查清点，死亡长吻鮠大鱼（半成品）4.5万条、小鱼（苗种）8.66万条。环境监测站出具《关于盘渡河张某养鱼池死鱼事故原因鉴定》，认定张某养鱼池发生死鱼事故的原因系养殖水体受到严重的pH值、非离子氨和悬浮物污染所致，三种污染物对养殖鱼类急性死亡均有作用。污染物系该河上游密集的工厂所排放。张某向法院起诉要求W瓷业有限公司、L工贸有限责任公司、M陶瓷有限公司、J陶瓷有限公司、K陶瓷有限公司、C化工有限公司、J釉料厂、G瓷厂等8被告赔偿渔业污染损失120万元，后追加为170万元。[①]

---

① 本案例要旨是，原告起诉的W瓷业有限公司、L工贸有限责任公司、M陶瓷有限公司、J陶瓷有限公司、K陶瓷有限公司、C化工有限公司、J釉料厂、G瓷厂等8被告污染环境损害责任的确定，适用市场份额规则。

8.1 环境污染责任概述

8.1.1 概念和特征

8.1.1.1 概念

环境污染责任是指污染者违反法律规定的义务，以作为或者不作为的方式污染环境造成损害，依法不问过错，应当承担损害赔偿等责任的特殊侵权责任。《侵权责任法》第 65 条规定了环境污染责任。

8.1.1.2 特征

（1）环境污染责任是适用无过错责任原则的特殊侵权责任。《民法通则》第 124 条就是这样规定的，《侵权责任法》仍然坚持这样的做法。无论污染者在主观上有无过错，只要实施污染造成损害就应当承担赔偿责任。

（2）环境侵权责任保护的环境属于广义概念，既包括生活环境，也包括生态环境，保护范围更宽。

（3）污染行为是污染者的作为与不作为。污染环境的行为既可以是作为的行为，也可以是不作为的行为，只要造成生活和生态环境的损害，都构成侵权责任。

（4）环境污染责任保护的被侵权人范围较宽。《侵权责任法》第 65 条规定的环境损害，不仅指自然人的人身损害和财产损害，还包括企业和国家，并且可以在环境污染责任中提起公益诉讼。[①]

（5）环境污染责任方式范围广泛。环境污染的责任方式适用《侵权责任法》第 15 条规定，可以适用停止侵害、排除妨碍、消除危险、返还财产、恢复原状、赔偿损失等多种责任方式，不局限于损害赔偿责任。

8.1.2 归责原则与构成要件

8.1.2.1 归责原则

《侵权责任法》规定环境污染责任为无过错责任，顺应了世界侵权法的发展潮流，促使社会关系参加者增强环境意识，强化环境观念，履行环保义务，严格控制和积极治理污染，减轻被侵权人的举证责任，加重加害人的举证责任，更好地保护被侵权人的合法权益。

8.1.2.2 构成要件

（1）须有环境污染行为。环境污染是指工矿企业等单位所产生的废气、废水、废渣、粉尘、垃圾、放射性物质等有害物质和噪声、震动、恶臭排放或传播到大气、水、土地等环境之中，使人类生存环境受到一定程度的危害的行为。无论是作为或不作为，都可以构成环境污染的行为。即使为合法排污，例如排污符合排放标准，造成了损害也仍应当承担侵权责任。

---

① 参见杨立新主编：《中华人民共和国侵权责任法草案建议稿》第 119 条第 2 款："检察机关或者公益团体可以代表受害人提起环境公益诉讼。"见《中华人民共和国侵权责任法草案建议稿及说明》，法律出版社 2007 年版，第 29 页。

（2）须有客观的损害事实。污染危害环境的行为致使国家的、集体的财产和公民的财产、人身以及环境享受受到损害的事实，是构成环境污染责任的客观要件。

（3）须有因果关系。环境污染侵权作为特殊侵权，在因果关系要件实行推定因果关系规则，在环境污染责任中，只要证明企业已经排放了可能危及人身健康或造成财产损害的物质，而公众的人身或财产已在污染后受到或正在受到损害，就可以推定这种危害是由该污染行为所致。

8.1.3 具体类型

8.1.3.1 转基因农产品污染侵权行为

基因污染是在天然的生物物种基因中掺进了人工重组的基因，外来基因随被污染的生物的繁殖而得到增殖，再随着被污染生物的传播而发生扩散。不正确使用转基因产品，会造成人体的严重损害。生产、销售转基因产品未尽说明义务，造成基因污染损害的，构成侵权责任。

8.1.3.2 水污染侵权行为

水污染是指水体因某种物质的介入而导致其化学、物理、生物或者放射性等方面特性改变，影响水的有效利用，危害人体健康、破坏生态环境，造成水质恶化的现象。向水体中排放或者向地下渗透污水或废液污染水环境，对他人的人身、财产造成损害的，污染者有责任消除危害，并对直接被侵权人赔偿损失。

8.1.3.3　大气污染侵权行为

大气污染是因自然现象或人为活动使某种物质进入大气而导致其化学、物理、生物或者放射性等方面的特性改变，使人们的生产、生活、工作、身体健康和精神状态、设备及财产等直接或间接遭受破坏或者受到恶劣影响的现象。向大气中排放或者飞散有害物质污染大气环境，排放者有责任消除危害；对他人的人身、财产造成损害的，应当承担赔偿责任。

8.1.3.4　固体废弃物污染侵权行为

固体废弃物污染是指因不适当地排放、扬弃、贮存、运输、使用、处理和处置固体废弃物而造成的各种环境污染。向环境排放、堆放固体废物污染环境，对他人的人身、财产造成损害的，污染者有责任排除危害，承担赔偿责任；固体废弃物污染国有土地资源，给国家造成环境损害，由行政主管部门代表国家对责任者提出损害赔偿要求。

8.1.3.5　海洋污染侵权行为

海洋污染是指人类直接或间接地把物质或能量引入海洋环境，造成或可能造成损害海洋生物资源、危害人体健康，妨害渔业和海上其他合法活动，损害海水使用素质和减损环境质量等有害影响的现象。对他人的人身、财产造成损害的，排放者应当承担消除危害、赔偿损失的责任。对海洋环境的损害给国家造成损失的，国家可以起诉。

8.1.3.6　能量污染侵权行为

违反法律规定，向环境中排放噪声、电磁波、光波、热能等能量，对他人人身、财产造成损害的，排放者有责任消除危害，对直接被侵权人应当承担赔偿损失的责任。未超过国家规定标准，但被侵权人证明其正常的生活、工作和学习受到严重干扰的，排放者有责任消除危害。

8.1.3.7 有毒有害物质污染侵权行为

有毒有害物质是指人们在生产或日常生活中使用的在一定条件下会污染环境、危害人体或者动植物生命和健康的物质。有毒有害物质主要包括：化学物质、农药、放射性物质、电磁波辐射等。向环境中排放放射性物品、有毒化学品、农药等危险品污染环境，并对他人人身、财产造成损害的，排放者要承担消除危害的责任，对直接被侵权人承担赔偿损失的责任。

8.1.3.8 环境噪音污染侵权行为

环境噪声是指在工业生产、建筑施工、交通运输和社会生活中所产生的干扰周围生活环境的声音。产生的环境噪声超过国家规定的环境噪声排放标准，干扰他人正常生活、工作和学习，超过合理限度的，应当对遭受噪音损害的被侵权人承担侵权责任。

8.1.3.9 生态损害责任

生态环境概括在“环境”概念之中，同样适用《侵权责任法》关于污染环境损害责任的规定。造成损害的，应当承担侵权责任。

8.1.4 损害赔偿法律关系

8.1.4.1 法律关系

环境污染责任的性质是特殊侵权责任，其法律关系主体中的权利主体是被侵权人，义务主体是污染环境行为人。损害赔偿的请求权人为“直接受到损害的单位或个人”，其中“直接受到损害”这一限制语欠妥，在适用中应当避免片面理解而造成对被侵权人保护不周的后果；污染海洋损害造成国家财产损失的，应当赔偿国家的损失，国家可以作为赔偿权利主体请求赔偿。

8.1.4.2　责任方式

《环境保护法》规定环境污染责任方式包括排除危害和赔偿损失两种。

环境法上的排除危害，是国家强令已造成或者可能造成环境危害者，排除可能发生的危害或者停止已经发生的危害，并消除其影响的民事责任方式。排除危害主要适用于已经实施了侵权行为或侵权行为正在造成被侵权人损害的情形，具有防止造成损害结果的发生或避免造成更严重的损害后果的功能。

环境法上的赔偿损失，是指国家强令污染危害者以自己的财产弥补对他人所造成的财产损失的责任方式，主要适用于侵害行为发生以后已经造成了损害的情形，在补偿被侵权人的经济损失方面具有重要作用。

8.1.5　免责条件和诉讼时效

8.1.5.1　免责条件

中国环境保护法律规定的环境污染侵权免责事由主要包括以下情形：

（1）不可抗力。《环境保护法》规定不可抗力为免责条件，附加了必要的限制，即不可抗力构成环境污染的免责条件，一是仅包括不可抗力中的自然原因，不包括其他社会原因的不可抗力；二是对不可抗拒的自然灾害及时采取了合理措施仍不免损害。

（2）被侵权人过错。《水污染防治法》等法律规定，如果损害是由于被侵权人自身的责任所引起的，污染者不承担责任。被侵权人对损害的发生具有故意或重大过失，足以表明被侵权人的行为是损害发生的直接原因，即该损害与污染者无因果关系，则免除水污染者的责任，但被告应对被侵权人的过错举证。

（3）其他免责条件。《海洋环境保护法》第92条规定，战争行为是海洋污染造成损害的免责条件。负责灯塔或者其他助航设备的主管部门在执行职责时的疏忽或者其他过失行为造成海洋、水污染损害的，为免责条件。

8.1.5.2 诉讼时效

《环境保护法》（2015年）第66条规定："提起环境损害赔偿诉讼的时效期间为三年，从当事人知道或者应当知道其受到损害时起计算。"与《民法通则》规定的普通诉讼时效期间不同，应当适用《环境保护法》的特别规定。

8.2 因果关系推定

8.2.1 环境污染责任因果关系要件的重要性

《侵权责任法》第66条规定了环境污染责任的因果关系推

定规则。

在环境污染责任的构成中，环境污染行为与损害事实之间的因果关系要件具有重要地位。原因在于，环境污染责任适用无过错责任原则，在确定责任构成中不问过错，因而确定是否构成环境污染责任的最后判断标准就是因果关系。只要能够确定被侵权人的损害事实与环境污染行为之间存在引起与被引起逻辑联系的客观依据，具有因果关系，就能够确定环境污染行为的污染者对被侵权人承担侵权责任。在环境污染责任中，因果关系不仅是判断污染者与被侵权人的损害事实之间是否具有引起与被引起的逻辑联系的客观依据，更是判断污染者的环境污染行为是否为被侵权人造成的损害承担侵权责任的客观依据。

8.2.2　因果关系推定的必要性和具体规则

8.2.2.1　适用推定因果关系的必要性

因果关系推定的学说和规则，是为了适应环境污染责任因果关系举证困难的实际情况而创设的。在环境污染责任中，由于相当因果关系学说不能充分运用，开始重新检讨因果关系理论，如何减轻原告方的举证责任，降低因果关系的证明标准，成为研究的重点问题，推定因果关系的各种学说和规则不断出现，并被应用于司法实践。

8.2.2.2　因果关系推定的具体规则

（1）被侵权人证明存在因果关系的相当程度的可能性。被侵权人在诉讼中，应当首先证明因果关系具有相当程度的盖然性，即环境污染行为与损害事实之间存在因果关系的可能性。标准是，一般人以通常的知识经验观察即可知道二者之间具有因果关系，使法官能够形成环境污染行为与被侵权人人身损害事实之间具有因果关系的可能性的确信。被侵权人没有相当程度盖然性的证明，不能直接推定因果关系。

（2）对因果关系实行推定。法官在原告上述证明的基础上作出因果关系推定。推定的基础条件是：第一，如果无此行为发生通常不会有这种后果的发生。得到这个结论，首先应当确定事实因素，即环境污染行为和损害事实必须存在的事实得到确认，确认环境污染行为与损害事实之间可能存在客观的、合乎规律的联系。其次是顺序因素，即分清环境污染行为与损害事实的时间顺序，作为原因的环境污染行为必定在前，作为结果的患者人身损害事实必须在后。第二，不存在其他可能原因，包括原告或者第三人行为或者其他因素介入，排除在损害事实与环境污染行为之间其他可能性。第三，判断有因果关系的可能性的标准是一般社会知识经验。推定的标准并不是科学技术证明，而是通常标准，即按照一般的社会知识经验判断为可能，在解释上与有关科学结论无矛盾，即可进行推定。

（3）由污染者证明污染行为与损害没有因果关系。污染者认为自己的污染行为与损害结果之间没有因果关系，则须自己举证证明。只要举证证明污染行为与损害事实之间无因果关系，就可以推翻因果关系推定，免除自己的责任。污染者否认因果关系的证明标准为高度盖然性，即极大可能性，应当证明到法官能够确信的程度。对此，污染者应当针对上述要点进行：第一，无污染行为损害也会发生；第二，有他人或者被侵权人的过错存在，并且是其发生的原因；第三，自己的污染行为不是造成损害发生的原因；第四，具有科学上的矛盾，不可能存在这样的结果时，按照这个推定形式无法得出这样的结论，可以推翻因果关系推定。最高人民法院《关于审理环境污染责任纠纷案件适用法律若干问题的解释》规定，推翻因果关系推定，污染者应当举证证明下列情形之一，人民法院即应认定其污染行为与损害之间不存在因果关系：（1）排放的污染物没有造成该损害可能的；（2）排放的可造成该损害的污染物未到达该损害发生地的；（3）该损害于排放污染物之前已发生的；（4）其他可以认定污染行为与损害之间不存在因果关系的情形。

（4）污染者举证的不同后果。污染者能够举出证据证明自己的污染行为与损害后果之间不存在因果关系，推翻因果关系推定，不构成侵权责任；污染者不能证明或者证明不足的，因果关系推定成立，具备因果关系要件。

8.3　环境污染责任的特殊责任形态

8.3.1　市场份额规则的适用

市场份额责任是美国加利福尼亚州上诉法院 1980 年审理辛德尔诉阿伯特制药厂案（Sindell V.Abbort Laboratories）确定的产品侵权责任规则。原告无法提出有力证据证明其母亲系服用何家药商贩卖之药物，加州最高法院终审判决各个被告公司不须负全部赔偿责任，仅须依其产品之市场占有率比例分担赔偿责任。

环境污染责任存在适用市场份额规则的条件。即两个以上的污染者污染环境，不能确定究竟是谁的污染行为造成的损害，但都存在造成损害的可能性。这种情况与产品责任适用市场份额规则的条件相同，应当适用同样的规则。因而《侵权责任法》第67条规定："两个以上污染者污染环境，污染者承担责任的大小，根据污染物的种类、排放量等因素确定。"对此，最高人民法院《关于审理环境侵权责任纠纷案件适用法律若干问题的解释》规定，两个以上污染者污染环境，对污染者承担责任的大小，人民法院应当根据污染物的种类、排放量、危害性以及有无排污许可证、是否超过污染物排放标准、是否超过重点污染物排放总量控制指标等因素确定。

按照上述规定，当两个以上的污染者污染环境，不能确定每一个污染者污染行为的原因力时，首先要根据污染物的种类和排放量，确定不同的责任份额；其次承担的责任没有规定为连带责任，明确每个污染者的责任性质为按份责任。

8.3.2 第三人过错的不真正连带责任

《侵权责任法》第68条规定环境污染责任中的第三人过错，不是免除污染者的侵权责任，而是实行不真正连带责任，排除《侵权责任法》第28条关于"损害是因第三人造成的，第三人应当承担侵权责任”的一般性规定。这是因为环境污染责任适用无过错责任，更好地保护生活、生态环境，保护被侵权人的民事权益。最高人民法院《关于审理环境侵权责任纠纷案件适用法律若干问题的解释》规定，被侵权人根据《侵权责任法》第68条规定分别或者同时起诉污染者、第三人的，人民法院应予受理。被侵权人请求第三人承担赔偿责任的，人民法院应当根据第三人的过错程度确定其相应赔偿责任。污染者以第三人的过错污染环境造成损害为由主张不承担责任或者减轻责任的，人民法院不予支持。

在环境污染责任中，对第三人过错引起的环境污染损害责任的规则是：

（1）污染者和第三人基于不同的行为造成一个损害，两个行为都是损害发生的原因，而损害事实又是同一个损害结果的，才可以适用这个规则。

（2）污染者和第三人的行为产生不同的侵权责任，具有救济受害人损害的同一目的。因而在污染者和第三人身上分别产生不同的侵权责任，责任的目的都是救济受害人的同一损害，而不是救济各个不同的损害。

（3）环境污染的受害人享有不同的损害赔偿请求权，可以选择向污染者或者向第三人请求承担责任，而不是向污染者和第三人分别行使各个请求权。受害人选择的一个请求权实现后，其他请求权消灭。这种责任的性质是中间责任。

（4）损害赔偿责任最终归属于造成损害发生的最终责任人。

如果受害人选择的被告是第三人，第三人就是最终责任人；如果选择的被告是污染者，污染者承担了中间责任，可以向最终责任人即第三人请求追偿，最终责任人即第三人应当向污染者承担最终责任。

8.4 司法解释对环境污染责任的规定

2015 年 6 月 3 日，最高人民法院施行了《关于审理环境侵权责任纠纷案件适用法律若干问题的解释》，对于以下环境污染责任实体法上的问题规定了新的规则。

8.4.1 坚持无过错责任原则

该司法解释首先规定，因污染环境造成损害，不论污染者有无过错，污染者应当承担侵权责任。对于污染者以排污符合国家或者地方污染物排放标准为由主张不承担责任的，不构成免责事由，人民法院对此免责诉求不予支持。

对于环境污染责任案件中，污染者不承担责任或者减轻责任的情形，由于《侵权责任法》第八章没有具体规定，因此规定，适用《海洋环境保护法》《水污染防治法》《大气污染防治法》等环境保护单行法的规定；相关环境保护单行法没有规定的，适用《侵权责任法》的规定。

8.4.2 关于环境污染责任中的多数人侵权行为及责任

对于环境污染责任案件中的多数人侵权行为及责任，司法解释作出了比较详细的规定。主要是：

（1）对于共同侵权行为，规定两个以上污染者共同实施污染行为造成损害，被侵权人根据《侵权责任法》第 8 条规定请求污染者承担连带责任的，人民法院应予支持。

（2）对于分别侵权行为，分别规定：第一，两个以上污染者分别实施污染行为造成同一损害，每一个污染者的污染行为都足以造成全部损害，被侵权人根据《侵权责任法》第十一条规定请求污染者承担连带责任的，人民法院应予支持。这是对于叠加的分别侵权行为及责任的规定。第二，对于典型的分别侵权行为，则规定两个以上污染者分别实施污染行为造成同一损害，每一个污染者的污染行为都不足以造成全部损害，被侵权人根据《侵权责任法》第 12 条规定请求污染者承担责任的，人民法院应予支持。第三，对于半叠加的分别侵权行为，适用部分连带责任规则，即两个以上污染者分别实施污染行为造成同一损害，部分污染者的污染行为足以造成全部损害，部分污染者的污染行为只造成部分损害，被侵权人根据《侵权责任法》第 11 条规定请求足以造成全部损害的污染者与其他污染者就共同造成的损害部分承担连带责任，并对全部损害承担责任的，人民法院应予支持。

8.4.3　环境污染责任适用责任方式的规则

构成环境污染责任污染者应当承担侵权责任的，司法解释规定，人民法院应当根据被侵权人的诉讼请求以及具体案情，合理判定污染者承担停止侵害、排除妨碍、消除危险、恢复原状、赔礼道歉、赔偿损失等民事责任。被侵权人请求恢复原状的，人民法院可以依法裁判污染者承担环境修复责任，并同时确定被告不履行环境修复义务时应当承担的环境修复费用。污染者在生效裁判确定的期限内未履行环境修复义务的，人民法院可以委托其他人进行环境修复，所需费用由污染者承担。

司法解释进一步规定，被侵权人起诉请求污染者赔偿因污染造成的财产损失、人身损害以及为防止污染扩大、消除污染而采取必要措施所支出的合理费用的，人民法院应予支持。同时，规定被侵权人提起诉讼，请求污染者停止侵害、排除妨碍、消除危险的，不受《环境保护法》第66条规定的时效期间的限制。

第 9 章

高度危险责任

典型案例

某制药厂制造硝酸甘油针剂，将生产中的废物及生活垃圾交由村民吴某和姚某清运，未指定废物倾倒地点，吴、姚将废物倾倒在殡仪馆附近及自己居住附近的垃圾坑内。某小学距上述垃圾场较近，部分学生到该垃圾坑拾捡内装液体的针剂瓶，判断针剂瓶内残液为“酒精”。2000年5月7日，五年级学生郝某与另两名学生拾捡针剂瓶，将针剂瓶内的残液集中灌装在空矿泉水瓶里，液面高约5厘米，藏匿在自家楼道里。5月8日19:40时许，原告杨某及其堂妹来找郝某，郝某提议玩“酒精”，杨某应允，郝某遂回自家楼道取来收集的液体，倒在地上少许点燃观看。火势渐小，郝某再次将液体向火上倾倒，火焰突然升高袭向杨某，致杨某面、颈、前咽、右上肢被点燃，将其烧伤。杨某向法院起诉，请求郝某父母承担侵权责任。郝某父母请求追加该制药厂为共同被告。[①]

① 本案例要旨是，制药厂将高度危险物交由村民处理，村民的行为尽管不是管理而是处理，但是处理与管理近似，因而可将吴某和姚某作为管理人对待。制药厂在交由吴某和姚某抛弃高度危险物的行为中有重大过失，本案高度危险物的所有人和管理人应当承担连带责任。

9.1 高度危险责任概述

9.1.1 概念和特征

9.1.1.1 概念

高度危险责任，是指高度危险行为人实施高度危险活动或者管领高度危险物，造成他人人身损害或者财产损害，应当承担损害赔偿责任的特殊侵权责任。《侵权责任法》第69条规定了高度危险责任的一般规则。

高度危险活动是在现有的技术条件下，人们还不能完全控制自然力量和某些物质属性，虽然以极其谨慎的态度经营，但仍有很大的可能造成人们的生命、健康以及财产损害的危险性作业。高度危险物，是对周围具有高度危险性的物品。

9.1.1.2 特征

（1）某一活动或物对周围环境具有高度危险性。这种危险性是对人身安全的威胁和财产安全的威胁，是对周围环境致害，而不是对自己致害。危险活动或危险物品致内部职工损害，也成立赔偿关系，但性质属于工伤事故赔偿关系。

（2）该活动或物的危险性变为现实损害的机率很大。经营活动或者物品仅具有一般的危险性，尚不足以构成高度危险活动和高度危险物。危险活动和危险物对周围环境的危险性必须达到很高的程度，超过了公认的一般危险，具有变为现实的可能性很大，或者可能性不是很大，但一旦发生事故，造成的实际损害后果比较严重。

（3）该种活动或物只有在采取技术安全的特别方法时才能使用。采取技术安全的特别方法应当根据具体的活动或物品的作业来确定。例如，核电站周围必须设立完善的安全设施，绝对保证其安全运行，防止对周边造成损害。

（4）涉及该种活动或物的高度危险作业具有合法性。涉及该种活动或物品的高度危险作业是合法的、正当的，至少不是为法律所禁止的。行为人从事高度危险活动是经过法律的许可，是利用现代科学技术服务于社会，有利于国计民生。[①]

9.1.2　归责原则和构成要件

9.1.2.1　归责原则

高度危险责任适用无过错责任，有利于消除或减少社会危险因素。特别是在市场经济条件下，危险活动和危险物经营多是营利性的活动，有的甚至是高利润的垄断性经营，风险说和公平说是高度危险责任适用无过错责任的理论基础。[②]

9.1.2.2　构成要件

（1）须有危险活动或危险物造成周围环境内的人或财产损害的行为。危险活动中的活动，是指完成特定任务的活动，一般是指生产经营活动，也包括科研活动和自然勘探活动。周围

---

① 参见王利明："论无过错责任"，载《比较法研究》1991 年第 2 期。

② 参见张新宝：《侵权责任法原理》，中国人民大学出版社 2005 年版，第 326 ~ 327 页。

环境，是危险活动或者危险物区域以外的，处于该危险活动或者危险物发生事故可能危及范围的一切人和财产。危险活动和危险物在经营和占有中，实施对周围环境的人或者财产造成损害的行为，就构成这一要件。

（2）须有损害后果存在和严重危险的存在。危险活动或危险物的致害后果，包括人身损害和财产损害。特殊之处是，由于危险活动和危险物的危险性，当损害结果还没出现，仅仅出现致害的危险时，就可以构成侵权行为而承担消除危险的责任。

（3）须有因果关系存在。因果关系应由受害人证明，如果在某些高科技领域，受害人只能证明危险活动或危险物和损害事实在表面上的因果关系，甚至仅能证明危险活动或危险物是损害后果的可能原因的，可以依据这些事实推定因果关系存在。

9.1.3 损害赔偿关系

9.1.3.1 赔偿法律关系主体

危险活动或危险物的作业人是赔偿责任主体。作业人可以是危险活动和危险物的所有人，也可以是危险活动和危险物的经营者。当所有人与占有人相分离时，例如承包人承包危险活动和危险物后，承包人是危险活动和危险物的占有人，由他进行具体作业，因而应由他作为赔偿责任主体，承担赔偿责任，所有人不承担责任，但承包合同另有规定的除外。非法从事危险活动或占有危险物致人损害的，非法占有人是危险活动的实际操作人，应当承担赔偿责任。

高度危险责任的赔偿权利主体是受害人。受害人死亡或终止后，由其权利承受人享有赔偿请求权。

9.1.3.2　责任方式

（1）停止侵害。对于造成损害尚在持续的危险活动和危险物，受害人有权请求危险活动人停止侵害。

（2）消除危险。严重威胁他人人身和财产安全，是危险活动和危险物出现了特别异常的危险情况，如核电站出现泄漏、有毒物品外溢、高压输电电缆落地等，超出了危险活动和危险物通常所具有的危险性，对他人的人身和财产具有迫在眉睫的危险。对此，一切受到威胁的人均可提起诉讼，请求消除危险。

（3）损害赔偿。高度危险责任的损害赔偿分为全部赔偿和限额赔偿。对于危险活动和危险物的损害赔偿，大多数国家都设有最高赔偿限额，中国某些法律或法规也设有类似规定，如中国《海商法》第 210 条对人身伤亡的赔偿请求及非人身伤亡赔偿请求的限制，航空管理法规对空难人员赔偿额的限制等。《侵权责任法》第 77 条规定，对于高度危险责任，如果法律规定赔偿限额的，实行限额赔偿。

9.1.3.3　免责事由

（1）不可抗力。不可抗力作为高度危险责任的免责事由，《侵权责任法》作了不同规定。第 70 条规定战争等情形是不可抗力；第 71 条没有明确规定不可抗力，但《民用航空法》对此有明文规定；第 72 条和第 73 条明确规定不可抗力是免责事由。

（2）受害人故意。受害人的故意，包括直接故意和间接故意。前者如自杀或自伤，是直接追求损害的后果。后者是放任后果的发生，如擅自进入严禁入内的危险区域，造成伤残后果。

（3）法律的其他规定。《侵权责任法》第76条规定，在依法划定的高度危险活动区域或高度危险物存放区域内，高度危险活动人或高度危险物的所有人、占有人或者管理人已通过设置明显标志和采取安全措施等方式尽到充分的警示、保护义务的，未经许可进入该区域的，高度危险活动人或高度危险物的所有人、占有人或者管理人对其在该区域内所遭受的损害不承担民事责任。这种免责事由的构成，一是必须是在高度危险活动区或者高度危险物的存放区，二是高度危险活动人或者高度危险物占有人、所有人、管理人已经相当注意，设置了明显标志和安全措施，尽到了充分的警示、保护义务，三是受害人未经许可进入该区域，造成损害。具备这三个条件的，应当免责。

9.2 具体的高度危险责任

9.2.1 民用核设施发生核事故损害责任

民用核设施是经国家有关部门批准，为和平目的而建立的核设施，例如核电站等。广义的核设施还包括为核设施运输的核燃料、核废料及其他核物质。民用核设施以及为核设施运输的核燃料、核废料及其他核物质，因其放射性或放射性并合剧毒性、爆炸性或其他危害性，造成他人损害的，构成侵权行为。承担侵权责任的主体，是核设施的所有人或国家授权的经营人，应当由所有人或者国家授权的经营人承担民事责任。

核设施的所有人或者经营人能够证明损害是由受害人的故意造成的，则不承担民事责任。能够证明损害是由战争等情形造成的，也免除责任。

9.2.2 民用航空器损害责任

民用航空器是经国家有关部门批准而投入营运的民用航空器，例如各类民用的飞机、热气球等。民用航空器致害，主要是因民用航空器失事造成的他人损害，同时也包括从航空器上坠落或者投掷人或物品、能量造成他人的损害。这种危险活动的损害，是指对地面人员和财产的损害，而不是对航空器本身所载的人或者财产的损害。赔偿责任主体是航空器的所有人或国家授权的经营人，由他们承担侵权民事责任。这种侵权责任是无过错责任，如果能够证明损害是由受害人的故意造成的，则航空器的所有人、经营人不承担侵权责任。军用航空器造成损害的，不适用这些规则。

9.2.3 占有或者使用高度危险物损害责任

在工业生产中，占有、使用易燃、易爆、剧毒、放射性等高度危险物，对周围环境和人员具有高度危险性，使用这样的高度危险物进行制造、加工、使用、利用的，必须高度注意，采取安全保障措施，防止造成损害。占有、使用易燃、易爆、剧毒、放射性等高度危险物，因物的危险性质造成他人损害的，其所有人、占有人或管理人应当承担侵权责任。如果高度危险物的所有人、占有人、管理人能够证明该损害是由于受害人故意或不可抗力造成的，则应当免除其责任。

9.2.4 从事高度危险活动损害责任

9.2.4.1 高空作业损害责任

高空作业是指超过正常的高度进行作业。从事高空作业造成他人损害有两种情况。一种是高空作业造成作业工人自己的人身伤害，这种情况属于工伤事故，应当按照工伤事故的规定请求赔偿。但是受害人直接依据高空作业致害责任请求赔偿也可以。另一种是高空作业造成他人损害，包括人身损害和财产损害，例如高空作业中，作业的工具、材料、人员脱落、坠落等，造成地面人员或者财产的损害，就是这种侵权行为。

高空作业致人损害的侵权行为的规则是：首先，损害应当由组织作业的人承担民事责任；其次，组织作业的人能够证明该损害系因受害人故意或者不可抗力造成的，免除其责任。

9.2.4.2 高压作业损害责任

高压是指压力超过通常标准，即高于通常标准的压力。某些能量或者物质通常以高压方式制造、运输或者储藏，否则将无法进行。高压作业具有危险性，对周围环境和人群具有重大的危险，必须采取措施，高度防范，以保障人身、财产安全。一旦损害发生，侵权法以无过错责任原则确定责任，即使工业高压的所有人、占有人和管理人没有过错，也须承担侵权损害赔偿责任。因此，以高压制造、储藏、运送电力、液体、煤气、蒸汽等气体，因高压作用造成他人损害的，其所有人、占有人或管理人应当承担民事责任。受害人的故意和不可抗力是工业高压的免责事由，能够证明该损害系因受害人故意或者不可抗力造成的，不承担民事责任。

9.2.4.3 地下挖掘损害责任

地下挖掘是高度危险行为，是在地下掘进、构筑坑道、挖掘隧道、构筑地铁等在地下进行的具有高度危险的施工活动。地下挖掘的基本安全保障，是建立足够的地下支撑。[①] 在地下挖掘活动中，没有采取必要的、可靠的不动产支撑，致使地表塌陷等后果，造成他人人身损害或者财产损害的，构成地下挖掘的高度危险责任。

9.2.4.4 高速轨道运输工具损害责任

高速轨道运输工具包括铁路、地铁、城铁、有轨电车等通过轨道高速行驶的交通运输工具，不包括游乐场所的小火车等。高速轨道运输工具是具有高度危险性的运输活动。高速轨道运输工具造成的损害事故，性质是无过错责任，在责任构成上不考虑责任人的过错要件，只要具备违法行为、损害事实和因果关系三个要件，就构成侵权责任。

其中铁路事故主要包括铁路行车事故，即列车在运行中发

---

① 参见杨立新:《杨立新民法讲义·物权法》，人民法院出版社2009年版，第101页。

生的人身伤害事故或者财产损害事故，还包括从列车上坠落、投掷物品，列车排放能量，造成他人人身损害或者财产损害的事故。铁路事故的损害赔偿责任应当由铁路列车的运输人承担。如果运输人能够证明损害是因受害人的故意造成的，则不承担民事责任。受害人有过失的，实行过失相抵。

9.2.5 遗失、抛弃高度危险物损害责任

遗失、抛弃高度危险物的损害责任是指自然人、法人或者其他组织所有、占有、管理的危险物被遗失或者被抛弃因而造成他人损害的，应当承担赔偿责任的高度危险责任。

遗失高度危险物造成他人损害的，所有人对遗失物虽然丧失了占有，但其对该物并没有丧失所有权，仍然是自己的财产。这种遗失的危险物造成受害人的损害，追究损害赔偿责任，还是应当以该物的实际权利人承担责任。因此，遗失的危险物因其自身的危险性质致人损害的，由其所有人承担侵权责任。

危险物被抛弃，所有权人就丧失了该危险物的所有权。如果危险物被抛弃之后，该危险物由于其自身的危险性而致害他人，仍然产生侵权责任。在这种情况下，虽然抛弃该危险物的人已经丧失对该物的所有权，对自己抛弃的危险物所造成的损害，只要是这个危险物没有被别人所占有，或者别人没有对此产生所有权，那就还要由抛弃物的原所有人承担责任。

法律适用规则

（1）遗失、抛弃高度危险物造成他人损害的，由所有人或

者原所有人承担侵权责任。遗失高度危险物，所有权人并未丧失所有权，抛弃高度危险物，所有权人已经丧失所有权，因此是原所有权人。

（2）所有人将高度危险物交由他人管理的，由于管理人管理不善，造成他人损害的，应当由管理人承担侵权责任，所有权人不承担赔偿责任。

（3）所有人将高度危险物交由他人管理，造成他人损害，所有人有过错的，所有人与管理人承担连带责任。在对外关系上，被侵权人可以请求一方或者双方承担责任，在对内关系上，双方应当按照原因力的规则确定各自的责任份额，超出自己应当承担的责任份额的，有权对他方进行追偿。

9.2.6　非法占有高度危险物损害责任

非法占有高度危险物造成他人损害的，应当采用以下办法确定侵权责任承担：

（1）被他人非法占有的危险物致人损害的，无论是造成他人人身损害还是财产损害，都由该非法占有人承担民事责任，危险物品的所有人不承担责任。

（2）该危险物的所有人如果不能证明自己对他人非法取得占有已尽到高度注意义务，即对危险物的管理存在过失的，应当与危险物的非法占有人承担连带责任，应当适用《侵权责任法》第 13 条和第 14 条规定的规则。

（3）非法占有高度危险物，造成非法占有人自己损害的，在原则上应当适用前两项规则，即高度危险物的所有人、管理人或者使用人能够证明自己已经尽到高度注意义务的，免除赔偿责任；不能证明的，则应当与非法占有人双方按照《侵权责任法》第26条规定的过失相抵规则处理，减轻高度危险物的所有人或管理人的赔偿责任。

9.3 高度危险责任的限额赔偿

9.3.1 无过错责任中加害人有无过错对确定赔偿责任范围的关系

适用无过错责任的特殊侵权责任，在侵权责任构成上不要求有过错的要件，也就是不问过错，无论行为人有无过错，只要具备了违法行为、损害事实和因果关系三个要件，就构成侵权责任。

在确定赔偿责任范围时，中国司法实践采取的态度是，无论加害人对于损害的发生是否有过失，都因为实行无过错责任原则而承担同样的赔偿责任，都适用全部赔偿原则。这样的做法是不公平的，理由是，加害人的过错对确定赔偿责任范围是有重大影响的，[①] 它表明的是法律对加害人行为的谴责程度。在无过错责任场合，无过错责任原则仅仅表明对某种危险性严重的侵权领域，要给予受害人更为妥善的保护，即使加害人没有

① 张新宝:《侵权责任构成要件研究》，法律出版社2008年版，第438页。

过错也要承担侵权责任，使受害人的损害得到赔偿。但是，即使在这样的场合，加害人究竟有过错还是没有过错，法律对其的谴责程度也是不同的。无过错的加害人在无过错责任的场合应当承担侵权责任，而有过错的加害人在这样的场合应当承担更重的赔偿责任，这种赔偿责任轻重的区别，体现的是法律对主观心理状态不同的加害人的不同谴责和制裁程度的要求。也只有这样，才能够体现侵权法的公平和正义。不过，《侵权责任法》第 77 条并没有这样规定，而是规定“承担高度危险责任，法律规定赔偿限额的，依照其规定”。

9.3.2 具体规则及应当考虑的问题

9.3.2.1 现行限额赔偿规则

中国现行法律、法规存在限额赔偿的规定，应当按照《侵权责任法》第 77 条规定及限额赔偿的法律法规规定，实行限额赔偿。

目前中国适用这一规则存在的问题是：由于规定限额赔偿制度的法律、法规层次较低，往往不被法官所重视，并且经常将限额赔偿与全部赔偿对立起来，因此，并没有得到特别的研究和适用，无过错责任与限额赔偿责任的法律适用规则并没有建立起来。

9.3.2.2 限额赔偿制度的长远考虑

从长远的发展观察，中国对于无过错责任原则与限额赔偿的法律适用规则，还应当解决如下问题：

第一，无过错责任的特殊侵权责任，无论在其内部关系还是外部，造成自己的债权人损害还是造成合同之外的人的损害，都应当实行限额赔偿。

第二，无过错责任特殊侵权责任的受害人能够证明加害人一方存在过失的，应当准许受害人一方请求全额赔偿。

第三，确立不同的法律基础产生的请求权的不同内容，准许当事人进行选择。类似于产品责任、铁路高速轨道运输工具损害责任、航空运输损害责任等，凡是法律规定不同的请求权法律基础的，当事人在起诉时都可以进行选择，按照不同的请求权基础的法律规定，承担举证责任，能够证明自己所选择的请求权构成的，法官就应当予以支持，按照当事人所选择的请求权确定赔偿责任。

第四，基于无过错责任与限额赔偿之间的特殊关系，依照法律规定即使无过错也应当承担侵权责任的，其赔偿责任适用法律规定的损害赔偿范围；受害人能够证明侵权人有过错的，应当按照侵权责任法的一般规定确定赔偿责任。

第 10 章

饲养动物损害责任

典型案例

某日晚，王女士与其丈夫在饭店吃过晚餐回家，路过某浴室旁的弄堂时，从巷弄里窜出一只凶猛的藏獒，迎面将王女士扑倒在地又撕又咬，其丈夫拼命驱赶，但藏獒就是咬着王女士不放，致其头部流血不止、身上多处抓伤，所穿衣物和挎包也被咬坏。狗的饲养人张某闻讯赶来将狗喝止。王女士多次找张某要求赔偿未成，向法院起诉，法院审理中，原、被告达成调解意见，由张某赔偿王女士医疗费等 5000 余元。

10.1　饲养动物损害责任概述

10.1.1　概念和特征

10.1.1.1　概念

饲养动物损害责任是指动物饲养人或者管理人在饲养的动物造成他人损害时，根据致害动物的种类和性质适用无过错责任原则或者过错推定原则，应当承担赔偿责任的特殊侵权责任。

10.1.1.2 特征

（1）致害动物是饲养的动物。“饲养的动物”是该种侵权责任的损害源，分为饲养的一般动物、违反管理规定的动物、禁止饲养的动物以及动物园的动物。其他动物如野生动物等造成损害，不适用《侵权责任法》的规定确定侵权责任。

（2）责任形态为对物的替代责任。饲养动物损害责任的责任主体为动物的饲养人或管理人。特点是，造成损害的是饲养人或者管理人饲养的动物，而承担责任的是动物的饲养人或管理人，属于典型的对物替代责任。

（3）“一般条款 + 特殊规定”的立法体例。《侵权责任法》对于饲养动物损害责任的规定，既规定了一般条款，也规定了特殊责任。一般条款是第 78 条，规定了饲养动物损害责任的一般规则，之后对 4 种不同的特殊责任分别加以规定。

（4）归责原则实行二元化。《侵权责任法》关于饲养动物损害责任的规定，改变了《民法通则》第 127 条适用单一归责原则的做法，根据实际情况确定无过错责任原则和过错推定原则。

10.1.2 归责原则和构成要件

10.1.2.1 归责原则

《民法通则》第 127 条规定，对动物损害责任实行无过错责任原则，在责任构成中不要求被告有过错，也不要求原告对被告的过错进行举证和证明。如果被告否认自己的责任，则可通过对受害人的故意或者重大过失进行举证证明来实现。[①]《侵权责任法》改变了《民法通则》的一元化归责原则体系，根据具体情形分别适用无过错责任与过错推定责任的二元归责原则体系。

（1）无过错责任原则的适用范围。无过错责任原则是调整饲养动物损害责任的基本归责原则，按照《侵权责任法》第 78 条规定，对于一般的饲养动物致人损害，并不要求过错要件存在；如果动物的饲养人或者管理人能够证明损害是由被侵权人的故意或者重大过失造成的，可以免除或者减轻责任。此外，在特别规定的饲养动物损害责任中，违反管理规定未对动物采取安全措施损害责任适用更为严格的无过错责任原则，不适用第 78 条关于免责或者减责的一般性规定，因此是绝对责任，侵权人不得主张被侵权人具有故意或者重大过失而免除或者减轻自己的赔偿责任；禁止饲养的烈性犬等危险动物造成他人损害的，也是更为严格的无过错责任原则，即使被侵权人具有故意或者重大过失也不得减轻责任，更不得免除责任；遗弃动物或者逃逸动物造成他人损害的责任，适用无过错责任原则，没有规定免责或者减轻责任的事由，适用无过错责任原则没有争议。

（2）过错推定原则的适用范围。《侵权责任法》第 81 条规定的动物园的动物造成他人损害的责任，明确规定“但能够证

① 张新宝：《中国侵权行为法（第二版）》，中国社会科学出版社 1998 年版，第 553 页。

明尽到管理职责的除外”，适用过错推定原则。

10.1.2.2 构成要件

（1）动物加害行为。一般认为，动物不是人，即使其加害于人，也不是行为而是事件。不过，动物加害与其他物件加害一样，都是人的行为，是人对于其管领的动物管束不当而致人损害的间接行为，尽管致害的是动物而不是人，但是在动物加害中包含了人的间接行为，因此动物加害行为仍然是行为。动物加害行为的要素：一为动物，二为人对于动物的管领行为。动物，为一般社会观念上的动物。[①]动物的加害行为是动物不在人的意志支配下独立加害于他人，其饲养人或者管理人的管束不当的行为。动物加害行为应当具有违法性，或者违反法定义务，或者违反保护他人的法律，或者故意违背善良风俗加害于他人。

（2）损害事实的存在。损害事实要件是对民事主体的权利损害，包括人身损害和财产损害。动物造成被侵权人的人身损害，包括死亡、残疾和一般伤害。动物造成财产损害，如动物致伤他人所有的动物，侵入他人土地造成庄稼的损坏等，都构成财产损害的事实。饲养动物的损害包括妨害，如学童因恶犬常立于其赴校必经之路而不敢上学等，[②]是对他人合法权益的妨害。

① 郑玉波：《民法债编总论》（修订二版），陈荣隆修订，中国政法大学出版社2004年版，第163页。

② 王家福主编：《中国民法学·民法债权》，法律出版社1991年版，第525页。

（3）因果关系。饲养动物损害责任的因果关系，是被侵权人的损害与动物加害行为之间的引起与被引起的客观关系，只有被侵权人的损害与动物加害行为之间存在因果关系，饲养动物损害责任才能成立，否则不构成饲养动物损害责任。原告应当证明动物加害行为与损害结果之间的因果关系。

（4）动物为饲养人或者管理人所饲养或者管理。饲养动物损害责任的行为主体是动物饲养人或者管理人。动物饲养人或者管理人的确定，应当以直接保有关系存在的直接饲养人为责任主体，管理动物的人当然也是责任主体。在动物的保有方面，动物饲养人的受雇人为管理人，只是辅助保有者对动物进行管束，但应当对动物致损负责。在现实情形中，会出现饲养人与管理人不一致的情形，即动物被短期性借用于他人，此时的饲养人已经不能对动物进行实际保有，而且管理人进行着实际占有和管理，令饲养人承担连带责任缺乏基础，因而应当直接将管理人认定为动物损害责任人，承担赔偿责任。

10.1.3 责任承担

10.1.3.1 责任形态

饲养动物损害责任是典型的对物替代责任。区别对物的替代责任的意义在于，唆使、利用物侵害他人是直接行为，对物管束不当致使物造成他人损害是间接行为，二者在法律适用上不同，前者是一般侵权责任，后者是特殊侵权责任。

对于第三人过错造成他人损害的饲养动物损害责任，《侵权责任法》第 83 条规定的是不真正连带责任，不适用该法第 28 条规定第三人过错免除责任的一般规定。

10.1.3.2 免责事由

（1）受害人故意或者重大过失。《侵权责任法》第 78 条规定，把饲养动物损害责任的免责事由和减责事由规定在一起，即：饲养的动物造成他人损害的，动物饲养人或者管理人应该承担侵权责任，但能够证明损害是因被侵权人故意或者重大过失造成的，可以不承担或者减轻责任。其含义是，被侵权人因故意或者重大过失，致使他人饲养的动物造成自己损害，应当根据实际情况，确定可以免除责任或者减轻责任。规则是：被侵权人的故意或者重大过失是损害发生的全部原因的，应当免除动物饲养人的责任；被侵权人的故意或者重大过失是损害发生的共同原因的，应当减轻赔偿责任。被侵权人具有一般过失的，不得减轻或者免除侵权人的赔偿责任。

（2）不可抗力。《侵权责任法》在饲养动物损害责任一章没有规定不可抗力是免责事由，应当适用《侵权责任法》第 29 条的一般性规定。发生不可抗力造成动物损害他人的，动物饲养人或者管理人已尽管束义务，实际上是损害的发生与是否尽了管束义务没有因果关系，无须承担责任。但如果动物饲养人或者管理人确有过失的，则应当根据原因力的原理和规则，根据动物饲养人或者管理人的过失程度与不可抗力的各自原因力，适当减轻动物饲养人或者管理人的赔偿责任，而不是免除责任。对于禁止饲养的烈性犬等危险动物，或者违反管理规定饲养动物造成他人损害的，即使不可抗力构成因果关系，动物饲养人或者管理人也应当对损害承担责任，不能免责。

（3）约定免责。在动物饲养人或者管理人与驯兽员、兽医等为动物提供服务的专业服务人员之间达成协议，进行驯养、医疗、服务等活动，大多学者认为他们系存在明示或默示的免责约定，在发生饲养动物损害责任时可以免责。[①]也有学者认为应当予以区分，受害者系兽医、驯兽师、掌蹄工等特殊职业者，如果其该采取防范措施未采取而自甘冒险，应责任自负，而受害人为一般人时，则动物的饲养人或管理人应当承担责任。[②]对此，应当适用《合同法》第53条规定："合同中的下列免责条款无效：（一）造成对方人身伤害的；（二）因故意或者重大过失造成对方财产损失的。"符合该规定的，应当无效。如果为动物提供服务的专业服务人员属于履行工作职责中造成的损害通过工伤保险待遇或者其他保险关系进行保险，则免责的约定是合法的；如果是一般合同关系，对为动物提供服务的专业服务人员的人身伤害应当负赔偿责任，不能免责。

10.1.4 动物饲养人的法定义务

《侵权责任法》第84条规定了饲养动物的人应当遵守的法

① 郭明瑞、房绍坤、唐广良：《民商法原理（三）债权法·侵权法·继承法》，中国人民大学出版社1999年版，第490页；张新宝：《中国侵权行为法（第二版）》，中国社会科学出版社1998年版，第553页；王利明、杨立新：《侵权行为法》，法律出版社1996年版，第301页。

② 马治选："饲养动物致人损害的民事责任探析"，载《法律科学》1996年第3期。

定义务，即“饲养动物应当遵守法律，尊重社会公德，不得妨害他人生活。”动物饲养人或者管理人应当遵守的义务是：第一，遵守法律。动物饲养人或者管理人遵守法律，最主要的是遵守关于饲养动物所应当遵守的法律和法规。第二，尊重社会公德。动物饲养人或者管理人在饲养动物时，应当遵守社会公德。第三，不得妨害他人生活。按照规定饲养动物是人的自由，但饲养动物而妨害他人生活为法律所禁止。

10.2 具体的饲养动物损害责任

10.2.1 未采取安全措施的饲养动物损害责任

违反管理规定未对动物采取安全措施造成他人损害，适用无过错责任原则，无须考察动物饲养人或者管理人的过错，直接按照无过错责任原则确定侵权责任。

界定违反管理规定的动物，主要应当根据国家法律、法规和管理规章确定。某些动物明确规定需要按照法律、法规或者规章饲养的，就属于按照规定饲养的动物。对于按照规定饲养的动物，必须按照国家的有关管理规定进行，采取必要的安全措施，防止损害他人。例如在城市饲养大型犬，是按照规定饲养的动物，造成他人损害，直接适用本条规定确定责任。不得主张被侵权人对于损害的发生具有故意或者重大过失而减轻责任或者免除责任。

可以驯养的野生动物也属于此类动物。从事驯养繁殖野生动物的单位和个人，须具备特定的条件：一是有适宜驯养野生动物的固定场所和必需的设施；二是具备与驯养野生动物种类、数量相适应的资金人员和技术；三是驯养繁殖野生动物的饲料有保证。而且在进行野生动物驯养时，必须向有关野生动物行政主管部门提出书面申请，办理有关野生动物驯养的证件。驯养的野生动物由进行野生驯养的单位或个人作为驯养野生动物的保有者，对驯养野生动物进行管束、驯养。因此，在驯养的野生动物致人损害时，进行驯养的单位或个人应当作为责任主体对损害承担责任。

构成未采取安全措施的饲养动物损害责任，须按照前述饲养动物损害责任构成的一般要求进行。应当注意的是，条文规定的“违反管理规定，未对动物采取安全措施”是必要的构成要件。如果动物饲养人或者管理人对该动物已经按照管理规定采取了必要的安全措施，仍然造成了他人损害，仍然构成侵权责任，但如果能够证明有免除责任或者减轻责任的事由的，即不具备“违反管理规定”、“未对动物采取安全措施”条件的，即为一般的饲养动物损害责任，应当适用第 78 条规定，被侵权人有故意或者重大过失的，可以免除责任或者减轻责任。

10.2.2　禁止饲养的饲养动物损害责任

禁止饲养的烈性犬等危险动物造成他人损害的，是饲养动物损害责任中最为严格的绝对责任，适用无过错责任原则，并且没有规定免责或者减轻责任的事由。

禁止饲养的危险动物，不能仅仅理解为烈性犬，应当包括烈性犬以外的危险动物。这种动物应当包括两个部分：第一种，属于家畜、家禽中的危险动物，例如藏獒、性情暴烈的其他犬家畜。第二种，饲养的危险野生动物，应当适用本条规定，确定侵权责任应当适用严格的无过错责任原则，不得主张被侵权人有过错而免责。例如野猪、狼、豺、虎、豹、狮等。

饲养禁止饲养的动物造成损害的，按照无过错责任承担赔偿责任。即使被侵权人故意或者重大过失引起损害，由于动物饲养人或者管理人违反禁止饲养的规定，也不能免除责任和减轻责任。

10.2.3 动物园饲养动物损害责任

《侵权责任法》第81条规定，动物园的动物造成他人损害的，适用过错推定原则。动物园饲养的动物都是经过国家批准、符合国家管理规定的动物，并且均有专业的资质，符合饲养这种动物的要求。不论是城里的国家动物园，还是郊区的野生动物园，这些动物都按照国家规定饲养。动物园饲养野生动物，必须按照法律法规的规定进行管理，以善良管理人的标准，善尽管理职责。

实行过错推定原则的动物园的动物造成他人损害的饲养动物损害责任，应当具备构成饲养动物损害责任的一般构成要件，除此之外，还应当具备过失的要件。过失的要件的证明，实行过错推定。动物园证明自己没有过失的内容，是证明自己已经尽到管理职责。能够证明者，即为无过失。如果能够证明是因为受害人的故意或者重大过失引起损害的，可以免除责任或者减轻责任。

10.2.4　遗弃、逃逸饲养动物损害责任

遗弃、逃逸动物，称为丧失占有的动物，是指动物饲养人或者管理人将动物遗弃或者逃逸，而使动物饲养人或者管理人失去了对该动物的占有、管控。例如遗弃猫、狗而形成流浪猫、狗。驯养的野生动物经遗弃或者逃逸而回归野生状态，也属于这类动物。遗弃、逃逸饲养动物损害责任适用无过错责任原则。

被遗弃的动物，既包括抛弃，也包括遗失动物。抛弃动物，是所有人对自己的财产权作事实处分，是对自己的财产权的抛弃，对动物的抛弃，就等于是抛弃了动物的所有权，抛弃的动物就与原所有人没有所有关系了。被抛弃的动物无人占有，造成他人的损害，应当由其原所有人承担侵权责任。被抛弃的动物已经被他人占有的，动物的占有人在事实上已经管领了该动物，是该动物的事实上的占有人，造成损害，应当由占有人承担民事责任。

动物遗失并不是所有人放弃了对动物的权利，而是暂时丧失了对该动物的占有，所有权关系并没有变化。遗失的动物造成他人损害，应当由动物的所有人承担侵权责任。

动物逃逸，动物的所有权关系并没有变化，仍然由所有权人所有。逃逸的动物造成他人损害的，还是应当由动物的所有

人、管理人或者使用人承担侵权责任。

驯养的野生动物回归自然后造成他人损害的,《侵权责任法》没有规定。驯养的野生动物被抛弃、遗失、逃逸,驯养的野生动物可能彻底脱离驯养人,回归自然,重新成为野生动物。对于没有回归野生状态的动物,适用本条规定的规则,已经回归野生状态的野生动物,则动物的原饲养人或者管理人不再承担责任。

10.3 第三人的过错造成的饲养动物损害责任

10.3.1 一般规则

在饲养动物损害责任中,对于第三人过错造成的损害,适用无过错责任原则,动物饲养人或者管理人承担赔偿责任的基础是无过错责任,不能因为第三人的过错而免除责任,因而《侵权责任法》第 83 条规定采用不真正连带责任的规则,被侵权人既可以向动物饲养人请求赔偿,也可以向第三人请求赔偿。这两个请求权,被侵权人只能选择一个行使,该请求权实现之后,另一个请求权消灭。按照不真正连带责任的规则,如果是向动物饲养人或者管理人行使请求权的,动物饲养人或者管理人承担的赔偿责任为中间责任,并非最终责任。在其承担了赔偿责任之后,有权向第三人追偿,第三人承担的赔偿责任才是最终责任。有过错的第三人有义务承担动物饲养人或者管理人因承担赔偿责任而造成的一切损失。

《侵权责任法》第 83 条只规定了被侵权人可以向动物饲养人请求赔偿，也应当包括动物管理人，在承担中间责任的时候，动物饲养人或者管理人都是中间责任人。

10.3.2　第三人过错的表现形式

第三人过错一般表现为，虽然是动物加害行为，但与动物饲养人或者管理人没有关系，而是由于第三人的过错所致，如第三人挑逗家犬伤人、第三人将在铁笼中圈养的动物放走而致损害等。特殊情况是：第三人饲养的动物致使动物饲养人或者管理人的动物造成他人损害，也构成第三人过错，适用本条规定。动物系由第三人或他动物之挑动，致损害于他人者，其占有人对于该第三人或该他动物之占有人，有求偿权。对他动物之挑动，显然是视为第三人过错，承担不真正连带责任。因此，可以将他动物挑动作为第三人过错，致害动物饲养人或者管理人与他动物饲养人或者管理人承担不真正连带责任。

第 11 章

物件损害责任

典型案例

2000 年 5 月 10 日晚 10 时许，郝跃站在重庆市渝中区学田湾正街 59 号居民楼大门外公路边与人谈话，至 11 日凌晨 1 点半左右，突然空中掉下一只玻璃烟灰缸砸中郝的头部，当场晕倒。郝家报案，确认烟灰缸是从学田湾正街 59 号居民楼的某个窗户抛出。2002 年初，郝跃向法院起诉，被告是学田湾正街 65 号、66 号和 67 号房的 24 家居民。法院排除了有人故意伤害的可能性，因难以确定该烟灰缸的所有人，除事发当晚无人居住的外，其余房屋的居住人均不能排除扔烟灰缸的可能性，故判决由当时有人居住的王某等有抛扔烟灰缸嫌疑的 20 户住户分担该赔偿责任，各赔偿 8101.5 元。[①]

11.1 物件损害责任概述

11.1.1 概念和特征

11.1.1.1 概念

物件损害责任是指为自己管领下的物件造成他人损害，应

① 本案是在《侵权责任法》颁布实施之前发生的案件，其判决的内容与《侵权责任法》第 87 条规定内容有所不同。

当由物件的所有人、管理人或者使用人承担侵权后果的特殊侵权责任。

物件损害责任的承担主体是物件的所有人或管理人。物件的所有人或管理人对于致害物件享有支配权，在事实上具有支配致害物件的权利，或者说他对该致害物件的危险具有控制力。《侵权责任法》确定致害物件的所有人、管理人或者使用人对致害物的支配地位并承担替代责任。

11.1.1.2 特征

（1）物件损害责任是一种特殊侵权责任。特殊侵权责任一般分为对人替代责任和对物替代责任。物件损害责任属于对自己管领下的物件造成他人损害承担责任的特殊侵权责任。

（2）物件损害责任是为物的损害负责的行为。在物件损害责任中，造成损害的是物件，而承担责任的是物件所有人、管理人或者使用人，是典型的对物替代责任。

（3）物件损害责任是过错推定责任。物件损害责任既不适用过错责任原则，也不适用无过错责任原则，而适用过错推定原则，以更好地保护被侵权人的合法权益，使损害能够得到及时赔偿。

11.1.2 归责原则和构成要件

11.1.2.1 归责原则

《侵权责任法》第 85 条至第 91 条规定物件损害责任的条文中，除了第 86 条和第 89 条之外，都规定了过错的要求，即“不能证明自己没有过错”、“能够证明自己不是加害人”等要求，都规定了适用过错推定原则。尽管第 86 条和第 89 条规定的建筑物等倒塌损害责任和妨碍通行物损害责任中没有规定过错，亦须依照过错推定原则确定责任。只有《侵权责任法》第 87 条规定的抛掷物坠落物的补充责任不适用过错推定原则，依照公平分担损失责任处理，属于例外。

11.1.2.2　构成要件

（1）须有物件致害行为。构成物件损害责任，致害行为的方式，法律规定倒塌、脱落、坠落等主要方式，其他如索道崩断、建筑物表层剥落等，亦为致害方式。物件只要具有以上致害危险行为之一，即构成此要件。

（2）须有受害人的损害事实。既包括人身伤害，也包括财产损害。人身伤害，包括致人轻伤、重伤致残和死亡。造成财产损失的，财产损害包括直接损失和间接损失。

（3）损害事实须与物件致害行为之间有因果关系。物件脱落、坠落直接造成受害人的人身伤害或财产损害，为有因果关系；脱落、坠落等的物理力并未直接作用于他人的人身、财产，而是引发其他现象，致他人的人身、财产受损害，亦为有因果关系。①

（4）须物件所有人或管理人或使用人有过失。物件损害责

---

① 王利明、杨立新等:《民法·侵权行为法》，中国人民大学出版社 1993 年版，第 468 页。

任的过失，是指设置或管理、管束不当或缺陷，预计设计、施工缺陷、使用方法不当等，均为过失方式。其心理状态是疏忽或者懈怠，其确定形式采推定方式。

11.1.3 赔偿法律关系

11.1.3.1 责任人

（1）物件所有人。是物件致人损害的最直接的赔偿责任主体。当物件的所有人直接占有、管理该物时，物件致人损害，所有人应当承担赔偿责任。

（2）物件管理人。物件由非所有人管理、使用时，其赔偿责任主体不再是所有人，而是由管理人作为赔偿责任主体。如财产交由国有企业、事业单位经营，国有企业、事业单位依法对国家所有的物件进行经营管理，致人损害，该国有企业、事业单位应作为管理人，承担赔偿责任。根据委托关系为所有人管理物件的人，也是管理人。

（3）物件使用人。占有他人的物件而使用者，是使用人。如依承包、租赁等合同经营、使用他人物件的，是使用人。使用人对于使用的物件造成他人损害的，应当承担赔偿责任。

（4）三种责任人的责任如何承担。关于物件的所有人、管理人或者使用人承担赔偿责任的关系，《侵权责任法》没有明确规定，究竟应当如何承担，不得而知。有两种理解：一种是物件在谁的占有之下，就由谁作为责任主体；另一种是三种责任人可以由受害人选择一种作为责任主体。本书持前一种意见。

11.1.4 免责事由

11.1.4.1 物件的所有人、管理人或者使用人无过错

物件致人损害，所有人、管理人或使用人能够证明自己无过错的，免除其赔偿责任。物件所有人或管理人证明自己无过错，是否定自己过错要件的证明。既然不存在过失要件，因而不构成物件损害责任。

11.1.4.2 不可抗力

物件致人损害如果系因不可抗力所致，依照《侵权责任法》第 29 条规定，免除所有人、管理人的赔偿责任。

并非构成不可抗力的其他自然力的原因造成物件致害他人，物件所有人、管理人或者使用人没有过失，且自然原因是引起物件损害的全部原因的，也不承担责任。

11.1.4.3 第三人过错

完全由于第三人的过错致使物件损害他人，应适用《侵权责任法》第 28 条规定，损害是由第三人造成的，第三人应当承担侵权责任，物件所有人、管理人免责，赔偿责任应由第三人承担。

11.1.4.4 受害人故意或者受害人过失

完全由于受害人自己的故意或者过失造成物件损害的，依照《侵权责任法》第 27 条规定，免除物件所有人、管理人的赔偿责任。

11.2 具体的物件损害责任

11.2.1 建筑物、构筑物或者其他设施及其搁置物、悬挂物脱落、坠落损害责任

11.2.1.1 概念

建筑物、构筑物或者其他设施及其搁置物、悬挂物损害责任，是指建筑物、构筑物或者其他设施及其搁置物、悬挂物因设置或保管不善而脱落、坠落等，给他人人身或财产造成损害，物件所有人、管理人或者使用人应当承担损害赔偿责任的特殊侵权责任。

11.2.1.2 特点

这种损害责任的致害物，是建筑物、构筑物或者其他设施及其搁置物、悬挂物，包括房屋、烟囱、水塔、电视塔、电线杆、纪念碑、桥梁、涵洞、窗户、天花板、楼梯、电梯等，以及其上的搁置物、悬挂物。其中，建筑物、构筑物以及其他设施是造成损害的物件；建筑物、构筑物以及其他设施作为放置场所，在其上面的搁置物或者悬挂物造成他人损害的，也构成这种损害责任的致害物。

11.2.1.3 类型

建筑物、构筑物或者其他设施造成损害，这些致害物的类型已经确定。搁置物均为人工搁置，而悬挂物分为两种：一是人工悬挂物，是建筑物、构筑物以及其他设施上人为地悬挂的物件；二是自然悬挂物，是由于自然的原因，在建筑物、构筑

物或者其他设施上形成的悬挂物，如悬挂的冰柱、积雪等。自然悬挂物脱落、坠落造成他人损害，物件所有人、管理人或者使用人有过失的，应当承担责任，没有过失的没有责任。

11.2.1.4　侵权责任主体

建筑物、构筑物或者其他设施脱落、坠落致人损害，其责任主体是建筑物、构筑物或者其他设施的所有人、管理人或者使用人。

在搁置物或者悬挂物损害责任中承担责任的，究竟是作为放置地点的建筑物、构筑物或者其他设施的所有人、管理人或者使用人，还是搁置物、悬挂物的所有人、管理人或者使用人呢？我认为，应当理解为建筑物、构筑物或者其他设施的所有人、管理人或者使用人，以及搁置物、悬挂物的所有人、管理人或者使用人，都是这种损害责任的赔偿责任主体。应当按照《侵权责任法》第 85 条后段规定，首先由建筑物、构筑物或者其他设施的所有人、管理人或者使用人承担赔偿责任，在建筑物、构筑物或者其他设施的所有人、管理人或者使用人承担赔偿责任之后，有权向搁置物、悬挂物的所有人、管理人或者使用人追偿。

11.2.2　建筑物、构筑物或者其他设施倒塌损害责任

11.2.2.1　缘何特别规定建筑物、构筑物或者其他设施倒塌损害责任

《民法通则》第 126 条将建筑物、构筑物或者其他设施倒塌

损害责任与建筑物、构筑物或者其他设施及其搁置物、悬挂物损害责任规定在一起。《侵权责任法》将其分为两条规定，原因有两个：一是专家、学者对地震中建筑物、构筑物或者其他设施倒塌致人损害的侵权责任特别重视，建议专门规定建筑物、构筑物或者其他设施倒塌损害责任；二是在《国家赔偿法》修订中，决定不规定国有建筑物、构筑物或者其他设施管理缺陷设置缺陷损害责任，因而《侵权责任法》不得不规定相关条文。

11.2.2.2 归责原则和构成要件

建筑物、构筑物或者其他设施倒塌损害责任适用过错推定原则，不适用过错责任原则和无过错责任原则。

构成建筑物、构筑物或者其他设施倒塌损害责任，须具备以下要件：

（1）造成损害的物件须为建筑物、构筑物或者其他设施。建筑物、构筑物或者其他设施，是指为自己使用或者公共使用目的而建筑或者构筑的不动产。建筑物，是民用或者公用的房屋、写字楼、商厦等建筑物。构筑物，包括道路、桥梁、隧道、堤防渠堰、上下水道、纪念碑馆、运动场馆、公园、名胜古迹等一切构筑物。设施包括其他设备等，例如，道路应包括护路树、路灯、涵洞等，纪念碑应包括围栏、台阶等。

（2）建筑物、构筑物或者其他设施的建设单位、施工单位或者所有人、管理人在设置或者管理中违反高度注意义务。设置，是指对建筑物、构筑物或者其他设施的设计、建造、施工和装置，其对象系指建筑物、构筑物或者其他设施的有体物本身。管理，是指建筑物、构筑物或者其他设施设置后的维护、保养、修缮及保管，其管理的对象，亦专指对建筑物、构筑物或者其他设施的管理。建设单位、施工单位或者所有人、管理人对建筑物、构筑物或者其他设施负有设置、管理的高度注意义务。违反该义务，构成过失。《侵权责任法》第86条第2款规定的责任主体为“其他责任人”，不准确，应当是建筑物、构筑物或者其他设施的所有人、管理人。

（3）对建筑物、构筑物或者其他设施的设置和管理须有缺陷。建筑物、构筑物或者其他设施致害的原因，为设置缺陷或者管理缺陷。设置缺陷是指建筑物、构筑物或者其他设施在设置时，即已存在设计不良、位置不当、基础不牢、施工质量低劣等不完备的问题，致使建筑物、构筑物或者其他设施的设置存在不合理危险。管理缺陷，是指建筑物、构筑物或者其他设施在设置后，存在维护不周、保护不当、疏于修缮检修等不完善的问题，使建筑物、构筑物或者其他设施不具备通常应当具备的安全性。认定设置或者管理缺陷采用客观标准，认为对设置管理缺陷应进行客观的判断，唯有缺陷的存在、不安全状态的存在为标准，至于其产生原因如何均不过问。证明设置或者管理缺陷，由请求损害赔偿的人负举证责任。

（4）须因设置、管理缺陷造成他人人身或财产损害。建筑物、构筑物或者其他设施管理、设置缺陷造成的损害，包括人身和财产的损害。建筑物、构筑物或者其他设施致他人人身、财产损害，二者之间应有因果关系。

（5）过失。建筑物等倒塌损害责任适用过错推定原则，责任主体承担责任须具备过失要件。在受害人已经证明前述要件的情况下，直接推定责任主体存在过失。

11.2.2.3 责任承担规则

（1）建筑物等设置缺陷的赔偿责任主体。《侵权责任法》第86条第1款规定的责任，是建筑物等设置缺陷责任。建筑物、构筑物或者其他设施因其设置缺陷倒塌致人损害，其责任主体是建设单位、施工单位，应当由建设单位、施工单位承担连带责任，按照《侵权责任法》第13条和第14条规定进行。如果造成建筑物、构筑物或者其他设施的设置缺陷并非因建设单位、施工单位的过失所致，则应当首先由建设单位、施工单位承担连带责任。建设单位、施工单位承担赔偿责任后，有权向其他责任人追偿。其他责任人的概念即为建设单位、施工单位和受害人之外的第三人，包括对设置缺陷的发生有过失的设计单位、勘测单位、论证单位、监理单位以及政府有关部门。

（2）建筑物等管理缺陷的赔偿责任主体。建筑物、构筑物或者其他设施因管理缺陷倒塌致人损害，其责任主体，《侵权责任法》第86条第2款规定为“其他责任人”，即存在管理缺陷的建筑物、构筑物或者其他设施的所有人、管理人或者使用人。建筑物等的所有人、管理人或者使用人对由于自己的过失造成的管理缺陷，并因此造成他人损害的后果，承担赔偿责任。

11.2.2.4 免责事由

（1）已尽防止损害发生的必要注意义务。如果建筑物、构筑物或者其他设施设置、管理纵有缺陷，但能证明防止损害之发生已尽相当注意的，为无过失，不负赔偿责任。如道路、桥梁之损坏虽未修护，但已予适当遮拦或竖立警告标志，则对于尔后续予使用而受有损害者，不负损害赔偿责任。①

（2）不可抗力。依照《侵权责任法》第29条规定，不可抗力是建筑物、构筑物或者其他设施致害赔偿责任的免责事由。当不可抗力原因与缺陷相结合而致害时，应当比较不可抗力原因和缺陷的原因力。单纯由不可抗力而致损害，纵使建筑物、构筑物或者其他设施有一般缺陷，可以免责；建筑物、构筑物或者其他设施有重大缺陷，又加不可抗力的原因致害，仍构成赔偿责任，但应依不可抗力的原因力，减轻赔偿责任。

（3）受害人故意或者过失。建筑物、构筑物或者其他设施造成损害，是由受害人的故意引起的，依照《侵权责任法》第27条规定，免除责任。受害人的过失如果是建筑物、构筑物或者其他设施造成损害的全部原因，应当免除建筑物、构筑物或者其他设施建设单位或者施工单位的赔偿责任；如果为共同原因，则应当按照《侵权责任法》第26条规定实行过失相抵。

（4）第三人过错。建筑物、构筑物或者其他设施致人损害，如果是第三人的原因引起的，建筑物、构筑物或者其他设施的建设单位或者施工单位没有过错，或者建筑物、构筑物或者其

---

① 曾竞辉：《国家赔偿立法与案例研究》，中国台湾地区三民书局1991年版，第181～182页。

他设施没有设置缺陷或者管理缺陷，适用《侵权责任法》第 28 条规定，由第三人承担责任。

11.2.3 抛掷物坠落物损害责任

11.2.3.1 概念和规范根据

抛掷物坠落物损害责任俗称高空抛物责任，是指从建筑物中抛掷物品或者从建筑物上坠落的物品造成他人损害，加害人不明难以确定具体侵权人的，由可能加害的建筑物所有人、管理人或者使用人给予补偿的侵权责任类型。

《侵权责任法》第 87 条规定了抛掷物坠落物损害责任，其依据是：（1）确定抛掷物坠落物致害责任，是基于公平分担损失的考虑，而不是基于过错责任原则而确定。（2）承担的责任是适当补偿责任，而不是侵权责任。（3）这样规范的作用，是为了更好地预防损害。（4）这种侵权行为的性质是物件损害责任，不是人的责任。

11.2.3.2 理论基础

（1）体现同情弱者的侵权法救济损害原则。侵权法的立场是保护受害人，凡是受到非法侵害的受害人，侵权法应予保护。建筑物的抛掷物坠落物造成受害人损害，即使没有确定具体的加害人，但加害人的范围是确定的，抛掷物坠落物就是存在于这座建筑物中，这座建筑物的占有人就应当承担相应责任。

（2）民事责任的财产性是决定建筑物抛掷物致害责任规则的基础。在抛掷物坠落物致人损害中，既然责任人与行为人具有一定的特定关系，责令相应的责任人承担责任，这种形式上的不公平，恰恰说明民法的本质公平，既不过于伤害责任人，又使受害人的损害得到了有效的救济。

（3）保护公共安全也是确定建筑物抛掷物致害责任规则的基本立场。尽管建筑物抛掷物坠落物造成损害的后果总是特定的人的损害，但在建筑物抛掷物没有发生损害之前，威胁的并不是特定的人，而是不特定的任何人，是公共利益或者公众利益。面对公共利益或者公众利益的威胁和社会不安全因素，立法必须确定严格的保护措施，使行为人受到制裁，加以警诫。

11.2.3.3　具体规则

（1）可能加害的建筑物使用人作为补偿责任主体。建筑物的抛掷物、坠落物致人损害，难以确定具体加害人的，应当由可能加害的建筑物使用人承担责任。

（2）承担的责任是适当补偿责任。《侵权责任法》确定的抛掷物坠落物损害责任是补偿责任而不是赔偿责任。这意味着确定抛掷物坠落物损害责任不是按照损失的数额全部赔偿，而仅仅是根据实际情况作出适当补偿。补偿责任由有可能加害的使用人承担，按份负责，不实行连带责任。

（3）能够证明自己不是加害人的免除责任。确定建筑物抛掷物损害责任的基础，在于将全体建筑物使用人视为加害嫌疑人，因而确定责任的基础较为薄弱。如果建筑物使用人中的一人或者数人能够证明自己并没有实施使物抛掷、坠落行为的，就排除了嫌疑，仍然责令其承担责任是不公平的，所以，凡是能够证明自己没有实施加害行为的建筑物使用人，应当免除其责任。证明自己没有实施使建筑物中的物抛掷或者坠落的行为，有以下几种情况：一是证明在发生损害时，自己没有在该建筑物之中，没有实施该种行为的可能。二是证明自己所处的位置无法实施该种行为，为客观条件所限没有实施该种行为的可能性。三是证明自己即使实施该种行为，由于物理的原因也无法使抛掷物或坠落物到达发生损害的位置。四是证明自己根本就没有占有该种造成损害的物。

（4）能够确定致害物的使用人即侵权人的，由致害物的所有人、管理人或者使用人承担责任。确定抛掷物坠落物损害责任的立足点，是致害物致人损害的行为人不能确定，如果建筑物抛掷物的行为人或者所有人能够确定，也就是具体的加害人能够确定，就不存在这种责任的前提。

11.2.4 堆放物损害责任

11.2.4.1 概念和特征

堆放物致害责任是指由于堆放物滚落、滑落或者倒塌，致使他人人身、财产权益受到损害，由所有人、管理人或者使用人承担赔偿责任的物件损害责任。

堆放物损害责任具有以下法律特征：（1）是一种物件损害责任，由此致害发生的责任属于物件损害责任，不是行为致害责任。（2）赔偿责任的产生原因具有特定性。堆放物，指堆放于土地上或某处的物品，堆放物只能是动产。堆放物致害行为通常是滚落、滑落或者倒塌三种方式致人损害，尽管本条只规定了“倒塌”，但滚落、滑落也应当包含在其中。(3) 赔偿责任的承担主体具有特殊性。堆放物损害责任的责任主体是有过失的堆放人。

11.2.4.2　归责原则和构成要件

堆放物损害责任适用过错推定原则。堆放物损害责任的成立须具备下列构成要件：(1) 须有堆放物的致害行为。堆放物致害行为只能是滚落、滑落或者堆放物倒塌三种方式致人损害。滚落是指高处的堆放物滚下；滑落是指高处的堆放物滑下；倒塌是指堆放物全部或者部分倾倒、坍塌。(2) 须有受害人损害事实。堆放物滚落、滑落或者堆放物倒塌，造成受害人人身伤害或者财产损失，即构成此要件。(3) 损害事实须与堆放物致害行为之间有因果关系。(4) 须堆放物的所有人或管理人有过失。一般是指堆放或管理不当或缺陷，也可能是使用方法不当，均应以过失方式为之，表现为疏忽或者懈怠。故意以堆放物致人损害，是犯罪行为。

11.2.4.3　责任主体和免责事由

堆放物损害责任的赔偿权利主体是被侵权人，可以直接向该赔偿法律关系的责任主体索赔。受害人请求赔偿，无须举证证明堆放物的所有人、管理人或者使用人对致害有过错，只须举证证明自己的人身损害事实，该人身损害事实为物件所有人、管理人或者使用人的堆放物所致，且所有人、管理人或者使用人对该物件的支配关系，即从损害事实中推定所有人、管理人或者使用人在主观上有过错。所有人、管理人或者使用人主张自己无过错者，应当举证证明。不能证明或者证明不足，则推定成立，即应承担人身损害赔偿责任；确能证明者，免除其人身损害赔偿责任。

堆放物损害责任的免责事由为：（1）堆放物的堆放人无过错。依照《侵权责任法》第88条规定，堆放人能够证明自己无过错的，就不构成侵权责任，免除其赔偿责任。（2）不可抗力。如果堆放物的滚落、滑落、倒塌是因不可抗力造成的，应当适用《侵权责任法》第29条规定，免除其堆放人的赔偿责任。（3）第三人过错和受害人过错。堆放物造成损害完全是由于第三人的过错造成堆放物致害他人，堆放人免责，损害赔偿责任应由第三人承担。（4）堆放物的损害完全是由受害人自己的过失造成的，免除堆放人的损害赔偿责任；损害是由双方过错行为造成的，则依过失相抵规则处理。

11.2.5 障碍通行物损害责任

11.2.5.1 概念

障碍通行物损害责任是指在公共道路上堆放、倾倒、遗撒妨碍通行的障碍物，造成他人损害的，实施该行为的有关单位或者个人应当承担损害赔偿等责任的物件损害责任。

这种物件损害责任的特点是：（1）造成损害的物件是在公共道路上堆放、倾倒、遗撒的障碍物，该障碍物妨碍通行。（2）造成的损害是人身损害或者财产损害。（3）承担责任的人是有关单位或者个人。（4）承担的侵权责任方式主要是损害赔偿，也包括停止侵害、排除妨碍等侵权责任。

11.2.5.2 障碍物与侵权责任构成

障碍物是指堆放、倾倒、遗撒在公共道路上的障碍交通通行的物，这种障碍物在公共道路上妨碍通行。该障碍物只能是动产，而不能是不动产。设置障碍物的行为方式是堆放、倾倒、遗撒，其中堆放、倾倒，行为人的主观心理状态可能是致使损害发生的间接故意，或者是懈怠的过失；而遗撒，行为人的主观心理状态则为过失，不可能是故意。

确定障碍通行物损害责任的归责原则是过错推定原则。只要具有在公共道路上设置妨碍通行的障碍物，造成受害人人身或财产伤害的事实，并且设置障碍通行物的行为与被侵权人的损害事实之间具有因果关系的，就无需被侵权人证明，直接推定障碍物设置人或管理人有过失，认定其未尽应当尽到的注意义务；如果实施行为的有关单位或者个人主张自己无过失，则须自己承担举证责任，证明自己无过错。能够证明自己无过错的，不承担侵权责任；不能证明自己无过错的，过错推定成立，应当承担损害赔偿责任。

11.2.5.3 责任人的确定

《侵权责任法》第 89 条规定对障碍物损害责任规定的规则比较特殊，规定为“有关单位或者个人”。

障碍物致人损害，障碍物的所有人、管理人当然是侵权人，应当承担侵权责任。但在公共道路上堆放、倾倒障碍物，行为人尚容易确定，而遗撒障碍物的行为人较难确定，造成损害，被侵权人无法找到遗撒人。如果障碍物致人损害，又无法找到堆放人、倾倒人或者遗撒人的，则对障碍物的清理负有管理职责的人，即公共道路的管理人就是应当承担侵权责任的人。上述责任人都概括在“有关单位或者个人”的范围之中。

当有关单位或者个人是公共道路管理人，在其承担了赔偿责任之后，对堆放、倾倒、遗撒障碍物的行为人享有追偿权，在其发现了堆放人、倾倒人或者遗撒人后，有权向其进行追偿。

11.2.6 林木损害责任

11.2.6.1 概念和特征

林木损害责任是指林木折断，造成他人人身损害、财产损害的，由林木所有人、管理人或者使用人承担损害赔偿等责任的物件损害责任。

林木损害责任具有以下法律特征：（1）林木损害责任是一种物件损害责任，不存在积极的加害行为人；（2）林木损害责任的产生原因是由于林木折断等，并无其他原因；（3）林木损害责任的赔偿责任人具有特定性，即只能是致害林木的所有人或管理人。

11.2.6.2 归责原则和构成要件

林木损害责任适用过错推定原则。林木损害责任的成立必须具备以下构成要件：

（1）须有林木的致害行为。林木致害行为是林木折断，条文中没有规定果实坠落损害责任，如果出现这种情形致人损害，可以比照《侵权责任法》关于坠落物损害责任的规定确定责任，或者比照林木损害责任的规定。

（2）须有被侵权人的人身或者财产的损害事实。林木折断造成的人身伤害，包括致人轻伤、重伤致残和死亡，其侵害的是生命权、健康权、身体权。造成的财产损失，包括已经造成的一切财产损失。

（3）损害事实须与林木折断行为之间有因果关系。林木致人损害另有其原因，例如自然力的原因、他人的原因等，都不构成林木损害责任。

（4）须林木的所有人或管理人有过失。一般是指管理不当或欠缺，均以过失方式表现出来，心理状态是疏忽或者懈怠，过失的确定形式采推定方式。所有人、管理人主张自己无过失者，应当举证证明。不能证明或者证明不足，则推定成立，即应承担损害赔偿责任；确能证明者，免除其损害赔偿责任。

11.2.6.3　责任承担与免责事由

林木损害责任的赔偿权利主体是被侵权人，可以直接向赔偿责任主体请求赔偿。林木损害责任的赔偿责任主体，是林木的所有人、管理人或者使用人。林木的所有人，是林木致人损害的最直接的赔偿责任主体。当林木的所有人直接占有、管理该林木时，该林木致人损害，所有人应当承担赔偿责任。林木由非所有人管理、使用时，其赔偿责任主体不再是林木所有人，而是由林木管理人作为赔偿责任主体。

林木损害责任的免责事由为：（1）林木的所有人或管理人无过错。由于已经明确规定所有人、管理人能够证明自己无过错的即可免责，所以不必再证明其他免责事由的存在。（2）不可抗力。如果林木折断是因不可抗力造成的，免除其所有人、管理人的赔偿责任。（3）第三人过错和受害人过错。完全由于第三人的过错造成林木折断致害他人的，其所有人、管理人免责，损害赔偿责任应由第三人承担。损害完全是由于受害人自己的过错，致使林木折断造成自己损害的，免除林木的所有人、管理人的损害赔偿责任。

11.2.7　地下工作物损害责任

11.2.7.1　概念

地下工作物损害责任是指在公共场所或者道路等地表以下挖坑、修缮、安装地下设施等形成的地下工作物，以及窨井等地下工作物，由于其施工人或者管理人没有设置明显标志和安全措施或者没有尽到管理职责，造成他人人身或者财产损害，施工人或者管理人应当承担赔偿损失责任的物件损害责任。

11.2.7.2　归责原则和构成要件

地下工作物损害责任适用过错推定原则。其责任构成要件是：

（1）致害物件为地下工作物。地下工作物可以是有体物，也可以是无体物，都是在地下形成的空间，都须以空间的形式与土地的地表相连，即在原土地形态、面貌上有所改变，留下位处地面以下的空间。对于地下工作物所处地点的要求，不仅包括公共场所和道路上，还应当包括一切有人员出入可能性的场合，只要在这样的场合中设置地下工作物，有造成他人损害可能的，均具备这一要件。

《侵权责任法》第 91 条将地下工作物的性质分为两种，一是第 1 款规定的施工中的地下工作物，二是第 2 款规定的使用中的地下物。以窨井为例，前者是在修缮、安装过程中造成他人损害，后者是窨井在使用中造成他人损害。因此，前者是施工中“没有设置明显标志和采取安全措施”，后者是“管理人不能证明尽到管理职责”，对前后两种工作物损害责任的要求是不一样的。

（2）须对“设置明显标志和采取安全措施”或者“管理职责”作为义务不履行。《侵权责任法》第 91 条赋予地下工作物的施工人或者管理人以特别的作为义务，是对有可能致人以损害危险的地下工作物在施工中必须设置明显标志和采取安全措施，在日常运营中必须善尽管理职责。未按法律规定履行作为义务，即构成不作为的违法行为。对于前者，设置明显标志和采取安全措施这两种作为义务应当同时履行，才符合法律规定的作为义务的要求，否则，其行为仍具违法性，造成损害仍须承担赔偿责任。未尽管理职责，是典型的不作为行为。履行本条规定的作为义务的注意程度，应采善良管理人注意的标准，对标志的明显性和措施的安全性均应作较高的要求。

（3）造成的后果是人身损害和财产损害。地下工作物造成的损害，主要是被侵权人的人身损害。但也存在造成被侵权人财产损害的可能。

（4）赔偿责任主体为地下工作物的施工人或者管理人。地下工作物损害责任的赔偿责任主体是地下工作物的施工人或者管理人。施工中的地下工作物，法律要求施工中必须设置明显标志和采取安全措施，应当承担责任的主体是施工人，承担赔偿责任。使用中的地下工作物由于管理人未尽管理职责，造成他人损害，并非在施工中所致，对于损害的赔偿责任应当由管理人承担。

（5）过错要件实行推定。只要施工人未设置明显标志未采取安全措施，管理人未尽管理职责，就直接推定其有过错。

11.2.7.3 责任承担和免责事由

地下工作物损害责任的责任主体为地下工作物的施工人或者管理人。

地下工作物损害责任的免责事由为：

（1）地下工作物的施工人或管理人无过错。地下工作物的施工人或者管理人能够证明自己已经设置明显标志并采取安全措施，或者已经证明自己已尽管理职责，即为无过错，因此不成立赔偿责任。

（2）不可抗力。如果地下工作物造成损害是因不可抗力引起的，免除其施工人、管理人的赔偿责任。

（3）第三人过错和受害人过错。完全由于第三人的过错造成地下工作物致害他人的，其施工人、管理人免责，损害赔偿责任应由第三人承担。损害完全是由于受害人自己的过错，致使地下工作物造成自己损害的，免除地下工作物施工人、管理人的损害赔偿责任。

第 12 章

其他侵权责任类型与附则

典型案例

向某要建两层楼住房，11个建筑工人组成合伙承包。墙建起来之后，将房架也装在墙上，开始在房架上装檩条。合伙的负责人问向某房架是不是合格，是否有危险。向某明知房架的质量不好，买的是不合格木材制作的，但还是说没有问题。数名工人上到房架上工作，房架折断，将在下面施工的一名合伙人砸伤，抢救无效死亡。向某隐瞒房架质量不好的事实，致使承揽的合伙人造成死亡的后果，构成定作人指示过失责任。[①]

12.1 司法解释规定的特殊侵权责任

12.1.1 工伤事故责任

12.1.1.1 概念

工伤事故是指企业职工和个人雇工在工作时间、工作场所内，因工作原因所遭受的人身损害，或者罹患职业病，形成的

① 该案件的性质是定作人指示过失责任。

意外事故。工伤事故责任既是工伤保险关系，也是侵权损害赔偿关系，是具有双重属性的法律关系，既可以适用工伤保险的法律法规，也可以适用侵权法。

12.1.1.2 法律特征

（1）工伤事故是发生在用人单位中的事故。用人单位是指中国境内全民所有制企业和集体所有制企业单位、私营企业、三资企业，以及雇佣他人从事劳动的个体工商户或者合伙组织。只要雇用职工为自己提供劳务，与自己有劳动关系的企业或者个体工商户、个人合伙，都属于“用人单位”。工伤事故就是在用人单位中发生的人员伤亡事故。

（2）工伤事故是用人单位的劳动者遭受人身伤亡的事故，不是财产遭受损害的事故。劳动者是指用人单位雇用的职工，包括工人和职员。加工承揽关系是以交付劳动成果为标的的合同关系，而不是以劳动力的交换为标的的劳动合同关系，即使发生人员伤亡事故，也不构成工伤事故。

（3）工伤事故是劳动者在执行工作职责中发生的事故。工伤事故在发生的时间和场合上有明确的限制，只限于企业劳动者在工作中因工致伤致死的范围，其他时间和场合发生的事故，即使是侵害了劳动者的上述权利，也不在工伤事故范围之中。

（4）工伤事故是在企业与受害职工之间产生权利义务关系的法律事实。工伤事故一经发生，就在工伤职工与用人单位之间产生相应的法律后果，构成一种损害赔偿的权利义务关系，工伤职工或者工伤职工近亲属有要求赔偿损失的权利，企业有赔偿受害人及其亲属损失的义务。

12.1.1.3　归责原则与构成要件

确定工伤事故责任适用无过错责任原则。无论是工伤保险责任，还是作为普通侵权责任纠纷的工伤事故责任，都适用无过错责任原则。

构成工伤事故损害赔偿责任须具备以下要件：

（1）用人单位与劳动者之间须存在劳动关系。在中国，凡使用劳动力，均须用人单位与劳动者订立劳动合同，使劳动者成为用人单位的职工。建立劳动法律关系的形式，原则上应以书面形式，对于私人雇工等，口头约定劳动合同也并非无效。

（2）职工须受有人身损害事实。工伤事故的损害事实，是职工人身遭受损害的客观事实，不包括财产损害和其他利益的损害。工伤事故的主要侵害对象是职工的健康权和生命权，事故致职工伤害，致伤或者致残侵害的是健康权，致死则侵害的是生命权。职工患职业病也是一种人身损害事实，侵害的客体是健康权。确定工伤事故责任应当进行工伤认定和劳动能力鉴定，其意义在于确定是否构成工伤事故责任，以及为了确定工伤职工享受何种工伤待遇。

（3）职工的损害须在其履行工作职责的过程中发生。首先，职工是在履行工作职责中致自己伤亡，而非他人伤亡；其次，工伤事故要求劳动者的损害是在履行工作职责中发生，但不要求须是因其执行职务行为所致，也包括在执行职务过程中因其他原因所致，只要职工在履行工作职责的范围内造成自身损伤，就构成本要件。判断的标准是：第一，工作时间，是在履行工作职责的时间界限之内，即用人单位规定的上班时间；从事与工作有关的预备性或者收尾性工作的正式工作时间的前后，因工外出时间，上下班途中的时间，都属于是工作时间。第二，工作场所，是指在履行工作职责的环境范围之内，执行工作任务的场所是工作场所；因工外出的领域以及上下班的途中，也是工作场所。第三，工作原因，是指履行工作职责的事由，如与工作有关的预备性工作和收尾性工作，在工作中遭受暴力等意外伤害，以及在因工外出期间发生事故下落不明的，也都认为是工作原因。根据工作时间、工作场所和工作原因这三个要素，就能够正确认定履行工作职责的范围。

（4）事故须是劳动者受到损害的原因。事故必须是造成劳动者人身损害的原因，这是构成工伤事故责任对因果关系要件的要求。事故原指意外的损失或灾祸。工伤事故责任中的事故一般是指企业事故，并非都是意外而生损失或灾祸，包括管理、指挥、设计、操作上的疏忽、不慎等过错所致的损失或灾祸。在现代科技发展状况下，很多企业事故因无法预见的原因而生，因而非疏忽亦可发生。企业事故主要是指工业事故，还包括其他企业工作中发生的事故，例如在履行工作职责中受到暴力等意外伤害，因工外出期间由于工作原因受到的伤害或者下落不明，上下班途中受到交通事故或者城市轨道交通、客运轮渡、火车事故伤害等。事故是劳动者人身损伤的原因，即劳动者的损害事实须是企业事故造成的。

12.1.1.4　应当认定为工伤事故的情形

（1）在工作时间和工作场所内，因工作原因受到事故伤害的，是典型的工伤事故。

（2）工作时间前后在工作场所内，从事与工作有关的预备性或者收尾性工作受到事故伤害的。其关键点在于工作时间的延伸，将工作时间的前后认定为工作时间，其必要条件是从事的工作必须是与工作有关的预备性或者收尾性工作。

（3）在工作时间和工作场所内，因履行工作职责受到暴力等意外伤害的。这是工作原因要素的变化，遭受暴力等意外伤害并非工作原因，而仅仅是与履行工作职责有关。

（4）患职业病。凡是患职业病均与工作有关，一律认定为工伤。

（5）因工外出期间，由于工作原因受到伤害或者发生事故下落不明的。因工外出，其全部外出时间都认为是工作时间，其外出的地点以及沿途，也都认为是工作场所。由于工作原因受到伤害的，自然属于工伤。即使是在因工外出期间发生事故下落不明的，也应当认定为工伤。

（6）上下班途中受到交通事故或者城市轨道交通、客运轮渡、火车事故伤害。如果劳动者在上下班途中遭受的损害是由第三人造成，用人单位没有责任的，则应由第三人承担赔偿责任。

（7）法律、行政法规规定应当认定为工伤的其他情形。其他法律和法规规定应当认定为工伤，即使《工伤保险条例》没有规定的也应当认定为工伤。

（8）视同工伤事故。在工作时间和工作岗位，突发疾病死亡或者在48小时之内经抢救无效死亡的；在抢险救灾等维护国家利益、公共利益活动中受到伤害的；职工原在军队服役，因战、因公负伤致残，已取得革命伤残军人证，到用人单位后旧伤复发的，都视同工伤，作为准工伤对待，享受除一次性伤残补助金以外的工伤保险待遇。

12.1.1.5　不得认定为工伤事故的情形

（1）故意犯罪的。职工因故意犯罪伤亡，即使是在工作地点、工作时间发生，但因与履行工作职责无关，不得认定为工伤。过失犯罪不在此限。

（2）醉酒或者吸毒导致伤亡的。职工因醉酒或者吸毒而伤亡，也与履行工作职责无关，即使是在工作时间、工作场所，也不得认定为工伤。

（3）自残或者自杀的。这种人身伤害是行为人自己的责任，不能认定为工伤。

12.1.1.6　确定工伤事故责任的规则

（1）确定工伤事故责任的法律依据。除了《工伤保险条例》之外，最高人民法院《关于审理人身损害赔偿案件适用法律若干问题的解释》第11条和第12条对工伤事故处理确定了规则。第11条规定："雇员在从事雇佣活动中遭受人身损害，雇主应当承担赔偿责任。雇佣关系以外的第三人造成雇员人身损害的，赔偿权利人可以请求第三人承担赔偿责任，也可以请求雇主承担赔偿责任。雇主承担赔偿责任后，可以向第三人追偿。”“雇员在从事雇佣活动中因安全生产事故遭受人身损害，发包人、分包人知道或者应当知道接受发包或者分包业务的雇主没有相应资质或者安全生产条件的，应当与雇主承担连带赔偿责任。”

（2）关于工伤事故责任认定的一般规则。第一，认定工伤事故责任，一是经劳动行政管理部门确定的，二是经过人民法院判决确认。第二，工伤事故责任的受害人有权要求用人单位依照法律规定赔偿其损害。第三，工伤事故的赔偿责任主体是用人单位，造成工伤事故之后，有义务依照法律规定对受到工伤事故损害的受害人进行损害赔偿。第四，工伤事故责任本来是企业事业单位的劳动者的制度，但国家机关工作人员在执行职责中遭受损害的适用工伤事故的规定。

（3）确定工伤事故责任的具体规则。第一，工伤保险优先。发生了工伤事故，订有工伤保险合同的，应当先向保险人要求赔偿，保险理赔之后的不足部分，受害人有权要求用人单位赔偿。第二，用人单位承担赔偿责任。雇员在从事雇佣活动中遭受人身损害，雇主应当承担赔偿责任。凡是不享受工伤保险待遇的劳动者在劳动中受到人身损害，雇主都要承担赔偿责任。第三，第三人造成雇员人身伤害，不是因为工伤事故造成的，第三人和雇主之间的责任关系是不真正连带责任，受害人可以请求第三人承担赔偿责任，也可以请求用人单位承担赔偿责任。用人单位承担了赔偿责任以后，还可以向第三人请求追偿。第四，发包或者分包经营对劳动者工伤事故的连带责任。雇佣活动属于承包经营的，接受发包或者分包的雇主没有相应的资质，或者是没有安全生产条件的，雇员受到人身损害的，如果发包人或者分包人明知，应当承担连带责任。

12.1.1.7 第三人责任

最高人民法院《关于审理人身损害赔偿案件适用法律若干问题的解释》第12条第2款规定："因用人单位以外的第三人侵权造成劳动者人身损害，赔偿权利人请求第三人承担民事赔偿责任的，人民法院应予支持。"按照这一规定，受害人可以在向第三人请求赔偿的同时，又可以享受工伤保险待遇。这种情形是否属于"双份赔偿"因而在禁止之列，最高人民法院认为，工伤保险待遇不是完全的赔偿损害，在这种情况下，劳动者都应当享受到工伤保险待遇，并不能因此而免除第三人的侵权责任，劳动者还可以请求第三人承担侵权损害赔偿责任。

12.1.2 定作人指示过失责任

12.1.2.1 概念

定作人指示过失责任是指承揽人在执行承揽合同过程中，因执行定作人有过失内容的定作或指示而不法侵害他人权利造成损害，应由定作人承担损害赔偿责任的特殊侵权责任形式。

《侵权责任法》没有规定定作人指示过失的侵权行为及其责任。最高人民法院《关于审理人身损害赔偿案件适用法律若干问题的解释》第10条规定："承揽人在完成工作过程中对第三人造成损害或者造成自身损害的，定作人不承担赔偿责任。但定作人对定作、指示或者选任有过失的，应当承担相应的赔偿责任。”

12.1.2.2　基本规则

（1）当事人之间的合同必须是承揽性质的合同。构成定作人指示过失责任，须当事人之间的合同为承揽性质的合同，这是区分定作人指示过失责任和用人单位责任的基本界限。定作人指示过失责任的基础是承揽性质的合同，而用人单位责任则必须是劳务合同。例如雇佣带驾驶员的出租汽车就是承揽合同，而非用人单位的劳务合同。

（2）侵权行为是在执行承揽合同过程中发生的。执行承揽合同即完成承揽事项。造成承揽人损害或者承揽人损害他人的行为，必须是在完成承揽事项的过程中发生的行为。如果超出了执行承揽事项范围，不存在定作人指示过失的侵权责任。

（3）侵害的是第三人的民事权益。这种侵权行为侵害的权益分为两个方面，一个是承揽合同以外的第三人的民事权益，例如生命权或者健康权的损害；另一个是承揽人自己权利的损害，是承揽人在执行承揽事务之中，造成了自己的损害。对此，最高人民法院《关于审理人身损害赔偿案件适用法律若干问题的解释》第 10 条规定，不仅包括致第三人损害，而且还包括了造成自己的损害。造成承揽人自己损害，不是定作人指示过失责任，而属于工伤事故责任。

（4）造成损害的行为人是承揽人。造成损害的直接行为人是承揽人而不是定作人，是承揽人在执行承揽事项中，以自己的行为造成他人损害，或者造成自己的损害，并不是定作人的行为造成他人损害或者承揽人的损害。

（5）承担责任的是定作人。侵权责任的承担者是定作人，定作人为自己过失的定作、指示或者选任所造成的后果承担损害赔偿责任。

12.1.2.3 中国定作人指示过失责任的特点

中国司法解释确定的定作人指示过失责任，与传统的定作人指示过失责任有两点不同：第一，是把承揽人造成自己的损害也包括进去，一般规定定作人指示过失是指造成第三人的损害时，才是构成这种责任。把承揽人造成自己的损害也包括进去，超出了传统的规定。第二，定作人在什么情况下承担责任。规定定作人对定作、指示或者选任有过失的，定作人承担责任，其中选任过失承担定作人指示过失责任是不公平的，还是应该定作人在指示或者定作有过失时才承担责任，选任过失不应该承担责任。

12.1.3 帮工责任

12.1.3.1 帮工致人损害责任

最高人民法院《关于审理人身损害赔偿案件适用法律若干问题的解释》第13条规定："为他人无偿提供劳务的帮工人，在从事帮工活动中致人损害的，被帮工人应当承担赔偿责任。被帮工人明确拒绝帮工的，不承担赔偿责任。帮工人存在故意或者重大过失，赔偿权利人请求帮工人和被帮工人承担连带责任的，人民法院应予支持。”

帮工造成他人损害的责任有三个要点：第一，帮工人在帮工中造成他人损害责任类似于雇主责任，应当由被帮工人承担责任；尽管是无偿的，但是帮工人在帮工期间造成他人损害了，毕竟是为被帮工人提供劳务，因而被帮工人应当承担责任。第二，被帮工人拒绝帮工，帮工人坚持进行帮工，帮工人造成他人损害的，帮工人自己承担责任，被帮工人不承担责任。第三，帮工人造成他人损害，如果具有故意或者重大过失的，帮工人应当承担连带责任。

12.1.3.2　帮工人受到损害的责任

最高人民法院《关于审理人身损害赔偿案件适用法律若干问题的解释》第 14 条规定：“帮工人因帮工活动遭受人身损害的，被帮工人应当承担赔偿责任。被帮工人明确拒绝帮工的，不承担赔偿责任；但可以在受益范围内予以适当补偿。”

确定帮工人受到损害责任须遵守三个规则：第一，帮工人为被帮工人义务帮工造成自己损害的，规则类似于工伤事故，应该由被帮工人来承担责任。帮工人为被帮工人提供劳动造成自己损害，被帮工人应该给予赔偿。第二，被帮工人拒绝帮工的，原则上不承担赔偿责任，但是被帮工人要在受益范围内给予适当补偿。这是补偿责任而不是赔偿责任。第三，帮工人在帮工活动中遭受第三人侵权造成人身损害的，第三人承担赔偿责任；但是第三人不能确定或者没有赔偿能力的时候，被帮工人应当承担补充的补偿责任，这个责任是一个补充的补偿责任，而不是一个补充的赔偿责任。

12.2 《侵权责任法》生效时间

12.2.1 中国法律生效时间的一般规则

中国立法规定法律实施时间有三种体例：一是，直接规定从公布之日起生效实施。这种情况或者由法律明文规定“本法自公布之日起施行”，或者法律不对其生效时间予以明确规定而意味着本法自公布时生效。二是，由该法律规定具体生效时间，通常是规定生效时间在公布日期之后的一定期限开始施行。为了使公众和法律实施机关做好准备，法律规定的期限往往在公布后的几个月的期限生效。三是，规定法律公布后符合一定条件时生效。该种规定一般是考虑到法律实施之间的配合和相互衔接，以及法律实施上的统一性等因素。

《侵权责任法》是中国民法典的组成部分，公布之后予以施行，需要一定的准备时间。因此，在 2009 年 12 月 26 日通过并公布之后，预留出充分的时间进行宣传和准备，自 2010 年 7 月 1 日正式施行。

12.2.2 《侵权责任法》的溯及力

法的溯及力，又称为法溯及既往的效力，是指法对其生效以前的事件和行为是否适用。如果适用，就具有溯及力；如果不适用，就没有溯及力。法是否具有溯及力，不同法律规范之间的情况是不同的。通常来说，实体法律规定一般以法律不溯及既往为原则。这是因为，法律应当具有稳定性和可预期性，人们根据法律从事一定的行为，并为自己的行为承担责任。如果法律溯及既往，就是以今天的规则要求昨天的行为，等于要求某人承担自己从未期望过的义务。当然，法律不溯及既往并非绝对。在某些有关民事权利的法律中，法律有溯及力。

《侵权责任法》没有明文规定该法的溯及力问题，因此，应当适用《立法法》第 84 条规定的原则，即《侵权责任法》的效力不溯及既往。最高人民法院在《关于适用〈侵权责任法〉若干问题的通知》第 1 条规定采用了《侵权责任法》不溯及既往的原则，即："侵权责任法施行后发生的侵权行为引起的民事纠纷案件，适用侵权责任法的规定。侵权责任法施行前发生的侵权行为引起的民事纠纷案件，适用当时的法律规定。""侵权行为发生在侵权责任法施行前，但损害后果出现在侵权责任法施行后的民事纠纷案件，适用侵权责任法的规定。"这个规定的含义是：第一，《侵权责任法》实施之后发生的侵权行为，引起诉讼，适用新法；新法实施之前发生的侵权行为引起诉讼，适用旧法；第二，新法实施之前发生的侵权行为，损害后果发生在新法实施之后，适用新法。在实践中，凡是《侵权责任法》施行后发生的侵权行为，包括侵权行为损害后果发生在《侵权责任法》实施后的，提起侵权责任纠纷诉讼，就按照《侵权责任法》的规定处理；在《侵权责任法》实施之前发生的侵权行为，提起民事纠纷诉讼，应当适用《民法通则》的规定。

图书在版编目（CIP）数据

简明侵权责任法：杨立新著. —北京：中国法制出版社，2015.8

ISBN 978-7-5093-6613-4

Ⅰ. ①简…　Ⅱ. ①杨…　Ⅲ. ①侵权行为－民法－中国　Ⅳ. ①D923

中国版本图书馆CIP数据核字（2015）第187339号

策划编辑：戴　蕊（dora6322@sina.com）

责任编辑：程潇永（editorcheng@163.com）　　封面设计：周黎明

简明侵权责任法

JIANMING QINQUAN ZERENFA

著者 / 杨立新

经销 / 新华书店

印刷 / 三河市紫恒印装有限公司

开本 / 880毫米×1230毫米　32　　印张 / 12.5　字数 / 248千

版次 / 2015年9月第1版　　2015年9月第1次印刷

中国法制出版社出版

书号ISBN 978-7-5093-6613-4　　定价：38.00元

值班电话：010-66026508

北京西单横二条2号　邮政编码100031　　传真：010-66031119

网址：http://www.zgfzs.com　　**编辑部电话：010-66073673**

市场营销部电话：010-66033393　　**邮购部电话：010-66033288**

（如有印装质量问题，请与本社编务印务管理部联系调换。电话：010-66032926）